教育部课程思政示范课配套教材
职业教育国家在线精品课程配套教材
新编21世纪高等职业教育精品教材·通识课系列

心智与行为模式提升

（第二版）

阚雅玲　赵文德　彭　思　/　编著

中国人民大学出版社
·北京·

图书在版编目（CIP）数据

心智与行为模式提升 / 阚雅玲，赵文德，彭思编著
. --2 版. -- 北京 : 中国人民大学出版社，2023.8
新编 21 世纪高等职业教育精品教材. 通识课系列
ISBN 978-7-300-31843-1

Ⅰ. ①心… Ⅱ. ①阚… ②赵… ③彭… Ⅲ. ①素质教育－高等职业教育－教材 Ⅳ. ① G40-012

中国国家版本馆 CIP 数据核字（2023）第 122012 号

教育部课程思政示范课配套教材
职业教育国家在线精品课程配套教材
新编 21 世纪高等职业教育精品教材 · 通识课系列
心智与行为模式提升（第二版）
阚雅玲　赵文德　彭　思　编著
Xinzhi yu Xingwei Moshi Tisheng

出版发行	中国人民大学出版社		
社　　址	北京中关村大街 31 号	**邮政编码**	100080
电　　话	010－62511242（总编室）		010－62511770（质管部）
	010－82501766（邮购部）		010－62514148（门市部）
	010－62515195（发行公司）		010－62515275（盗版举报）
网　　址	http://www.crup.com.cn		
经　　销	新华书店		
印　　刷	天津中印联印务有限公司	**版　　次**	2020 年 8 月第 1 版
开　　本	787 mm × 1092 mm　1/16		2023 年 8 月第 2 版
印　　张	14.25	**印　　次**	2023 年 8 月第 1 次印刷
字　　数	310 000	**定　　价**	45.00 元

前言

“人生成败在心态”“思维决定格局，格局决定命运”“所有组织的问题都是人的问题，人的问题主要是心智模式的问题”……这些道理很多人都懂，但并不是每个人都能做到。现在的学生厌倦“鸡汤”，是因为这些“鸡汤”难以抚平心灵创伤？还是因为无法给予持续而坚定的力量？这些年，我们一直在找寻真正能解决态度、心智和思维问题的工具与方法，希望给予学生主动解决问题和实践“良知”的力量。在经过多年的准备与积淀后，我们开发了“心智与行为模式提升”这门课程。

“心智与行为模式提升”是我校现代物流学院专业群平台课，是物流管理、市场营销、电子商务、跨境电商、工商企业管理等专业的必修课，也是我校综合素质公选课，是面向社会开放的慕课，2021 年获评教育部课程思政示范课，2023 年获评国家在线精品课程（课程网址：https://www.xueyinonline.com/detail/232641535）。目前已面向校内外开课 9 期，共有来自 500 余所高校的 8 000 余人选课。

该课程旨在培养学生胜任工作岗位的职业“软能力”，为专业的“岗、课、赛、证、创”提供价值引领、思辨能力、方法能力和社会能力。它以“课程思政”为引领，突出思维工具的运用，通过拓展思维模式、优化语言模式、改善情绪模式、提升行为模式，促进心智成熟、人格完善、素养达成，帮助学生实现职业发展与格局提升。

在学习完该课程后，有同学说：“本以为这是一门‘鸡汤’课，结果是工具课；本以为是抽象的理论课，结果是改善言行的实践课；本以为是传统的说教课，结果却让我们在行动中遇见了更好的自己。”还有同学说：“原本我自闭，现在打开了自己；原本我厌学，现在我爱上了学习；原本我脾气暴躁，现在能控制自己；原本我不懂感恩，如今知道感恩才是最高情商；原本我不接纳自己和他人，现在能悦己修圆、识人合作。”还有同学说：“我现在通过管理语言，实现了管理思想；通过管理情绪，进而管理能量；通过管理思维，提升了智慧。我相信通过管理行为，一定会改变自己的命运。”

学生们的反馈给了我们极大的信心，于是开发了这本教材，并进一步完善课程。该课程以马克思主义唯物辩证法为指导，以社会主义核心价值观为取向，以中国优秀传统文化为根基，以学生的成长与发展为中心，借鉴 4D 理论，融入管理学、心理学、人脑科学、个人领导力、教练技术等研究成果，为学生提供提升心智与行为模式的理念和工具，并通过多种形式让学生反复思考与训练，提升心智与行为模式。

该课程是国家级课程思政示范课，本教材全面落实党的二十大精神，完善了提升学生心智与行为模式的工具箱。对于“立德树人”，我们会习惯性地认为是“立学生的德”，事实上是“育人先育己”。该课程将教师与学生作为学习共同体，基于“课堂工作坊”，实现“教学相长”；基于“心智工具箱”，在“做中学、学中做”，师生共同实现“知行合一、身心合一”。对于这本教材，我希望能放弃学术著作的高冷面孔，不追求理论的体系化，而是突出思维工具的运用，以更亲和的姿态，以工作手册的形式，让学生在书中学、在书中做，老师在书中教、在书中评。在第二版的教材中我们增加了数字化资源，提供教师授课的微视频、辅导学生的对话音频、PPT 以及拓展资源等，为混合式教学提供条件，实现“教师、教材与教法”三位一体的改革，不断提升教学质量与人才培养质量。

该课程不只面向学生，也面向老师；不只面向学校，也面向企业和社会。它能帮助个体认识自己，完善自己，进而成为更好的自己；帮助团队和组织改善文化氛围，提升实力和业绩。如果你想发现天性、悦己修圆；你想掌握自我提升的有效路径；你想学习简单易行的心智与行为模式提升方法；你想体验化解矛盾和解决冲突的 4D 流程；你想提升个人领导力，打造卓越的团队……就来参加“心智与行为模式提升”的学习吧，期待与你共享极富收获又充满愉悦的学习之旅！

本教材由广州番禺职业技术学院阚雅玲、赵文德、彭思共同完成。阚雅玲主要负责全书的编著工作。赵文德和彭思协助完成了数字化资源的制作工作。在本教材编写过程中，借鉴了很多前辈以及同行的论著，得到了学校各级领导和同事们的大力支持与帮助，郭全美老师将其读书笔记作为本书附录，与同学们分享，在此一并表达诚挚的谢意！

由于作者水平有限，书中难免有错误和疏漏之处，敬请广大读者批评指正。

阚雅玲

2023 年 6 月

目录

第一部分　课程学习基础

第二部分　心智模式提升

第四部分　附录

第一部分 课程学习基础

这部分是为整门课程奠定学习基础，包含三个单元——“单元 1　课程导修”“单元 2　基本理念”“单元 3　探索天性”。

单元 1 首先介绍“心智与行为模式提升”这门课是什么、学什么，为什么开这门课，以及如何才能学好这门课；然后介绍改善心智与行为模式的基本流程与方法，让大家对生命保持全然觉知，坚持学习与实践，实现“知行合一”。

单元 2 给出提升心智与行为模式应该抱持的 12 条基本理念。这 12 条理念可以作为我们工作和生活的“金科玉律”，因为在做任何事情、面对任何人时，若能抱持这些理念，就会取得良好结果。人应思而变，有了这些理念，我们会更明智、更温暖。

单元 3 通过 4D 天性测试工具，让同学们在认知自己的基础上，学会悦己修圆，悦纳自己、悦纳他人、完善自我；学会识人合作，尊重不同、取长补短、互助共赢；学会人岗匹配，发挥天性、扬长避短、人尽其才；学会谋事成事，有效沟通、相互理解、简单高效。

视频微课

课程导修

单元 1 课程导修

首先欢迎你来学习“心智与行为模式提升”课程，这既是一门走心的课，又是一门工具课，还是一门直击灵魂的课。有同学认为这是一门疗伤的课、一门治愈的课。期待我们共同度过一段收获满满又非常愉悦的幸福时光。下面，是关于这门课程的总体介绍，希望你能喜欢这门课程。

预期成果

如果你能认真学习并实践本单元的内容，你可以获得如下学习成果：

（1）了解这门课学什么、为什么学，如何实现知行合一。

（2）组建学习团队，遵守工作坊协议，做好团队学习准备。

（3）了解改善心智模式的基本流程、方法，尝试去实践。

课程介绍

关于“心智与行为模式提升”这门课程，我们需要先解决两个问题：一是什么是“心智与行为模式”，二是为什么学习“心智与行为模式”。

一、什么是“心智与行为模式”

心智模式是指根植在我们内心深处的认知，是我们认识事物的方法和习惯。

心智模式是根深蒂固于心中，影响我们如何了解这个世界、如何采取行动的许多假设、成见、图像、印象，是对于周围世界如何运作的既有认知。我们通常不易察觉自己的心智模式及其对行为的影响。

其实，心智模式是一种思维定式，我们这里所说的思维定式并非是一个贬义词，而是指我们认识事物的方法和习惯。当我们的心智模式与认知事物发展的情况相符时，就能有效地指导行动；当我们的心智模式与认知事物发展的情况不相符时，就会使自己好的构想无法实现。所以，我们要保留心智模式科学的部分，完善不科学的部分，取得好的成果。

行为模式是人们有动机、有目标、有特点的日常有规律的行为方式，表现为人们的行动特点、行为习惯和行为逻辑。行为模式受心智模式影响最大，它常常是心智模式的外在表现。

以下案例会帮你进一步认识心智模式与行为模式。

案例 1

很多年前，我在商场买了一件衣服，售价 82 元。我拿了 1 张 100 元的钞票和 2 个 1 元硬币，一共 102 元，递给了售货员。那个售货员一脸茫然。她把 2 个 1 元硬币还给我，说不需要。然后把衣服递给我，说："82，"接着一张张钞票和一个个硬币数给我，"92，97，98，99，100。"

我立刻理解了她的思维模式：你给我 100 元，我连商品带找钱，加在一起还你 100 元。

我的思维模式是：我给你 102 元，商品 82 元，减下来你找我 20 元。

她不理解我的思维模式，我也没用过她的思维模式，但我们各自幸福生活了几十年。

这个案例所表现出的心智模式是一种思维定式，这种思维定式没有对错。我们应该反思一下自己的心智模式，有哪些会与事物发展的情况不相符，有哪些会阻碍自己的行动，有哪些会限制自己的人生。比如：平日我们是否会经常说："不行的，这肯定是做不到的""老师不喜欢我这种学生的""我做什么事都做不好""我这种人是不适合做销售的"……

二、为什么学习"心智与行为模式"

人与人之间的差距，常常在于心智与行为模式的不同。每个人都在以他的理解和经历构建自己的心智模式，再用这个心智模式理解这个世界。因为心智模式不同，同一件事由不同的人来做，效果会截然不同。优秀的人和普通人之间的差距，其实就在于他们的心智模式不同。

案例 2

某图书馆建了一栋漂亮的新楼，准备整体搬迁过去。但显而易见，书又重又多，搬迁的工作量非常大。有人估算，做这件事要花 350 万元。如果你是馆长，你怎样才能用尽量少的钱把海量的书搬到新馆去？

雇用更便宜的工人吗？发动所有员工及其家属？要求新馆建设者承担这个工作？

在"搬书"这个固有的思维模式下，可能很难找到更好的方案了。那优秀的人会怎么办呢？

有位年轻人对馆长说："我来帮你搬，只要 150 万元。"

年轻人在报纸上登了一则消息："从即日起，某图书馆免费、无限量向市民借阅图书，条件是将书从老馆借出，还到新馆去……"

年轻人从"搬书"的思维模式，转换为"还书"的思维模式，结果花了很少的钱就完成了这个看似不可能完成的任务。

同一件事，由心智模式不同的人来做，效果就会截然不同。

资料来源：刘润．人与人之间最大的差距：思维模式．刘润（个人公众号），2022-02-15.

案例 3

周日清晨，纽约地铁上，乘客们安静地坐着。

这时上来了一位男子，带着几个孩子。孩子们一上来就四处奔跑，撒野作怪，而这个男子坐下来，就像没看见一样。

大家非常不满。

有个人终于忍无可忍，对他说："先生，可否请你管管你的孩子们？"

男子抬起眼来，仿佛如梦初醒般地轻声说："是啊，我想我是该管管他们了。他们的母亲一小时前刚刚过世，我们刚从医院出来。我手足无措，孩子们大概也一样。"

这不是故事，这是《高效能人士的七个习惯》的作者史蒂芬·柯维的亲身经历。史蒂芬说："你能想象我当时的感觉吗？我瞬间怒气全消，非常自责，同情与怜悯之情油然而生。我对他说：'啊，原来您的夫人刚刚过世，我感到很抱歉！我能为您做些什么？'"

所以，当遇见不愉快的人和事时，我们可能会不理解和抱怨。但有些人，他们不随意评判别人，他们会从对方的角度去思考，去理解他，他到底为什么这么说？他到底为什么这么做？是不是有什么隐情？

资料来源：刘润．人与人之间最大的差距：思维模式．刘润（个人公交号），2022-02-15.

案例 4

某公司为员工提供午餐和晚餐。午餐吃饭的人数一般比晚餐要多，毕竟不是人人晚上都要加班，所以做午餐的供应商利润更高。

只不过有时候，午餐做得很糟糕。怎么办？跟供应商说不要偷工减料，盯着厨师好好做？隔一段时间换个大厨？要求供应商更新菜谱？

这些办法是最好的方式吗？

这个公司管理者制定了一个制度：

（1）选 2 家供应商，一家提供午餐，另一家提供晚餐；

（2）每隔 3 个月做一次满意度调查，看员工是喜欢午餐还是晚餐；

（3）如果喜欢晚餐的员工多，则午餐和晚餐的供应商交换；

（4）如果连续 6 个月午餐都更受欢迎的话，则更换晚餐供应商。

自从这个制度开始实施，那些表示"自己已经做得很好了""换口味成本就要大幅提高"的供应商，很快就能提供比原来好得多的服务。员工的满意度也大大提升。

面对这个问题，常人的思维模式是，要求供应商提高水平，不行我就换掉你。而优秀的人的思维模式是，引入竞争机制，让竞争代替人工去监督供应商，促使其提供更好的服务。

资料来源：刘润．人与人之间最大的差距：思维模式．刘润（个人公众号），2022-02-15.

举了这些例子，相信你已经理解什么是心智和行为模式了，那我们如何才能提升心智与行为模式呢？需要转换我们的思维。思维转换，就是改变我们理解这个世界的方式。如果我们只想发生较小的变化，那么专注于自己的态度和行为就可以了，比如把杯子倒空。但如果你想发生实质性的变化，那就需要思维转换，可能连杯子都要换掉。

学习方式

大多数人都有“道理我都懂，但依然过不好这一生”的感觉。究其原因是“知道做不到，等于不知道”。在知道的基础上，不断地去付诸行动的检验，不断地觉察学习，直到获得真知，那时自然会达到知行合一的状态。

即使大家还不是全然理解，也需要先做起来，做起来再说，遇到问题解决问题，在行的路上永远有你想不到的问题，当你解决了问题的时候，你就成长了，离你想实现的目标就更近了。陶行知在读了王阳明的心学之后，起初把自己的名字改成了“陶知行”，后来发现知易行难，就又把自己的名字改成了“陶行知”，就是要督促自己先做起来。

行，就是行动，就是做。是不是只要去做就没问题呢？若是只知行，不去学、不去知、不去思考，像无头苍蝇一样到处乱撞，即使很辛苦、很勤劳，最后也没有多大进步，一旦空闲下来，就觉得心里空空的，感觉很无聊。长期下来，不仅没有在忙碌中让自己越来越好，反而让自己更加迷茫。那么最好的办法是什么呢？王阳明已经给出答案了，就是知行合一！要在“事上练”，在事上去践行“知行”的功夫。

这门课我们会用工作坊的形式去学习。“工作坊”从字面上看就知道我们要在做中学、学中做。工作坊以解决问题为导向，以心智工具箱来驱动，以达成共识为目标，以创新实践为驱动，促使大家对心智与行为模式进行思考、探讨、实践、分享，进而提升同学们的思想认知与行为能力。

一、问题导向

党的二十大报告强调，坚持用好贯穿于习近平新时代中国特色社会主义思想中的立场观点方法，其中就有“必须坚持问题导向”。确立问题意识、坚持问题导向，也是马克思主义哲学方法论的基本范畴，已经成为直接决定当代中国马克思主义、21 世纪马克思主义创新发展的核心议题。

问题导向是以同学们在学习、生活以及实习中遇到的问题为导向。我们课堂的工作坊就是要解决同学们自身的问题，让同学们有收获。下面是以往同学们提出的几个代表性问题。

问题 1：我完成学徒制面试后就去打工，结果干了两个月，老板欠薪，现在还没拿到工资，难怪我妈非得让我上大学，这个社会水太深、坑太多。

（提示：这是世界观的问题，如何才能让自己的认知摆脱以偏概全？）

问题 2：我不喜欢学习，但是去做兼职后，发现工作更不容易，我都不知道自己要做什么了，感觉每天浑浑噩噩，都开始怀疑人生了。

（提示：这是人生观的问题，如何才能走出困境，让自己有清晰的人生目标和行动？）

问题 3：企业老板说最近生意不景气，如果税务部门来门店调查，让我们说最低的营业额，这样门店就可以少交税了。我该怎么办？

（提示：这是价值观的问题，如何坚守诚信？这要靠品质也要靠能力。）

问题 4：我在这家企业顶岗实习三个月了，我不喜欢我的店长，我想换工作。

（提示：这是工作态度的问题，哪个门店、哪个店长能完全没问题呢？是遇到困难想逃避，还是自己真的努力了，确实需要调整呢？调整后就真能解决问题了吗？）

问题 5：我们班不是一开始就班风不好，主要是老师和学生干部看不起我们学徒制班，所以很多学生就自暴自弃。

（提示：这是心态、认知带来的情绪问题，到底发生了什么事？“老师和学生干部看不起”是事实还是想象？）

二、工具驱动

对于上述同学提出的问题，如何破解？我们有心智工具箱，运用心智工具，深度思考、沟通交流、突破认知与思维局限，化解困扰自己成长的问题。这个工具箱就是按照党的二十大报告强调的，基于马克思科学的世界观和方法论解决中国问题。在我们的课程中，用它来解决学生在学习、生活、实习及工作中遇到的思想、思维、认知与心智等方面问题。心智工具箱如图 1－1 所示。

4D天性	4D沟通公式	黄金圈法则	AMBR焦点管理	多元视角
逻辑层次图	语言负转正	成果框架	情绪管理ABC	与人共情
表达感激HAPPS	四维思考法	时间管理矩阵	刻度尺	平衡轮
建立诚信4步法	三种思考方式	MECE分析法	强有力问题	改变方程式

图 1－1　心智工具箱

对于上述同学提出的问题，我们只是运用了心智工具箱中的“强有力问题”给予了提示，真要全面彻底解决，还需要用到其他工具，这些工具在后边的单元中会一一学习和运用。附录1中给出了心智工具箱速查表，希望同学们自选工具，完成21天打卡，相信一定会让你改变思维定式，形成优秀的思维习惯。这也是我们课程考核的一个重要内容。

三、工作坊协议

这门课的学习，我们就是将课堂作为心智工作坊，实现教学做一体化。你愿意和老师一起达成如下工作坊协议，共同努力，实现我们的课程目标吗？如果愿意，请郑重签上你的名字：

（1）坚持上课守时。

（2）如果不是课上学习需要，请放下手机。

（3）积极投入课堂的训练。

（4）坚持团队合作，尊重他人的意见与分享。

（5）课后多读书、多交友、多实践。

签名： 日期：

上课的时间很有限，老师会带着同学们一起学习和训练，请大家课后一定多读书、多交友、多实践。

每本书都是一套“思维模式”。读的书越多，就会理解越多不同的思维模式，越有助于打开“思维转换”的开关。建议每学期至少读5本课外书，并做读书笔记；喜欢读书的同学可以考虑读10本以上。

每个人都是一套“思维模式”，认识的人越多，你会越理解自己“思维模式”的局限性。

每个行动都能给你巨大的帮助，特别是行动后能反思和复盘。

想要打开“思维转换”的开关，你要读万卷书，行万里路，阅无数人，知行合一。

在附录4中，我们给出了“学习成果——学生成长记录”，请同学们每周学习结束后，为自己记录下成长档案，也就是学习前和学习后，自己在认知、情感与行动方面的改变，这是我们课程考核的一个重要内容。

四、组建团队

该课程是通过工作坊来开展学习，有全班一起的学习，更有以小组为团队的学习。我们需要组建学习团队。

（1）按老师和同学达成共识的方式进行分组、确定组长。

（2）组长带领团队成员，确定体现正能量和团队文化的队名、口号和队歌，并在下方记录下来：

1）我们的队名是：________________

2）我们的口号是：________________

3）我们的队歌是：________________

4）写出队歌中你最喜欢的几句歌词：________________

____

（3）用你们喜欢的方式在全班进行团队展示，展示内容：________________

____

（4）团队展示互评与老师点评。

教师辅导

下边两个案例是同学们在学习之初提出的两个有代表性的问题，我进行了相应辅导。万事开头难，好的开始是成功的一半，期待这两个案例能给同学们以启迪，并使同学们满怀信心地投入这门课的学习。

案例一　关于团队合作

学生：在团队里，我是组长，我常感到深深的无助，我希望高质量地完成老师布置的任务，但是团队成员都是得过且过，能不做就不做，我都不知道该怎么办了。

老师：“团队成员都是得过且过，能不做就不做”，是这样吗？

学生：也不能说“都是”，每个人程度不一样吧。

老师：也就是说，团队每个人都没有你努力，没达到你的期望值，是吗？你想要的是什么？

学生：嗯，可以这样说。我想要的是大家齐心协力，共同完成老师布置的任务。

老师：对于你的这个目标和期望，你可控的是什么？

学生：我最能控制的是我自己全力以赴吧。

老师：还有呢？你不只是队员，你是组长，还可以控制什么？

学生：老师，别人我真控制不了，我只能控制我自己。

老师：你说的对，我们只能改变自己，是否能通过可控的自己来影响和调动队员呢？想想你可以做什么？

学生：老师，我真的不知道我还能做什么。

老师：好，那让我们想象一下，假如你的团队，大家团结一致、齐心协力、完成任务，是什么样的一个画面？每个人包括你是什么状态？

学生：我想大家都很有积极性、都很投入、都很开心，高质量完成工作任务，得到老师的赞赏，我们都很有成就感。

老师：为了让大家很有积极性，我们做组长的可以做些什么呢？如果你是这个组的队员，你会对组长有什么建议呢？

学生：要相信大家，不要觉得只有自己做得好吧。

老师：如果队员确实没你做得好，除了相信，还有什么呢？

学生：还要包容吧，我是组长，他们没我做得好也正常。

老师：除了包容，一个组长还可以做什么呢？

学生：用人之长，分工时要发挥同学的长处，他们会更有积极性，也会做得更好。

老师：要想高质量完成任务，还可以做什么？

学生：还要有目标、计划、实施、检查、完善等。

案例二　灵魂的唤醒

学生：老师，我不喜欢学习，但是去做兼职后，发现工作更不容易，我都不知道自己要做什么了，真的很迷茫。

老师：是否可以说，学习是你不想要的，工作也是你不想要的，那你到底想要什么？

学生：我也不知道我想要什么。

老师：这种状态是一时的还是一直都有的？从何时开始的？

学生：小学的时光是开心的，上了初中就慢慢开始这样，后来基本就总是这样了。

老师：那已经有6年多的时间了是吧？还好，人生最美好的6年还有四五个，你准备还要用几个6年度过“学习不喜欢、工作不想做”这种状态呢？

学生：（不语，思考，感觉心里难受……）

老师：想想下一个6年结束时，你会在哪里呢？那是一个什么样的画面？你能描述一下吗？

学生：嗯，那时我会在广州吧，我还是喜欢大城市……我可能会和别人挤在一个廉租屋中，还没找到自己喜欢的工作吧。（情绪低落）

老师：如果让那时的你对现在的你说些什么，你会说什么呢？

学生：6年飞逝而过，6年前种下什么因，6年后就会结下什么果，你要好好努力啊！

老师：好，如果我们把时间再推后6年，那时的你就三十而立了吧，也许有了自己的家庭，那时的你又会对现在的你说些什么呢？

学生：父母慢慢老了，孩子也出生了，今天你的一切会关系到你父母晚年的幸福，关系到孩子童年的幸福，你得努力啊！

老师：你想努力了吗？若想，你准备从何做起呢？别急，一点点去做，一点点成长，好吗？

学生：嗯，是的。我想我会先从自己感兴趣的课或感兴趣的书开始学习吧。

老师：好的，你学过SMART目标制定原则吗？先给自己定一个培养好习惯的小目标，再给自己定一个改掉坏习惯的小目标，成功后就给自己一个奖励，好吗？

学生：好的，谢谢老师！我准备从每天去图书馆看半小时书开始，培养读书的好习惯。我准备改掉睡觉前一遍遍刷手机的坏习惯。

老师：能否再具体些，准备看什么书？每天刷手机的时间准备减少多少？晚上几点睡觉？越具体越容易落实，越容易养成习惯。你今天回去再好好考虑一下，慎重地制订一个读书计划和作息时间表，然后坚决地去执行，好吗？

学生：好的，谢谢老师！

老师：加油！期待你的好消息！

课堂训练

对生命保持全然觉知

（1）你大学的“愿望清单”上都有什么？什么对你很重要？你上大学希望达成的目标是什么？请与同学互相分享，这是了解自己和他人的一种很好的方式。

（2）你有生以来做过的最有成就感、满足感的一件事是什么？

（3）你想成为一个什么样的人？你最欣赏自己的是什么？

（4）下列选项中你最喜欢哪一个？

1）帮助 / 提升他人；2）与他人建立连接；3）思考 / 学习；4）行动 / 达成结果。

在随后工作坊中将探索你的“天生个性”，这个问题将开启我们的探索之旅。

____

____

____

____

（5）如果不考虑酬劳，你会从事什么职业？为什么？这个问题可能会帮你洞悉自己的“天生个性”。

____

____

____

____

自我觉察

请完成以下问卷，用心觉察自己目前的心智状态以及对这门课的认识和了解。

自我觉察问卷

1. 如果让你给自己目前的心智水平打分（1 ～ 10 分），你会打几分？(　　　)

A.10　　B.9　　C.8　　D.7　　E.6

F.5　　G.4　　H.3　　I.2　　J.1

2. 如果让你给自己的幸福指数打分（1 ～ 10 分），你会打几分？(一个人的心智模式与行为模式能决定他的幸福水平)(　　　)

A.10　　B.9　　C.8　　D.7　　E.6

F.5　　G.4　　H.3　　I.2　　J.1

3. 如果让你给自己的智慧水平打分（1 ～ 10 分），你会打几分？(一个人的心智模式与行为模式也能决定他的智慧水平)(　　　)

A.10　　B.9　　C. 8　　D.7　　E.6

F.5　　G.4　　H.3　　I.2　　J.1

4. 通过学习单元 1，你对为什么开这门课清楚了吗？(　　　)

A. 清楚了　　B. 有些清楚　　C. 不清楚

5. 通过学习单元 1，你对什么是心智模式清楚了吗？(　　　)

A. 清楚了　　B. 有些清楚　　C. 不清楚

6. 你最想在线下的课堂上学习什么？怎样学习？有何期待？

____

____

____

自我修炼

由于心智模式隐而不见，而且具有自我增强的特性，因此常常变得根深蒂固，难以改变。那么，如何改善心智模式呢？下面，我们给出自我修炼的心智模式改善流程和基本方法。

一、心智模式改善流程

彼得·圣吉指出，改善心智模式的过程，从本质上是把镜子转向自己，试着看清楚自己的思考与行为如何形成，并尝试以“新眼睛”获得新的信息，以新的方式对其进行解读、思考和决策。这从本质上看是一个自省、学习、创新和变革的过程，具体包括如下四个步骤，如图 1－2 所示。

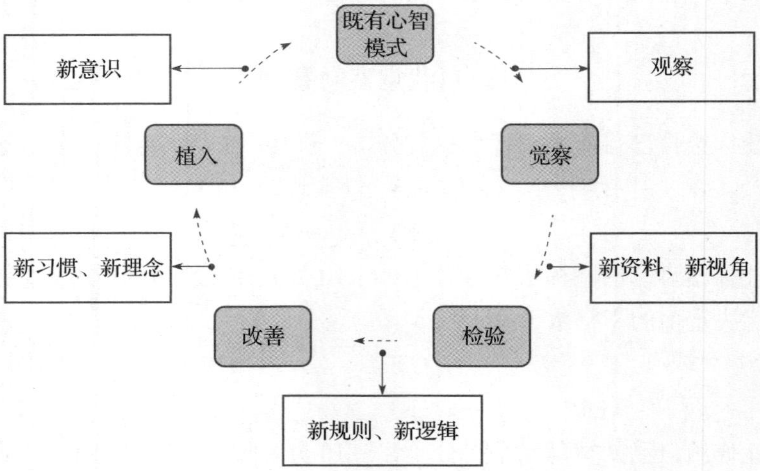

图 1－2　改善心智模式流程

1. 觉察——开放的头脑

觉察是改变的前提。因此，让人们产生觉察，使隐藏于个人内心深处隐而不见的假设、规则、成见等“浮现”出来，才能更加主动地对心智模式进行检验和改善。这是一个“打开心门”“开放头脑”的过程。觉察源自内省，也离不开外界条件的触发。

2. 检验——开放的视角

俗话说，“巧妇难为无米之炊”，新的资料是生成新的心智模式的必备原材料。在“心门”打开之后，人们可以通过新的视角去获得新的资料，或以新的视角去审视原有的资料。因此，我们需要“开放的视角”。

3. 改善——开放的心灵

在接纳了新的资料之后，人们需要用新的规则或逻辑对其进行解读，以便检验心智模式的有效性及适用范围。由于思维的连续性，这一过程和检验几乎是同步发生的，因此，我们需要“开放的心灵”。

4. 植入——开放的意志

心智模式不是存在于理性思维的层面，而是隐藏于思维的背后，是在潜意识或无意识状态下发挥作用。所以，要想让其发挥作用，必须经由持续的练习让其成为下意识的习惯，让一些价值观、规则、逻辑等成为牢固的信念，进入潜意识层面，才能较稳定、持久地发挥作用。因此，我们需要“开放的意志”。

需要说明的是，这一过程的四个步骤并不是截然分开的，改善心智模式的过程也不是单向的，更不可能一蹴而就，而是非常微妙、复杂、困难的。甚至当你或他人认为你已经发生改变时，一些根深蒂固的观念或习惯仍然自觉或不自觉地左右着你。

二、改善心智与行为模式的基本方法

我们每个人都有心智模式，每时每刻都受心智模式的影响。如果不能驾驭心智模式，我们就会成为“心智的囚徒”；善于驾驭并改善心智模式，我们才能成就“全新的自我”。

根据上述改善心智模式的循环，借鉴彼得•圣吉等众多学者的研究成果，参照“乐其培训”2014 年 4 月 5 日发表的《改善心智模式的八种实用方法》，基于我们课程与学生的实际，提出以下改善心智与行为模式的八种基本方法（见图 1－3），供大家学习和实践。

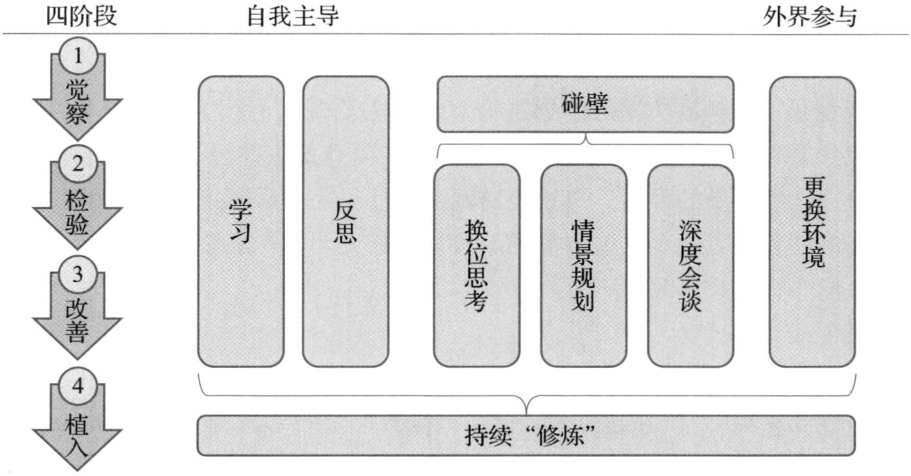

图 1－3　心智与行为模式改善方法

1. 学习

每本书、每篇文章中都含有作者特定的心智模式，所以我们通过获取外界或他人的信息，开阔自己的视野，拓宽自己的认知；通过了解不同的思维逻辑，掌握更多的规则，可以更新我们思考的路径；通过借鉴新的观念，形成新的习惯，可以修正自己的“价值导向”。总之，通过学习，可以让我们突破自己的思维定式，让行动更有成效。学习不仅仅是通过阅读获取新的知识或信息，还要不断实践，扩大人际交流，向他人学习，这就是我们平时说的读万卷书、行万里路、阅人无数。

2. 反思

如果没有反思，读过的书、走过的路、见过的人就不是都算数。反思是改善心智模式的核心方法。通过反思，我们可以与书本中、实践中遇到的他人的心智模式去对照，发现自己内心世界深处隐藏的成见、假设、逻辑、规则，借此可以对其有效性加以检视。此外，自我的反思也可以让我们以更开放的心灵去接纳外界不同的意见和建议，重塑自己的思维和心智。

3. 碰壁

一个一直身处顺境的人是很难进行深度反思的。挫折与失败对于大学生是一种重要的经历，因为每一次挫败都带着一个“礼物”。有人是“生而知之”，有人是“学而知之”，但更多的人需要“困而知之”。老办法行不通了，按照原有的规则做出的对策和行动碰壁了，这会促使人们产生深入的觉察和内省。

4. 换位思考

有时候我们只考虑自己而忽视了别人的感受，生活与工作中很多矛盾和隔阂的产生都是因为不懂得换位思考。转个角度换位思考一下，你会发现这个世界可以如此和谐美好。换位思考让你我更包容，让世界更宽容。试着回想一个最近发生的事件，设身处地地站在对方的角度、其他利益相关者的角度以及第三方的角度，去重新看这个事件，你有什么觉察和发现？

5. 情景规划

情景规划是一种预测方法，它通过有意识地去质疑人们认为理所应当的基本假设，来获得观察世界的新的视角和方法。每个人的心智模式往往源于自己的成长经历与环境，源于过去已经发生的事情。情景规划就是通过开发一系列面向未来的新的场景，帮助人们以新的视角或方法观察这个世界。从某种意义上讲，情景规划的特别之处就在于它能促进人们心智模式的改善。

6. 深度会谈

相对于个人学习，与他人的交流更可能让自己“豁然开朗”，正如人们常讲的“听君一席话，胜读十年书”。在这方面，彼得·圣吉推崇的“深度会谈”(dialogue) 是一种有价值的交流技巧。在彼得·圣吉看来，“深度会谈”是深入、高层次、高质量的沟通、倾听与共享。它让人们摒弃自己的成见，悉心倾听，并通过深入的理性思考，对我们认为理所当然或顺理成章的一些经验、工作程序、方法或假设提出质疑，借以发现隐藏在事物背后的真正规律。因此，深度会谈是改善心智模式的重要方法，也是激发集体智慧的重要手段。

7. 更换环境

心智模式的形成具有“路径依赖性”，也就是说一个人的成长环境与经历对其心智模式具有重要影响。“孟母三迁”的故事深刻地揭示了外部环境对心智模式的影响。因而换一个新环境，有助于个体心智模式的改善。正如清华大学陈国权教授所指出的，改善心智模式的一个有效方法，就是让新颖、鲜活和丰富多样的体验不断冲刷、冲击，甚至冲破我们可能落后和固化的心智模式。如果人们长期在一种熟悉的环境下工作和生活，也许很难产生新的灵感，却很容易固化思维。人们需要有意识地创造条件，让自己有在各种环境下工作、生活或旅行的经历，体验各种自然和人文景观、文化、风土人情、生活方式，获得新的知识。

8. 持续“修炼”

改善心智模式归根结底只能靠自我的持续“修炼”，他人无法替代，外界的条件也只是一些促进或激发因素。持续“修炼”是改善心智模式的不二法门。

在这八种方法中，前四种方法是让人们产生自我的内心觉察，而觉察是心智模式改变的基础。其中前三种大致对应于孔子所说的“生而知之”、“学而知之”和“困而知之”。第五、六、七种方法是让人们通过新的视角去获得和解读新的信息，而新的信息是生成新的心智模式的必备原材料。当然，改善心智模式的各种方法从本质上讲都是自我持续“修炼”的过程，是一个学习过程。

上述改善心智模式的流程和方法需要反复地学、反复地练，才能真正做到“知行合一”，开始行动吧！

（1）你每天看一遍“改善心智模式的流程和方法”，就在此做个标记，可通过画“正”字记录，看看当你看过 30 遍后会发生什么。

（2）你尝试每天用一个方法，就在此做个标记，可通过画“正”字记录，看看当你坚持 30 天后会发生什么。

单元 2 基本理念

“理念”是指看法、思想、思维活动的结果，是上升到理性高度的观念，它是心智模式的体现，也是行为模式的因缘。下面给出的 12 条理念，是我个人多年工作和生活实践中一直受益的金科玉律。它们给我的启发是：在做任何事情、面对任何人时，若能抱持这些理念，都会获得好的结果。

这门课程是通过“理念 + 工具”进行学习。如果说 12 条理念告诉我们成熟的心智是什么样的，那么 20 个工具则告诉我们怎样获得这样的心智。如果把“理念”比喻成到达一个地方的地图，而“工具”就是交通方式。或者说“理念”指明方向，“工具”提供方法，这是我们学好这门课程的两个车轮，相辅相成。当然正确的路不只一条，这 12 条理念你不必都认同，你也可以分享你的人生理念。

预期成果

如果你能认真学习并实践本单元的内容，你可以获得如下学习成果：

（1）掌握提升心智与行为模式的 12 条理念。

（2）对自己的内心保持觉察，对自己的言行进行反思。

（3）在做任何事、面对任何人时，若能抱持这些理念，都会取得好的结果。

理念学习

视频微课

基本理念 1

理念 1　方向和方法比努力更重要

一、理念解读

努力非常重要，但还有比努力更重要的，那就是方向和方法。如果方向对了，即使走得慢一点，也不一定落在别人的后边；如果方向错了，则越努力越背道而驰、越南辕北辙。方向是效率的基础，方法是效率的根本。好的方法可以让人事半功倍、让人后来居上、让人捷足先登。

二、反思与觉察

我们有时会看到别人很轻松地获得成功，那并非都是偶然。走对的路、做对的事、用科学的方法去做事真的非常重要。你在做每件事的时候，是否都先去思考：我的方向对不对？我的方法好不好？

三、课堂分享

你是否认同这条理念？如果认同，请用正面或反面的事例来证明；如果不认同，请说出你的观点和理由。

理念 2 适应你不能改变的，改变你不能适应的

一、理念解读

牢骚满腹、无端抱怨，都是心智不成熟的表现。适应你不能改变的，改变你不能适应的。如果既适应不了，也改变不了，就选择离开。离开之前一定想清楚，你是否有能力遇到更好的。一个人很难改变他人，只能改变自己。所以，不要试图改变对方，而是从改变自己做起。了解了这一点，就会坦然很多。

二、反思与觉察

夫妻之间甚至亲子之间最大的痛苦是什么？就是一方总想改变另一方，只要有这个想法，基本没有好的结果。我们是否总是喜欢要求别人以自己的想法对待自己，却很少要求自己以对方的想法对待他人？

三、课堂分享

你是否认同这条理念？如果认同，请用正面或反面的事例来证明；如果不认同，请说出你的观点和理由。

理念 3 情绪没有对错，首先要接纳

一、理念解读

行为有对错，情绪没有对错。情绪是灵魂传递的语言，我们需要先接纳它。不管是压抑情绪还是放大情绪，只要控制情绪都是以消耗意志力为代价的。“凡是你抗拒的，都会持续。”当你抗拒某件事情或是某种情绪的时候，你会聚焦在那种情绪或事件上，这样就赋予它更多的能量，它就会变得更强大。相反，当你接纳自己或他人的情绪时，你会更从容地面对。

二、反思与觉察

在日常的工作与生活中，我们是否无视、压抑、嫌弃、放任自己的情绪？我们是否漠视、排斥、对抗、厌恶他人的情绪？我们首先要做的是不加评判，只是接纳。面对一个暴跳如雷的投诉顾客，当你说出一句：“我知道你现在很愤怒，你希望得到很好的服务，对吧？”相信顾客一定会感受到被接纳。

三、课堂分享

你是否认同这条理念？如果认同，请用正面或反面的事例来证明；如果不认同，请说出你的观点和理由。

理念 4　不要和别人比，成为更好的自己

一、理念解读

没有两个人的自然天性、成长背景和生活经验会完全一样，这就使得世界上每个人都是不同的。别人就让别人去做，我们还是成为更好的自己吧。既然如此，我们在与人相处的过程中，需要注意他和你是不同的，不要理所当然地以为别人一定是可以理解你的。我们若能尊重别人的不同之处，别人也会尊重自己独特的地方。了解了这一点，对很多人、很多事的看法就能释怀。

二、反思与觉察

人不要与别人去比较。人生就像开车上路，可能这一段路两车并行，其实来的地方不同，去的地方也不同，各自都走着自己的路。有时候你憋着劲要去比快慢、先后，别人可能毫无意识，而下一个拐弯大家就各走各的了，这样比较有什么意义呢？更用心地走好自己的路，更豁达地对待身边的人，会有更淡定从容的一生。

三、课堂分享

你是否认同这条理念？如果认同，请用正面或反面的事例来证明；如果不认同，请说出你的观点和理由。

理念 5　你相信什么就会靠近什么

一、理念解读

对于人生和世界，我们很难一下子穷其长远、尽其完整。你关注什么，你未来的人生和世界就会靠近什么。我们所看到的人生和世界，只是我们选择看到的、自己相信的样子。没有绝对真实的世界，每个人运用自己的感官摄入所需的信息，经由我们的大脑过滤而决定其意义。我们相信、选择人生和世界的美好，就会遇见更多的美好！

二、反思与觉察

信息时代，我们每天有机会接触海量的信息；自媒体时代，我们也有机会传递大量的信息。你喜欢接收、传递什么样的信息呢？可否将“真实、善意、有益”作为原则呢？

三、课堂分享

你是否认同这条理念？如果认同，请用正面或反面的事例来证明；如果不认同，请说出你的观点和理由。

理念 6　感恩地工作和生活是最高的情商

一、理念解读

感恩不是为了取悦别人。如果你有过感恩经历，一定会知道感恩时的体验很美好、很愉悦、很幸福、很快乐。每个人都希望有一个幸福美满的人生。既然如此，如果我们能心怀感恩地去工作、去生活，还会有那么多的不满和抱怨吗？我们会不会很快乐、很幸福？当然如此！感恩地工作和生活，是最高的情商，它会让我们遇见更多值得感恩的事情。

二、反思与觉察

人们往往愿意因为受到额外的恩惠而心怀感恩，而对已经拥有的则感到理所当然。人生不如意十之八九，如果做点什么可以让自己幸福一点，你是否愿意挑战一下走出舒适区？这个挑战是，你仍然可以抱怨，但是不要活在抱怨和指责里，你可以练习“感恩”的能力。

三、课堂分享

你是否认同这条理念？如果认同，请用正面或反面的事例来证明；如果不认同，请说出你的观点和理由。

视频微课

基本理念 2

理念 7　感知和满足他人需要很重要

一、理念解读

满足他人需要，是实现自己目标的最佳途径。这里所说的需要可以是有形的，也可是无形的；可以是物质的，也可以是精神的。每个人的需要又是不相同的。

二、反思与觉察

你想把事做成，你想与人交好，最为关键的是感知和满足他人需要。这需要我们有开放接纳他人和世界的头脑，需要我们转换为他人的视角，需要走进他人的内心，与其共情。

三、课堂分享

你是否认同这条理念？如果认同，请用正面或反面的事例来证明；如果不认同，请说出你的观点和理由。

理念 8　有效果比有道理更重要

一、理念解读

我们常会说，“这事应该这样、应该那样”，我们思维的一个模式就是按照“应该”去做人、去做事。事实上，按照“应该”去做人，常常会弄丢了自己；按照“应该”去做事，会不接纳别人的做法，自己也少有创新。“说道理”往往是把焦点放在过去的事情上，注重效果则是把注意力放在未来。光说做法有道理而不顾是否有效果，是在自欺欺人。了解了这一点，可以减少日常工作和生活中的无谓争执。

二、反思与觉察

管理学家德鲁克说：“管理是一种实践，其本质不在于‘知’，而在于‘行’；其验证不在于‘逻辑’，而在于‘成果’；其唯一权威就是成就。”这句话对于我们工作和生活中的很多事是否都适用呢？

三、课堂分享

你是否认同这条理念？如果认同，请用正面或反面的事例来证明；如果不认同，请说出你的观点和理由。

理念 9　凡事必有至少三个解决方法

一、理念解读

一个选择是没有选择，两个选择常常是左右为难，三个选择才是选择的开始。有更多做法，就会有更多的选择，有选择就是有能力，就是有自由。我们要承认，世界上还有很多我们过去没有想过、没有用过、没有认识的方法。了解了这一点，是否让你看到更多的可能性？

二、反思与觉察

无论是工作还是生活，如果常常陷入“别无选择”的境地，应该想想是哪儿出了问题。原因可能很多，但最终都可归结于心智模式，说得再简单一点就是思维方式。

三、课堂分享

你是否认同这条理念？如果认同，请用正面或反面的事例来证明；如果不认同，请说出你的观点和理由。

理念 10　思维不能总是刚性，要灵活且有弹性

一、理念解读

“灵活与弹性”意味着有能力应对各种挑战，意味着有方法适应各种环境。“灵

活与弹性”还是一个人自信的表现。一个人越不自信，就越是固执己见，固执的背后是担心被改变。一个人怎么做到灵活呢？灵活在于少用自己的道理去做事，而多凭观察和运用环境所提供的条件，做到效果优先。了解了这一点，是否让你豁然开朗？

二、反思与觉察

思维具有“弹性”是一个人心智成熟的标志之一。有弹性的人，性格柔韧，做事张弛有度、伸缩自如。善于妥协，也善于在妥协中巧妙地坚持。不固执己见，但自有一种主见。弹性的反面是僵硬或软弱。和僵硬的人相处，累；和软弱的人相处，也累。

三、课堂分享

你是否认同这条理念？如果认同，请用正面或反面的事例来证明；如果不认同，请说出你的观点和理由。

理念 11　幸福比成功更重要

一、理念解读

成功的确很重要，但有比成功更重要的，是幸福！成功与幸福都没有一个标准答案，有人说成功了才算幸福，我说幸福了才是真正的成功。一般而言，成功需要自己去努力，但同时也需要别人去认可；幸福则不是，它虽然也需要自己去追求，但它不需要别人来证明，只需自己去感受。成功往往是外在的、客观的、有形的；而幸福则往往是主观的、内在的、无形的。

二、反思与觉察

成功与幸福并存，需要解决工作与生活的平衡、事业与家庭的平衡、勤奋与休闲的平衡……所有这些需要的不只是取舍，更需要能力。明确自己的价值观，坚定人生的终极目标，做一个能“搞定”、能“摆平”的人，才会是一个成功的人、一个幸福的人。

三、课堂分享

你是否认同这条理念？如果认同，请用正面或反面的事例来证明；如果不认同，请说出你的观点和理由。

理念 12　没有挫败，只有收获和成长

一、理念解读

所谓的“挫败”，其实是告诉我们过去的做法得不到期望的效果，提醒我们需要改变。只要在向着目标前进，就没有“败”字可言。所有的结局都是带着一个“礼物”和我们不期而遇。“从中学到了什么”，这是我们需要关注的。我们需要及时总结过去的经

验，在学习的过程中修正调整行动。了解了这一点，是否让我们的成长性思维又进步了一点呢？

二、反思与觉察

“所有的结局都是带着一个‘礼物’和我们不期而遇”，每一次的经历，我们都收获了什么？如果没有反思和觉察，“失败”不可能成为“成功”之母，而“成功”则有可能成为“失败”之母。

三、课堂分享

你是否认同这条理念？如果认同，请用正面或反面的事例来证明；如果不认同，请说出你的观点和理由。

单元训练

（1）找一件让你很烦恼的事情，如果烦恼彻底消除后是 10 分，从 0 ～ 10 分给自己现在的状态打分。然后回到这个单元所学的 12 条理念的第一条，深入思考看看对你有什么帮助，以及这时的分数是多少。然后再往下一条一条地过一遍，看看每一条对你的烦恼有何帮助，直到问题解决、烦恼消除。如果还是解决不了，找两个人，一个人来引导，另一个人做观察者，再过一遍，相信一定会有不一样的结果。

（2）请在线下课堂或线上学习平台进行分享：除了本单元的 12 条理念，你有哪些指导自己人生的理念或箴言？

单元 3　探索天性

心智与行为模式受后天环境、经历与个人修炼的影响非常大，但本身的天生个性也绝不能忽视，它往往是一个人心智与行为模式的基础。有这样一个小故事：一只蝎子要过河，但它不会游泳。正当它要放弃的时候，一只青蛙游过来。蝎子喊道："青蛙先生，把我捎过河吧。"青蛙回答："我才不呢，你会蜇我的。"蝎子说："我怎么会蜇你呢？那样我们两个都得死，我不会那么愚蠢的。"青蛙说："那好吧，跳上来。"于是它们出发了。游到河中央时，青蛙感到背上像被针刺了一样，它说："天哪，你会把我们俩都害死的！你为什么要蜇我？"蝎子回答说："因为蝎子就是蝎子。"这个小故事是否能帮助我们理解"有时天性常能战胜理性"以及"江山易改、本性难移"呢？理解这一点，对我们改善心智与行为模式会有什么帮助呢？让我们一起来学习单元 3——探索天性。

预期成果

如果你能认真学习并实践本单元的内容，你可以获得如下学习成果：

（1）学会悦己修圆：悦纳自己、悦纳他人、完善自我。

（2）学会识人合作：尊重不同、取长补短、互助共赢。

（3）学会人岗匹配：发挥天性、扬长避短、人尽其才。

（4）学会谋事成事：4D 沟通、相互理解、简单高效。

视频微课

探索天性 1

工具学习

查理·佩勒林用 4D 将人的天性分为 4 种，简单且易于测试和分析。4D 天性分类图如图 1－4 所示。

下面对这个工具进行说明：

（1）人们有两类经常性的大脑活动——做决策和收集信息，而这两方面的倾向是天生的。天性是与生俱来的，也就是说，我们每个人天生就会用情感或者逻辑做决策，用感觉或者直觉收集信息。另外，我们是在天性偏好的基础上慢慢形成了自己的性格。

（2）我们用一对坐标反映不同的人做决策和收集信息时的不同偏好，得到了四个维度，即 4D。

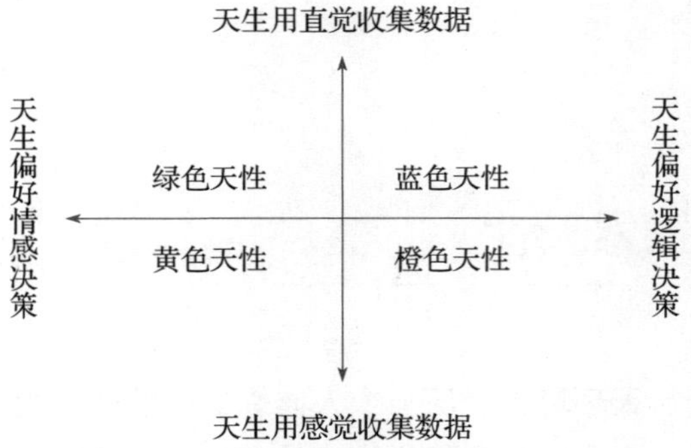

图 1－4　4D 天性分类图

（3）横轴两个维度关注的是我们做决策的偏好。大约一半的人天生用情感做决定（例如是否感觉良好）；而另一半的人则天生用逻辑做决定（例如规则、理性、客观事实等）。

1）情感型的人：常从自我的价值观念出发，变通地贯彻规章制度，比较关注决策可能给他人带来的情绪体验，人情味较浓。

2）逻辑型的人：比较注重依据客观事实的分析，不太习惯根据人情因素变通，哪怕做出的决定并不令人舒服。

（4）纵轴两个维度关注的是我们收集信息的偏好。

1）感觉型的人：关注的是事实本身，注重细节，信赖五官听到、看到、闻到、感觉到、尝到的实实在在、有形有据的事实和信息。

2）直觉型的人：注重的是基于事实的含义、关系和结论；注重“第六感觉”，注重“弦外之音”。直觉是我们的经验在无意识状态下快速整合的体现。

（5）为了便于识别和比较，四个维度的不同个性，用四种不同颜色来简称。

1）“直觉-情感型”的为绿色培养维度，简称绿色天性；

2）“感觉-情感型”的为黄色包融维度，简称黄色天性；

3）“直觉-逻辑型”的为蓝色创新维度，简称蓝色天性；

4）“感觉-逻辑型”的为橙色指导维度，简称橙色天性。

绿色天性：很自然地关注精神层面、价值层面的东西；喜欢欣赏和感激他人，内心总是以人为本、以人为乐；乐于支持培养他人；让他人成功就是自己成功；感觉像大地一样滋润万物，用绿色代表他们。

黄色天性：对人际关系很敏感；内心总是向往合作、与人发生联系、包融他人，也更需要归属感；经常成为大家的“黏合剂”；大家成功才是真的成功；感觉像阳光一样温暖人心，用黄色代表他们。

蓝色天性：对创意有敏感的嗅觉；认为创意比什么都重要；对创意比拼无比激动；认为要想成功唯有创新；更愿意思考未来的可能性，喜欢展望未来，不喜欢纠缠过去；感觉像天空一样广袤深邃，用蓝色代表他们。

橙色天性：最关心的是事情的进展和结果；更愿意采取实际行动，即组织和指导别人；坚持完成任务比什么都重要；执行力强、做事严谨细致；擅长指导他人按流程、按要求达成结果，保证成功；感觉像太阳系一样有序运转，用橙色代表他们。

天性测试

如果你已经对决策与信息偏好有了大概的了解，你就可以用下面的小测试了解自己的天性，以此帮你找到与生俱来的性格基础。

下面的 14 个问题，用以测评你的 4D 天生个性类型。选择对自己而言真实的表述，而不是你想成为的，也不是你认为正确的。想象你在放松的没有压力的环境中，凭第一反应以最快速度做出选择。

目的：这个简单的工具准确率较高，能帮助你探索那个天生的、永远不变的你到底是谁。这一信息有助于你：认识自己，认识他人；选择自己天生就擅长的工作；建立优势互补的团队，等等。

步骤 1：测量你的“决策方式”，下面有 7 组关于决策的不同的描述，请快速画勾选出对你来说更加真实的描述（在左侧或右侧的空格内画勾），然后在最后一行圈选出勾选较多的一侧，即是你的决策类型（见表 1－1）。

表 1－1　决策类型

情感型决策者	画勾		逻辑型决策者
和谐是根本上很重要的东西			和谐是达到目的一种的手段
喜欢根据“感觉好不好”做事			喜欢根据“感觉合理不合理”做事
以人为首要考虑因素			以工作任务为首要考虑因素
以保持和谐关系为重			以遵守正确路线为重
通过达成共识决策			根据自己的想法决策
首先相信自己的感觉			首先相信自己的理智
不能容忍冲突对立			能够容忍冲突对立
综合：情感型决策者			综合：逻辑型决策者

步骤 2：测量你“获取信息”的方式，下面有 7 组关于获取信息方式不同的描述，请快速画勾选出对你来说更加真实的描述（在左侧或右侧的空格内画勾），然后在最后一行圈选出勾选较多的一侧，即是你的获取信息类型（见表 1－2）。

表 1－2　获取信息类型

直觉获取信息	画勾		感觉获取信息
依靠个人内在觉知			依靠个人观察
更多地考虑“可能会是什么”			更多地考虑“是什么”
偏好创造			偏好常识
依据灵光一现的洞察力做事			依据仔细分析做事
喜欢研究概念			喜欢研究事实和数据
注重全局考虑			注重细节
喜欢有价值的想法			喜欢既成现实
综合：直觉获取信息			综合：感觉获取信息

步骤 3：根据你在上表中圈选的结果，找到代表你天性的“颜色”（见图 1－5）。这是你的“基础”天性。

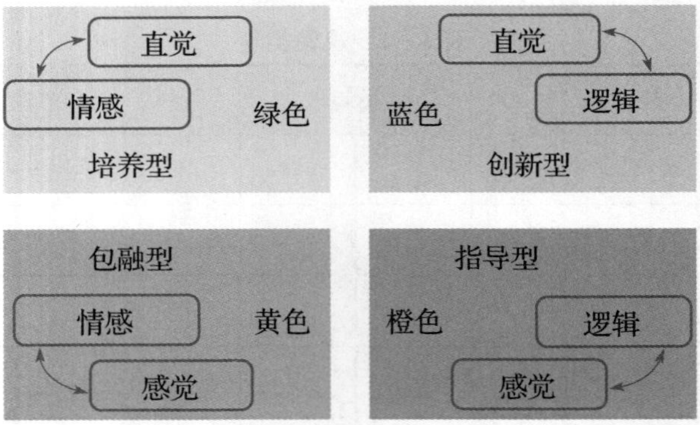

图 1－5　四种颜色天性

步骤 4：小组成员互相感知对方的天性。

视频微课

探索天性 2

结果分析

总体分为绿色、黄色、蓝色和橙色四种天性。现对每种天性进行分析。

1. 绿色：直觉-情感型

“我的天性是 4D 系统定义的绿色培养型，我热衷于分享传播，我情感丰富，越被夸越有干劲儿，别用理智和逻辑跟我较真儿。”

绿色培养型，是“以人为本者”。

- 行为特点：热情开朗、情感充沛、慈爱人性、有同理心、尊重价值、善于欣赏、率真坦诚、喜欢分享传播、擅长培养人。
- 需要注意：系统逻辑、感情用事、过度敏感、容易抱怨、容易受伤、放弃原则、浅尝辄止、表现张扬。
- 适合扮演的主要管理角色：鼓舞人心、激发热情、贡献快乐、培养人才、领导大型复杂团队，会带领团队取得没有伤害的成功。
- 互补的合作伙伴：橙色天性。

2. 黄色：感觉-情感型

“我的天性是4D系统定义的黄色包融型，我是最忠诚持久的朋友，我在意的不是干什么，而是和谁在一起，我是慢热型，请不要期待我快速回应。”

黄色包融型，是“团队凝聚者”。

- 行为特点：重视和谐、团结合作、忠诚奉献、深思熟虑、耐心细致、成熟稳重、友善包融、换位思考、责任心强、善于组织、值得信赖。
- 需要注意：过度包融、委曲求全、按部就班、拒绝创新、害怕冲突、迁就纵容、过度承担。
- 适合扮演的主要管理角色：凝聚团队、化解冲突、忠于使命、坚守文化、市场策略、领导大型复杂团队，会带领团队取得共同的成功。
- 互补的合作伙伴：蓝色天性。

3. 蓝色：直觉-逻辑型

“我的天性是4D系统定义的蓝色创新型，我热衷于出点子、谈愿景、创新，请直接告诉我结果可能怎样，别跟我啰唆细枝末节。”

蓝色创新型，是“创意创造者”。

- 行为特点：雄心抱负、善于定位、目的明确、喜欢冒险、乐于尝试、大局思维、开拓创新、果敢坚毅、内驱力强、勇于担当、追求卓越。
- 需要注意：过于善变、盲目乐观、好大喜功、独断专行、自以为是、压抑情感、缺乏包融。
- 适合扮演的主要管理角色：战略规划、新品研发、管理创新、市场开拓，会带领团队通过卓越创新取得成功。
- 互补的合作伙伴：黄色天性。

4. 橙色：感觉-逻辑型

“我的天性是4D系统定义的橙色指导型，我最讲计划、落实，是最靠谱的‘工作狂’，请用事实、用数字与我交流，不要来虚的，别期待我领会你的情绪。”

橙色指导型，是“体系构建者”。

- 行为特点：严谨务实、有条不紊、理智逻辑、计划周密、遵守规则、善于组织、认真负责、注重细节、追求完美、关注结果、勤奋好学。

- 需要注意：待人冷漠、忽视情感、追求完美、指责评判、僵化固执、拒绝尝试、思想保守。
- 适合扮演的主要管理角色：制订计划、绩效考核、督导执行、遵章守纪，会带领团队取得高效、确定性的成功。
- 互补的合作伙伴：绿色天性。

这里需要提示大家的是：天性测试不是为了给人贴标签，而是为了认识自己和相互理解。天性没有好坏之分，不同的天性有着不同的特点，从天性的角度可以找到自己擅长从事的职业。需要说明的是，由于个体后天的发展和适应，现实中也有不少人从事着与自己的天性不一致的工作而且也非常成功，他们在天性的基础上，运用了自己的优势并且在其他方面发展了多维的能力。

案例启迪

我和我家人的“颜色”

“博见课堂”分享了如下“天性探索”案例。

一、我是橙色

2014年，在给某企业中高层的领导力项目中导入4D工作坊期间，国内首批4D教练潘老师向我描述了4D系统的强大功能与未来价值。当聊到天性时，我很自然地对潘老师说：“我测出自己是蓝色的。”没想到，潘老师非常直接地指出：“李老师，你不是蓝色，你是典型的橙色。”“为什么？”我有点迷惑。潘老师说：“还记得我们之间的第一个电话吗？”“当然记得。”我想起2个月前我向潘老师打电话求助时最关键的两句话。第一句是：“这份4D大纲不能打动我，我觉得也很难打动我的客户，理由是：第一，……第二，……第三，……”第二句话是：“我希望潘老师支持的是：第一，……第二，……第三，……”

我恍然大悟，多么鲜明的橙色思维与橙色表达！我想起课程中老师对橙色领导者的描述：他们是逻辑最强的一个群体，对架构、流程、标准以及成功的确定性要求很高，表达喜欢用“第一，……第二，……第三，……”。

潘老师问我：“为什么不喜欢橙色？”我一脸嫌弃的表情让他看出了我的内心。当时，我对4D系统的理解很肤浅，喜欢4D系统对蓝色的描述，认为自己没有橙色的缺点，如指责抱怨、保守死板等。潘老师又说：“橙色领导者做事最靠谱，和修圆后的橙色领导者在一起工作是最容易成长的。”潘老师的这句话至今对我都是很大的激励。终于，我悦纳了我的橙色。

二、家人的颜色

我的三口之家是清一色“橙”。按照潘老师的说法：“如果父母都是橙色的，孩子会很辛苦。”因为橙色领导者对人对己要求都很高。而事实上，我家女儿是在橙色妈妈的关爱与欣赏中快乐成长的，在橙色爸爸的呵护与引领中走对了求学路上关键的每一步。

橙色女儿从小就很乖，守秩序、懂道理、乐担当，从来都不会丢三落四。幼儿园时就可以轻松地心算百位以内的加减法，逻辑思维特别好。女儿工作后，入职不到一年就得到系统最高领导的认可：“在你以往的工作中，既有品质又有效率。”而最令我欣慰的是，橙色女儿从小和橙色妈妈的互动就像朋友一样。

女婿是蓝色，最明显的蓝色特质是智商高、想法多、有主见；最典型的蓝色行为：放弃稳定的工作，跳槽到一家小小的创业公司。当时双方父母都坚决反对，因为接下来两个孩子要在两个城市工作，未来有太多风险。唯有女儿鼎力支持，他们的理由是：为了一个更大的目标。

我妈妈也是橙色，工作能力强，为人低调内敛，生活情趣不多，对我和弟弟要求很严。记得我 14 岁的一个周日，清早我就在厨房闯祸了。随着热水瓶破碎的“呯”的一声巨响，屋里同时传来两个声音：“这么不小心！”“烫着没有？”显然，前者是来自天性在“关注事”维度的妈妈。我很委屈：“妈妈就知道心疼热水瓶，还是爸爸最关心我。”记忆中，妈妈在家里只要有一点点小失误，我们全家都会很开心：“哈！妈妈也会犯错！”因为家人已经习惯了妈妈的指责与批评。我传承了橙色妈妈的认真、严谨，但没有妈妈那么细心。

今年 95 岁高龄的爸爸是黄色，是一位颇有影响力的离休干部。爸爸曾有一个很器重的下属向上级报诬告他，可爸爸照样重用他、欣赏他。爸爸当时的行为让我和妈妈、弟弟都无法理解。现在，我终于懂得了欣赏黄色爸爸的行为，也传承了他的包容与豁达，但没有达到爸爸的境界。

资料来源：博见课堂 . 4D 卓越领导力之“天性探索 1”. 博见课堂（公众号），2017-07-14.

课后练习

对于天性的认知能帮助我们更好地了解自己，而且你可以使用这个工具去给身边的团队伙伴乃至家人标色，这会帮助你更好地了解他人、理解他人、尊重人与人之间天性的差别，从而更好地和谐共处。

（1）彼得·德鲁克说：“教是最好的学习方式。”给你的朋友或家人讲讲这部分内容，看看他们认为你的天性是什么，然后也让他们测试一下他们的天生个性是什么。

（2）问一下自己：“如果不考虑酬劳，那我会做什么？”你的职业选择会给你一些洞见。

（3）看一看对你而言最困难的事或最具挑战的事是什么。一般而言，这会帮你诊断出你天性中不擅长的部分。如：

1）绿色培养型——事务性工作的挑战；

2）黄色包融型——无法忍受矛盾冲突；

3）蓝色创新型——人际关系的挑战；

4）橙色指导型——缺乏以人为本。

人岗匹配

人的天性应该与工作的内容以及工作的阶段相匹配。

技术团队成员往往属于逻辑决策者。从零开始的团队，往往会有很大一部分人与团队领导的性格类型相同，这样才能志同道合。我们往往喜欢和与自己相像的领导共处。如果这位领导性格与工作任务匹配，一般没有问题，可是一旦不匹配，就会有问题；而如果领导天性与工作任务呈对角线状态，那将会非常麻烦。

项目开始时，成员多为蓝色创新型，可以在早期突破固有的思维模式，在更大的范围内寻找可能性。到了项目的实施阶段，团队中的多数人必须转成橙色。而绿色和黄色成员对技术团队有什么贡献呢？他们的价值观和人际交往能力可以帮助大家一起工作，他们会提供非常重要的多样化想法。另外，有很多卓越的项目领导是绿色或黄色，原因在于，一个人在团队中职位越高，他的人际交往能力就越重要。你可以将你的橙色工作授权给下一级别。

无论你的天性是哪种，在工作中都需要将自己修炼成4D全能。

绿色更适合发挥优势的工作：人力资源、大型复杂团队领导者、教练、义工。

黄色更适合发挥优势的工作：团队建设者、市场营销、客服。

蓝色更适合发挥优势的工作：创新、研发、设计。

橙色更适合发挥优势的工作：系统的建设者、生产管理人员、流程管理人员。

谋事成事

查理·佩勒林给了我们一条通过4D沟通来谋事成事的公式：欣赏+包融+创新+要求。也就是：表达你的欣赏，表示你的理解，提出一个愿景，列出你的要求。这个公式就是发挥四种天性的主要优势，大多问题就可迎刃而解。

4D沟通就是：用“绿色”先表达感谢欣赏；用“黄色”进行包融合作；用“蓝色”创新未来目标；用“橙色”提出具体的操作要求。

通常我们可以通过简单的沟通去识别对方的天性色彩，然后选择同样颜色的沟通方式，快速拉近彼此距离。我们都需要在自己天性色彩的基础上，不断完善提高其他色彩，并灵活运用。

下面通过3个小案例来体验。

案例 1

一个妈妈指责 7 岁的孩子不应该放学回家就看动画片，孩子被批评后很不开心，他们陷入冷战中。可用查理·佩勒林给出的谋事成事的公式。

绿色：欣赏

“我觉得你是一个很棒的小朋友，一直以来你都特别懂事且讲道理。”

黄色：包融

“我也理解你对动画片的好奇心。同时我承认刚刚言语有些激烈。我也有做得不好的地方，比如我回家也一直玩手机。”

蓝色：创新

“不如这样，我们以后一起读书吧！读书过程中也可以重现动画世界，我们还可以玩角色扮演，让读书更有趣！”

橙色：要求

“从现在开始，我们互相监督，如果谁一次做不到，就做 20 个俯卧撑，好吗？”

当你启动 4D 沟通话术，你会发现沟通交流变得越来越通畅和谐。对话不再是指责，而是欣赏；不再是责怪，而是包融；不再是毫无结果，而是建立目标；不再是只说不做，而是马上行动。

案例 2

某公司的某位员工经常迟到，屡教不改，甚至触动公司领导的底线，公司领导觉得这个人几乎无药可救了。公司领导可以尝试一下万能的沟通方式。

绿色：欣赏

“我其实很欣赏你的工作热情和创意想法，这也是我当初招聘你的原因，我觉得你会为团队带来生机。”

黄色：包融

“我理解你住得确实比较远，交通又比较拥堵，让你对时间的管理有些偏差。”

蓝色：创新

“不如这样，你每天早 30 分钟出门，不仅可以保证不迟到，还可以提前到公司处理邮件和计划当天工作。”

橙色：要求

“从现在开始，我们部门早会的组织者由你来担任，我会具体和你列明早会的提纲。”

公司领导尝试了这个方法，果然有效果。截至目前，该员工没有再迟到过。

案例 3

一员工被企业辞退，声称要与企业打官司，人事主管通过微信、短信、电话等渠道与之沟通，他都不予理睬。后该公司人力资源总监亲自给这个员工发信息，用的就是4D 沟通公式。

绿色：欣赏

“我很欣赏你的勇气，为了自己的权益，愿意听从自己内心强有力的声音，与我们公司就你被辞退一事诉诸法律。”

黄色：包融

“我是公司的人力资源总监，你被辞退的事宜由我负责，我非常理解你的心情，愿意和你一起面对，妥善解决这个问题。”

蓝色：展望

“对于你被辞退之事，我公司的底线是遵循相关法律法规，在此基础上，尽可能维护你的权益。”

橙色：要求

“到目前为止，你认为我公司有违背相关法律法规的地方吗？你有什么诉求愿意和我们面谈吗？”

很快就得到了这个员工愿意面谈的回复。

阅读材料

关于人的天性、心理、行为测评的工具很多，4D 相对更简单易行。还有两个企业比较常用的人员测评工具：一是 MBTI，更针对心理类型的区分；二是 DISC，更关注行为风格的区分。心理类型更本源，行为风格更外在，心理类型更关注个体最天性最自然的偏好，行为风格有可能是在后天职业环境中养成和修炼的。

我们每个人终其一生都在进行对自己的认知与探索，用哪一种理论框架并不重要，重要的是它的确可以帮助我们更好地认识自己的特点。性格无好坏，但在性格基础上表现出来的行为的确有适宜或不适宜的区分，认识自己是扬长避短的基础。当我们可以更客观地看待人和人之间性格和行为风格的差异时，也就可以更好地理解我们在观念和方式上的冲突，进而更包容、平和地解决问题。

下面仅向大家介绍 MBTI 这个心理测评工具。如果你有兴趣，可上网去学习其他天性、心理和行为的测评工具。

凯恩琳·布里格斯和她的女儿伊莎贝尔·布里格斯·迈尔斯研制了迈尔斯-布里格斯类型指标（MBTI）。它分四个维度，每个维度又分两个类型。

一、类型指标介绍

MBTI 类型指标见表 1－3。

表 1-3　MBTI 类型指标

维度	类型	相对应类型英文缩写	类型	相对应类型英文缩写
①	外倾	E	内倾	I
②	感觉	S	直觉	N
③	思维	T	情感	F
④	判断	J	理解	P

1. 外倾-内倾

如果只能用一个维度将人群区分开来的话，那么，这个维度应该是内外倾向，它是区分个体的最基本的维度。我们以自身为界，可以将世界分为自身以外的世界和自我的世界两个部分，也可称为外部世界和内部世界。外倾的人倾向于将注意力和精力投注在外部世界、外在的人、外在的物、外在的环境等；而内倾的人则相反，较为关注自我的内部状况，如内心情感、思想。两种类型的个体在自己偏好的世界里会感觉自在、充满活力，而到另一个世界里则会感到不安、疲惫。因此，外倾与内倾的个体之间的区分是广泛而明显的，并不像我们平时讲的"外倾者健谈、内倾者害羞"那么简单，具体可以从下列几个方面进行分析，如表 1-4 所示。

表 1-4　外倾型与内倾型的特征区别

外倾型（E）	内倾型（I）
与他人相处时精力充沛	独处时精力充沛
行动先于思考	思考先于行动
喜欢边想边说出声	喜欢在心中思考问题
易于"读"和了解，随意地分享个人情况	更封闭，更愿意在经挑选的小群体中分享个人的情况
说的多于听的	听的比说的多
高度热情地社交	不把兴奋说出来
反应快，喜欢快节奏	仔细考虑后才有所反应
喜欢广度而不是深度（心理能量的获得途径和与外界相互作用的程度）	喜欢深度而不是广度（心理能量的获得途径和与外界相互作用的程度）

参照上述的"条条框框"，你能确定你的内外倾向的偏好了吗？当然，不要期望每条标准都完全符合，大部分基本符合就可以确定了。也不要要求每时每刻都以同样类型的方式行事。人毕竟生活在社会中，有时会顺应外在环境和工作需要而调整自己的行为。再外倾的人，在权威人士面前或者十分隆重、严肃的场合，也会是个好的倾听者；再内倾的人，走上领导岗位，该发表意见的时候还是得发表，准备充分的话，也会滔滔不绝。关键在于，我们需扪心自问：到底以什么样的方式行事，才是让自己感觉最好

的、最习惯的？

2. 感觉-直觉

我们每个人都在不断接受着信息，这是我们跟上外界节拍的必要前提。不同类型的个体接受信息的方式不同，这便有了感觉型与直觉型之别。

首先，面对同样的情景，两者的注意中心不同，依赖的信息通道也不同。感觉型的人关注的是事实本身，注重细节；而直觉型的人注重的是基于事实的含义、关系和结论。感觉型的人信赖听到、看到、闻到、感觉到、尝到的实实在在、有形有据的事实和信息；而直觉型的人注重“第六感觉”，注重“弦外之音”，直觉型的人的许多结论在感觉型的人眼里，也许是飘忽的、不实在的。注重细节的结果是感觉型的人擅长记忆大量事实与材料，他们有时候像本词典，能清晰地讲出大量的数据、人名、概念、定义，常使其他人感到吃惊；而直觉型的人更擅长解释事实，捕捉零星的信息，分析事情的发展趋向。

其次，感觉型的人对待任务，习惯于按照规则、手册办事，比如照着手册使用家电、看着地图辨认交通路线；而直觉型的人习惯尝试，跟着感觉走，不习惯仔细地看完一大本说明书再动手。结果呢？直觉型的人可能比感觉型的人更快地完成了任务，也可能因为失败而须重新开始。感觉型的人习惯于固守现实，享受现实，使用已有的技能；直觉型的人更习惯变化、突破现实。简言之，感觉型注意“是什么”，实际而仔细；直觉型则更关心“可能是什么”。二者具体区别如表 1－5 所示。

表 1－5　感觉型与直觉型的特征区别

感觉型（S）	直觉型（N）
相信确定和有形的东西	相信灵感或推理
对概念和理论兴趣不大，除非它们有着实际的效用	对概念和理论感兴趣
重视现实性和常情	重视可能性和独创性
喜欢使用和琢磨已知的技能	喜欢学习新技能，但掌握之后很容易就厌倦了
留意具体的、特定的事物；进行细节描述	留意事物的整体概况、普遍规律及象征含义；用概括、隐喻等方式进行表述
循序渐进地讲述有关情况	跳跃性地展现事实
着眼于现实	着眼于未来，留意事物的变化趋势，惯于从长远角度看待事物
喜欢深度而不是广度（接受信息上）	喜欢广度而不是深度（接受信息上）

在我们的周围，两种类型的人都会存在，极端典型的人比较少，大多数人兼有两种特质，但其中一种会更突出一些，成为本人的特色，也由此可以确定本人的类型。两种方式接受信息都有利有弊，作为个体，往往只擅长一种。了解到这点，直觉型的人就不必在“百科全书式”的人物面前自叹弗如，感觉型的人也无须在灵动、敏感的直觉者面前不好意思了。当然，我们在享受自我性格类型所带来的优势的同时，也不妨有意识地

弥补弱势，比如说，直觉型的人可多关注一些细节，而感觉型的人可多留意蕴含的潜在信息。研究表明，25 岁以后，伴随着对于人生的反思，个体完善自我性格的倾向会更明确。确定一下你的类型，看看这种类型的优势所在。

3. 思维-情感

这是从做决策的方式来看。仅看这个维度的名称，也许你会觉得，思维型的人是理性的，而情感型的人是非理性的，事实上并非如此。两类人都有理性思考的成分，但做决定或下结论的主要依据不一样。情感型的人常从自我的价值观念出发，变通地贯彻规章制度，做出一些自己认为是对的决策，比较关注决策可能给他人带来的情绪体验，人情味较浓。思维型的人则比较注重依据客观事实的分析，一以贯之、一视同仁地贯彻规章制度，不太习惯根据人情因素变通，哪怕做出的决定并不令人舒服。二者具体区别如表 1－6 所示。

表 1－6　思维型与情感型的特征区别

思维型（T）	情感型（F）
退后一步思考，对问题进行客观的、非个人立场的分析	超前思考，考虑行为对他人的影响
重视符合逻辑、公正、公平的价值，一视同仁	重视同情与和睦，重视准则的例外性
被认为冷酷、麻木、漠不关心	被认为感情过多、缺少逻辑性、软弱
认为坦率比圆通更重要	认为圆通比坦率更重要
只有当情感符合逻辑时，才认为它可取	认为任何感情无论是否有意义都可取
被“获取成就”所激励	被“获得欣赏”所激励
很自然地看到缺点，倾向于批评	习惯于迎合他人，注重维护人脉资源

不同性别的个体在这个维度上的偏好有所差异。据研究，大约 2/3 的女性偏好情感型，2/3 的男性偏好思维型。这是什么原因造成的？也许社会对不同性别的人给予了不同的期待，期待女性有同情心，期待男性冷静、客观。其实，这两种类型无所谓好或坏，重要的是理解和自己不同类型的人的做法，并且尽量避免走入极端。极端的思维倾向可能会给人“冷酷”的感觉，而极端的情感倾向则给人“无原则”的感觉。看看你的性格在这个维度上有什么样的偏好。

4. 判断-知觉

这是从喜好的生活方式来看。看看人们的办公桌上、包内或柜子里摆放的物品，我们可以发现，有些人经常是井然有序，而有些人就不习惯于保持整齐，前者是判断型的人具有的特征，后者是知觉型的人经常有的状态。不仅如此，在处事方式上，判断型的人目的性较强，一板一眼，他们喜欢有计划、有条理的世界，更喜欢以有序的方式生活。知觉型的人好奇心、适宜性强，他们会不断关注新的信息，喜欢变化，也会考虑许多可能的变化因素，更喜欢以灵活、随意、开放的方式生活。在做决策时，判断型的人较为果断，而知觉型的人总希望获得更多信息后再决断。二者的具体区别如表 1－7 所示。

表 1－7　判断型与知觉型的特征区别

判断型（J）	知觉型（P）
做了决定后感到高兴	当各种选择都存在时感到高兴
“工作原则”：工作第一，玩其次（如果有时间的话）	“玩的原则”：现在享受，然后再完成工作（如果有时间的话）
设定目标，准时完成	随着新信息的获取，不断改变目标
愿意知道将面对的情况	喜欢适应新情况
注重结果（重点在于完成任务）	注重过程（重点在于如何完成任务）
满足感来源于完成计划	满足感来源于计划的开始
把时间看作有限的资源，认真地对待最后期限	认为时间是可更新的资源，而且最后期限也是有弹性的

大多数人兼具两种倾向，只是更偏向某一端。我们在日常生活、工作中，也会受其他因素影响而改变一贯的方式，如面临紧急的或期限明确的任务，知觉型的人也会果断起来；兴致所至，也会把物品收拾得整整齐齐。但这些并不是他们常有的行为方式，也不是他们内心感到真正自然、舒服的方式。作为个体，一方面根据内心的感受识别自我的偏好，发挥优势；另一方面则要克服性格的弱点。完全的判断型比较容易走入刻板、教条的境地，完全的知觉型则容易使事情的发展不受控制。看看这个维度上，你的偏好是什么?

二、个人所属类型

你的类型是什么？通过对照四个维度的描述，你或许已经识别出自己在每个维度上的偏好，取每个维度上偏好类型的代表字母，即可以由四个字母构成你的性格类型，如 ISFJ 即内倾感觉情感判断型，ENFP 即外倾直觉情感知觉型。四个维度、八个类型可组合成表 1－8 中的 16 种性格类型，你必然属于其中的一种。

表 1－8　16 种性格类型

类型名称	英文字母简称	类型名称	英文字母简称
内倾感觉思维判断	ISTJ	内倾感觉情感判断	ISFJ
内倾直觉情感判断	INFJ	内倾直觉思维判断	INTJ
内倾感觉思维知觉	ISTP	内倾感觉情感知觉	ISFP
内倾直觉情感知觉	INFP	内倾直觉思维知觉	INTP
外倾感觉思维判断	ESTJ	外倾感觉情感判断	ESFJ
外倾直觉情感判断	ENFJ	外倾直觉思维判断	ENTJ
外倾感觉思维知觉	ESTP	外倾感觉情感知觉	ESFP
外倾直觉情感知觉	ENFP	外倾直觉思维知觉	ENTP

三、各种性格类型的主要特征

1. 内倾型（I）的8种

（1）ISTJ：安静、严肃，通过全面性和可靠性获得成功。实际，有责任感。决定有逻辑性，并一步步地朝着目标前进，不易分心。喜欢将工作、家庭和生活都安排得井井有条。重视传统和忠诚。

（2）ISFJ：安静、友好、有责任感和良知。坚定地致力于完成自己的义务。全面、勤勉、精确、忠诚、体贴，留心和记得他们重视的人的小细节，关心他人的感受。努力把工作和家庭环境营造得有序而温馨。

（3）INFJ：寻求思想、关系、物质等之间的意义和联系。希望了解什么能够激励人，对人有很强的洞察力。有责任心，坚持自己的价值观。对于怎样更好地服务大众有清晰的远景。在实现目标的过程中有计划而且果断坚定。

（4）INTJ：在实现自己的想法和达成自己的目标时有创新的想法和非凡的动力。能很快洞察到外界事物间的规律并形成长期的远景计划。一旦决定做一件事就会开始规划并直到完成为止。多疑、独立，对于自己和他人的要求都非常高。

（5）ISTP：灵活、忍耐力强，是个安静的观察者，直到有问题发生，就会马上行动，找到实用的解决方法。分析事物运作的原理，能从大量的信息中很快找到关键的症结所在。对于原因和结果感兴趣，用逻辑的方式处理问题，重视效率。

（6）ISFP：安静、友好、敏感、和善。享受当前。喜欢有自己的空间，喜欢按照自己的时间表工作。对于自己的价值观和自己觉得重要的人非常忠诚，有责任心。不喜欢争论和冲突。不会将自己的观念和价值观强加到别人身上。

（7）INFP：理想主义，对于自己的价值观和自己觉得重要的人非常忠诚。希望外部的生活和自己内心的价值观是统一的。好奇心重，很快能看到事情的可能性，能成为实现想法的催化剂。寻求理解别人和帮助他们实现潜能。适应力强，灵活，善于接受，除非有悖于自己的价值观。

（8）INTP：对于自己感兴趣的任何事物都寻求找到合理的解释。喜欢理论性的和抽象的事物，热衷于思考而非社交活动。安静、内向、灵活、适应力强。对于自己感兴趣的领域有超凡的集中精力深度解决问题的能力。多疑，有时会有点挑剔，喜欢分析。

2. 外倾型（E）的8种

（1）ESTP：灵活、忍耐力强。实际，注重结果。觉得理论和抽象的解释非常无趣。喜欢积极地采取行动解决问题。注重当前，自然不做作，享受和他人在一起的时刻。喜欢物质享受和时尚。学习新事物最有效的方式是通过亲身感受和练习。

（2）ESFP：外向、友好、接受力强。热爱生活、人类和物质上的享受。喜欢和别人一起将事情做成功。在工作中讲究常识和实用性，并使工作显得有趣。灵活、自然不做作，对于任何新的事物都能很快地适应。学习新事物最有效的方式是和他人一起尝试。

（3）ENFP：热情洋溢、富有想象力。认为人生有很多的可能性。能很快地将事情和信息联系起来，然后很自信地根据自己的判断解决问题。总是需要得到别人的认可，也总是准备着给予他人赏识和帮助。灵活、自然不做作，有很强的即兴发挥的能力，语言流畅。

（4）ENTP：反应快、睿智，有激励别人的能力，警觉性强，直言不讳。在解决新的、具有挑战性的问题时机智而有策略。善于找出理论上的可能性，然后再用战略的眼光分析。善于理解别人。不喜欢例行公事，很少会用相同的方法做相同的事情，倾向于一个接一个地发展新的爱好。

（5）ESTJ：实际、现实主义。果断，一旦下定决心就会马上行动。善于将项目和人组织起来将事情完成，并尽可能用最有效率的方法得到结果。注重日常的细节。遵循一套非常清晰的逻辑标准，并希望他人也同样遵循。在实施计划时强而有力。

（6）ESFJ：热心肠、有责任心、合作。希望周边的环境温馨而和谐，并为此果断地执行。喜欢和他人一起精确并及时地完成任务。事无巨细，能体察到他人在日常生活中的所需并竭尽全力帮助。希望自己和自己的所为能受到他人的认可和赏识。

（7）ENFJ：热情、为他人着想、易感应、有责任心。非常注重他人的感情、需求和动机。善于发现他人的潜能，并希望能帮助他们实现目标。能成为个人或群体成长和进步的催化剂。忠诚，对于赞扬和批评都会积极地回应。友善、好社交。在团体中能很好地帮助他人，并有鼓舞他人的领导能力。

（8）ENTJ：坦诚、果断，有天生的领导能力。能很快看到公司、组织程序或政策中的不合理性和低效能性，能采取有效的措施来解决问题。善于制订长期的计划和设定目标。见多识广，博览群书，喜欢拓展自己的知识面，并将此分享给他人。在陈述自己的想法时强而有力。

第二部分 心智模式提升

心智模式隐而不见且根深蒂固，它与每个人的天性有关，但可以通过后天改变。心智常常看不见、摸不着，如何提升？我们的思路是标本兼治、内外兼修。内在要学习管理思维，外在要学习管理语言、管理情绪和管理行为。这部分学习管理思维、管理语言、管理情绪。至于管理行为，我们会在第三部分提升行为模式中重点学习。

单元 4 主要是带领大家做“思维瑜伽”，从思维的深度、广度、高度入手，进行拓展和延伸。重点学习的工具有三个：一是能够帮助我们发现事物本质的黄金圈法则；二是能够帮助我们转换视角的 AMBR 焦点管理；三是能够帮助我们提高站位与格局的逻辑层次图。

单元 5 主要是从外在语言入手来改善和提升心智，通过“语言负转正”“成果框架”这两个工具，让大家理解语言的能量，形成自己的正向语言模式，通过管理语言来管理思想、改善思维，成为一个自带正能量的人，赋能自己、赋能他人。

单元 6 主要是从外在情绪入手，首先接纳自己的情绪；其次通过调整身体的状态来改善情绪；最后运用“情绪 ABC”管理工具，通过改变思维、心态或认知来改善情绪。在此基础上，学习“共情”工具，更好地理解、接纳和改善他人情绪。

视频微课

管理思维

单元4 管理思维

教育的本质不是教学生学会一堆知识，而是培养学生的思维方式和认知能力。思维的管理很复杂，如何化繁为简？我们选择三个维度和三个工具进行思维的学习与管理。三个维度是思维的深度、广度和高度；三个工具是黄金圈法则、AMBR 焦点管理和逻辑层次图。

预期成果

如果你能认真学习并实践本单元的内容，你可以获得如下学习成果：

（1）能够运用黄金圈法则，拓展思维深度，透过事物的现象去发现本质，找到初心、不忘初心。

（2）能够运用 AMBR 焦点管理，拓展思维广度，从不同视角去看待人、看待事、看待物，完善思维方式，提升心智模式。

（3）能够运用逻辑层次图，拓展思维高度，跳出个人的框架，提升站位与格局，脚踏实地，不好高骛远。

拓展思维深度

工欲善其事，必先利其器。我们使用黄金圈法则这个思维工具，帮助同学们拓展思维的深度，提升发现事物本质的能力。

工具学习

黄金圈法则是非常有用的一个工具，如图 2－1 所示。

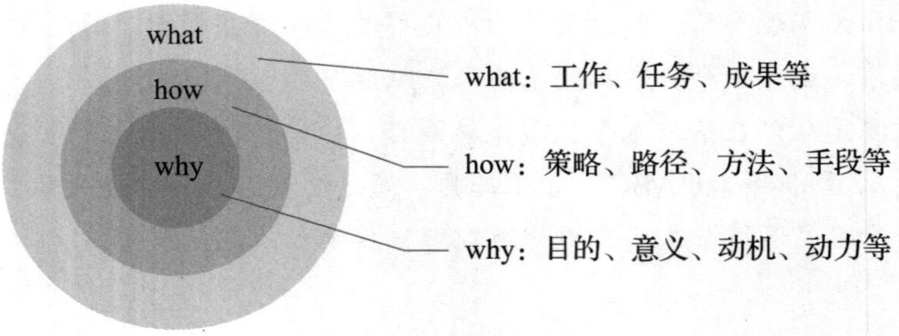

图 2－1　黄金圈法则

请思考：对照图 2－1，你在思考问题和开始行动时，通常思维的顺序是什么？

人们的思维分为三个层次：what、how、why。what 即是什么或干什么；how 是做事的方法，特别是有效、高效的方法；why 是为什么要去做，特别是它的价值和意义。

西蒙·斯涅克（Simon Sinek）认为，世界上几乎所有领袖级的人物或组织在取得成就的过程中的思考、行动以及交流的方式是一样的，即黄金圈法则。

世界上几乎所有人都明白自己是在做什么（what），其中有些人明白怎么做（how），只有非常少的一部分人知道自己为什么要做（why）。

对于这个工具，我们大部分人都是从外向里思考，先想得去做什么；然后再考虑怎么做；最后考虑，甚至不去考虑为什么做。领袖们则恰恰相反。真正成功的、给人启发与激励的思考方式是："为什么—怎么做—是什么"。任何一件事，只有先拥有了明确的价值观、方向和动力，明白了"为什么"，才会知道如何更好地"怎么做"，才能真正做出所需要的"是什么"。能够这样思考，并带领别人的，就是真正的"领导者"。

所以，这个工具的核心就是"从'为什么'开始的思考"。它能帮我们解决什么问题呢？一是可以解决方向和目标的问题；二是解决动机和动力的问题。我一直觉得方向比努力更重要；不是说努力不重要，而是方向比它更重要。我一直还觉得动力比能力更重要，不是说能力不重要，而是动机和动力比它更重要。

案例启迪

营销"三问"

我在给市场营销专业的学生上"心智与行为模式提升"这门课时，为了运用黄金圈法则这个工具，我让同学们在学校创业基地开一家日用品店，每个组选择一个商品，做一款广告，上传学习平台。这个作业的重点是运用工具进行营销"三问"，即你要卖什么、你准备怎么卖、你为什么卖。

我让各组上传广告后，进行相互观摩、学习与评分，第 3 组拿到了全班最高分，他们选择的是牙膏这个商品，我让其他组的同学发表意见，为什么把最高分给了第 3 组，下边是同学们的分享：

第 1 组代表：他们的牙膏颜值很高，很有视觉冲击力。

第 2 组代表：他们的牙膏有 5 种冰激凌口味，感觉好奇妙。

第 4 组代表：他们的牙膏用的是冰川水、食品级益生菌和锌离子，感觉很厉害！

第 5 组代表：他们的牙膏给人丝滑的口感，唇齿留香。而且我们感觉他们卖的不只是牙膏，而且卖的是一种好心情。

最打动我的是同学们所说的第 3 组"卖的不只是牙膏，而且卖的是一种好心情"。其他组的同学们都说了第 3 组的牙膏带给人们视觉、味觉、嗅觉、感觉等方面的体验，这些好像都是表象，我更关心的是事情的"本质"。接下来，我请同学们用黄金圈法则，拓展思维的深度，找到赢得顾客青睐的本质到底是什么。这时第 3 组的代表请求发言。

第 3 组代表说："我们小组就是利用老师教的黄金圈法则这个工具，找到市场营销的本质的。同学们，老师让我们在校园创业基地开一家日用品店，请问顾客群体主要是谁？对，是大学生。当你们接到老师布置的任务时，首先想到的就是卖什么吗？你们觉得为什么卖、怎么卖、卖什么哪个更重要呢？是的，为什么卖最重要。我们组研讨的重点就是顾客为什么买、我们为什么卖。那你们觉得人们为什么刷牙？清洁、固齿、净白、口气清新……这些都没错，但如果按照这个思路去销售，我们一定会进入一个红海市场，即使有强有力的销售措施，最终也难逃价格战或产品滞销的局面。所以我们想挖掘顾客潜在的需求，开辟蓝海市场。想要开辟蓝海市场，就要满足、唤醒、发掘顾客尚未被满足的消费需要，就得去发现顾客需求的本质。刚才大家说到了我们的牙膏的视觉、味觉、嗅觉、感觉等带给你们的美好感受，这就是我们的追求、我们的目标，我们卖的是牙膏，但更重要的是卖给大学生他们想要的好心情，这是本质。"

看完这个案例，你有何启发呢？如何将黄金圈法则这个工具运用到你的专业岗位和工作任务中呢？请大家思考并分享。

工具运用

请个人思考、回答下列问题，然后团队共同分享：

（1）你今天为什么来上课（why）？写出你认为最重要的 3 个理由。

1）______

2）______

3）______

（2）你准备怎样上好这堂课（how）？写出你想采取的 3 种主要方式。

1）______

2）______

3）______

（3）这堂课你准备获得的学习成果是什么（what）？写出你思考后的答案。

1）______

2）______

3）______

（4）你为什么上大学（why）？写出你们小组认为最重要的 5 个理由。

1）______

2）______

3）______

4）____________________

5）____________________

（5）你准备怎样上大学（how）？写出你们小组最认同的 5 种方式。

1）____________________

2）____________________

3）____________________

4）____________________

5）____________________

（6）你上大学准备学什么、做什么（what）？写出你思考后的答案。

1）____________________

2）____________________

3）____________________

4）____________________

5）____________________

（7）阅读下面这个小故事，回答相关问题。

有个女孩辛苦工作一年，挣了钱就去海边度假。她每一次去度假时都发现有一个男人在那里。

她就问这个人："先生，你为什么可以不工作而一直都在度假呢？"

这个人反问她："你为什么要回去工作呢？"

女孩说："我得去挣钱，挣了钱，才能出来度假呀！"

男人说："我不去挣钱，不也可以天天在这度假吗？这也不需要花多少钱呀！"

请问：这两个人找到了工作或人生的本质了吗？谁的人生更有意义？请把你最主要的观点用最简洁的语言表达出来。（提示：天天在海边还会有度假的感觉吗？工作的最终目的只是度假吗？是否还应实现个人价值呢？）

1）____________________

2）____________________

3）____________________

4）____________________

5）____________________

批判思维

认知能力非常强的人，其思考、行动以及交流的方式大多是依据黄金圈法则，你认为这一定正确吗？你怎么看待下面的观点？

有人说：在未知的领域里，"是什么"与"为什么"更重要；在已知领域里，"怎么做"更重要。因为对于未知的事物，人得先发现它，知道是什么，了解为什么。对于已知的事物，“是什么”与“为什么”已经不再那么重要。例如，今天几乎人手一部手机，我们还需要去了解“什么是手机”以及“为什么要用手机”这两个问题吗？根本不需要。重点应是怎样利用手机解决问题，提升工作效率和生活质量，如何用手机拍出好看的照片，等等。相比于“是什么”与“为什么”的概念问题，“怎么做”是这些概念在真实社会里所面临的关键问题，谁能够在最短时间内解决这个问题，谁就会赢得主动。

拓展思维广度

如果说前边学习的黄金圈法则是一个拓展思维深度、帮助我们发现事物本质的工具，那么 AMBR 焦点管理则是一个拓展思维广度、帮助我们转换视角的工具。你可能会说，既然 AMBR 说的是焦点管理，为什么要转换视角呢？转换视角是为了能拓展思维的广度，这样才有可能找到那个正确的焦点。

工具学习

AMBR 焦点管理（见图 2－2）的基本内涵如下：

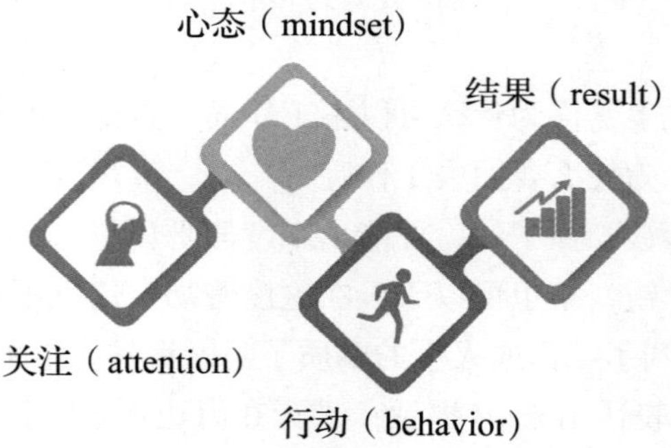

图 2－2　AMBR 焦点管理

A（attention）即“关注”：人的注意力是有限的，只有被人关注到的事物才会被纳入意识处理范围。

M（mindset）即“心态”：根据关注的聚焦内容，大脑会展开与之相关的信息处理。在这个环节会产生更进一步的解读，可能产生的是想法、信念、情绪、态度等。

B（behavior）即“行动”：基于想法、信念、情绪、态度而产生的人与世界的互动。

R（result）即“结果”：基于行为所得到的结果。

举个例子可能更容易理解：

A：妈妈注意到孩子写作业的时候一直在喋喋不休地和她说话。

M：妈妈认为孩子没有认真对待自己的学习任务，因此开始觉得生气。

B：妈妈因为生气，就开始训斥孩子。

R：孩子因此开始哭泣或生气，然后更加不能集中精力写作业，妈妈更加心烦意乱。

我们看看，是否可以将关注的起点调整一下：

A：妈妈注意到孩子一直在表达自己的想法、情绪、当天在学校的经历和发生的事情。

M：妈妈认为孩子可能是因为一天没有看见自己了，很想和自己分享这一天发生的事情，但是这样的行为有可能会让她做作业变慢或出错。

B：妈妈告诉孩子，自己对她说的很感兴趣，建议她先抓紧时间写好作业，然后一起好好聊聊，或者先聊会儿天，再专心写作业。

R：孩子可能接受建议，先写完作业再和妈妈愉快地分享自己的故事。

AMBR 焦点管理就是让我们可以训练自己换个角度去看问题，去获得一个可能更好的行为结果。在使用 AMBR 焦点管理的过程中，我们应该明确自己想要的是更加本质的一些目标，才有可能使事件走向更好的方向。

比如，同样在观察到孩子没有好好写作业的事件时，我们如果设定的目标是孩子需要遵守规则，那么不好好写作业会被界定为“不好的行为”。但如果我们追求的是让孩子可以获得更好的成长，那么我们就有可能把所观察到的现象界定为一个需要去分析的问题，并会启动思维分析不好好写作业的背后可能有什么原因：也许是孩子很想和妈妈分享学校的事；也许是孩子没理解作业，不会做；也许是孩子对作业的意义不认同；也许是孩子疲倦了，所以想换换脑子；也许是孩子对于完成作业的专注力还没培养好……

不同的关注出发点，会让我们看见不一样的可能性。放到我们自己身上，也是一样的：当有同学提出与我们的观点或方案不同的意见时，如果我们的关注出发点在于“要证明自己是对的”，我们马上就会启动思维防御模式，更深入地钻进自己的套路里去解释，并可能因此导致误解加深。但如果我们的关注出发点在于“希望方案能够适应环境需要，能达到预期效果”，我们可能会意识到这是我们发现其他观点的机会，听一下也许能获取新的信息，进而有机会使方案更趋完善。

所以设立自己的关注出发点很重要，这需要我们去反思，我们自己最看重的究竟是什么？真正理解自己想要的本质。

案例启迪

AMBR 焦点管理这个工具可以用在哪些方面呢？可以用在工作中甚至整个人生中。比方说：我在企业工作 10 年，在学校工作 20 余年，其间有机会经商，也有机会从政，但最终选择了自己最喜欢、最擅长的教师这个职业，找准了人生的焦点。这个工具还可以用在日常生活中，我们经常发现有些人关注的焦点不是自己拥有的东西，而是总盯着自己没有的东西，对待生活失去了平常心，导致不开心、不快乐。就如吸引力法则所说，你相信什么就会遇见什么，你的人生就会靠近什么。

案例一　我的人生焦点

我绝不是一个智商很高、能力很强的人，而且还有不少短板。但走过半生，一直不忘初心，做一名教师一直是我人生的焦点。有了这个焦点，也就锚定了我的信念与心智，进而有了一生为之奋斗的行动，最终有了成为一名国家级教学名师的结果。

我从小就渴望做一名教师，但我的职业生涯起点却是父母选定的。高中毕业考大学时，我本想报考师范院校，但父母给我选择了计算机专业。当我每天非常刻苦地学习这个专业时，我开始困惑："难道今生就要面对着这冰冷的机器，编着没有生命的程序吗？我出色的语言表达能力如何施展？我渴望的'言为师表、行为世范'如何实现？……"于是我决定对自己的职业人生重新规划。

因为心中有了目标，因为心中有对父母的感念，我的心态中没有抱怨，有的是更坚定的信念。我以超常的毅力和优秀的成绩获准选修了企业管理专业第二学位。大学毕业后，我用了10年时间积累了丰富的企业管理经验，又读完MBA，获得硕士学位，并评上高级经济师。之后我放弃了很多东西，毅然走上了高等职业技术学院教师的岗位。随后我用了5年的时间当选学校首届教学名师，用了7年的时间当选广东省教学名师，用了15年的时间成为国家级教学名师。我将以此为生，精于此道，余生将永做一名人民教师。

案例二　你关注他的哪一面？

每个人都有很多面，你愿意去关注他的哪一面呢？是好的一面还是坏的一面？你喜欢的一面还是你不喜欢的一面？

我家先生是个"理工男"，学的专业是建筑工程，常常将工作上的习惯带回家。比如他下班到家洗手时，发现毛巾杆上没有毛巾，就会生气地问毛巾哪儿去了。我说"洗了"，他说："为什么不把新毛巾挂上？你知道吗？这要是在我们工地，哪种材料断货那就要停工的！你知道停工会带来多大的损失吗？"我很生气，我洗毛巾还有错了？需要这样上纲上线吗？

第二天我家厨房的灯坏了，他站在梯子上修灯，让我去找把螺丝刀给他，就因我没有无缝对接地递到他手里，他又上纲上线地说："你这个样子，会让人从脚手架上掉下来，那会死人的！"我气不过："这不是工地，这是家啊！不要这么职业病好吧？"他就更来劲了："你天天把家搞得像样板房一样，一尘不染，所有东西都必须放到柜子里、抽屉里，这还是家吗？"在工地几乎所有物料都是摆在明面上的，可我家桌面上除了装饰品，是不能放其他东西的，都要放在柜子或抽屉里。

矛盾就是这样产生的，两个人天天就为这些事你看我不顺眼、我看你不顺心，生气是难免的。这不是我想要的生活，我向往的是夫妻相敬如宾、举案齐眉。有一天，当我遇见AMBR焦点管理这个工具时，豁然开朗。我尝试调整视角，对先生关注的焦点不再放到"理工男""一根筋""职业病""不浪漫"这一面，而是放到他所有的好、放到他对这个家以及对我的全心全意上。比方说，我不用操心，家里的生活必需品从不会断供；我交代的事情，不用催促和提醒，他无论多忙都一定会给你搞定；我喜欢吃的东西，他可以一口不吃都让给我吃，等你吃不下了，他再帮你解决残余。

当我关注的视角变了，我蓦然发现这是一个多么靠谱的男人，一个多么顾家、多么专一的男人！于是我的心态就变了，行为也就跟着变了。每次洗毛巾时一定先拿一条新毛巾挂到毛巾杆上；每次递东西时一定表现得全神贯注，确保无缝对接。从此家不再是工地，两个人终于过上了我期待的相敬如宾、举案齐眉的幸福日子。

有一次做教师培训，为了给老师们讲清楚 AMBR 焦点管理这个工具，我又拿出我和先生的故事来举例，结果下课时，一个女老师跑过来问我："阚老师，为什么总是我们女人先改呢？男人为什么就不能先改改他们的坏脾气呢？"我一听就笑了，对她说："你看，我为了讲清楚这个工具，把我的家务事都抖出来了，你关心、关注的还是谁先改的问题，这个对你是最重要的吗？我关注的焦点是我的幸福问题，至于谁先改并不重要，更何况你能改变别人吗？我们能改变的往往只有我们自己。"

我为什么要分享生活中的家长里短呢？一是，我们需要教给学生学会生活、学会相处；二是，夫妻之间都有这些矛盾，同事之间、上下级之间、朋友之间更是这样，有矛盾很正常，没有矛盾不正常，关键是有了矛盾如何解决。

我特别喜欢这句话，"你对了，世界就对了"。我们需要先解决好自己的问题，然后才能解决好和他人的问题，最后才能解决好和世界的问题。

多元视角

AMBR 焦点管理工具的学习重点是让我们解决关注的焦点问题，而不同的视角常常会产生不同的心态、行动和结果。如果看问题的视角只有一种，即"从自己出发的视角"，我们看到的世界就会过于局限，要么是陷在情绪里，停留在当下的感受里难以自拔；要么是无法看清自己的真实渴望，永远被当下欲望所牵引。

在思考和看待问题的时候，愿意采用多元视角的人，往往比那些只从自己视角出发的人获得更多成功。因为，如能引入多元视角，就会看到完全不同的情境，产生截然不同的想法与感受。多元视角到底能给我们带来什么好处呢？第一，它能带来以前不曾意识到的新发现；第二，它能帮我们更快速更清晰地解决问题。

下面介绍三种不同的视角。

一、换位视角

生活中很多矛盾和隔阂的造成都是因为不懂得换位思考，只考虑自己而忽视别人的感受。其实我们都没错，是我们只限于自己的位置，只考虑自己的处境，如果站在对方的立场想一想，这些事情都是合情合理的，自己的小情绪真的太可笑。

山不转水转，水不转人转。我们都不会在自己的位置上一成不变，不要等到我们真的转换位置的时候，才想起自己以前的幼稚可笑。社会是一个利益共同体，也许只是多考虑几秒，事情就没有我们认为的那么糟糕。转个角度换位思考一下，你会发现这个世界可以如此和谐美好，换位思考让你我更包容、让世界更宽容。

试着想象一个最近发生的事件，设身处地地站在对方的角度、其他利益相关者的角度以及第三方的角度，去重新看这个事件，你有什么觉察和发现？看看以下这些问题是否可以帮助你进一步思考：

（1）这件事情会对你的家人、朋友、同学和周围的人产生什么影响？

（2）如果你是对方，你怎么看待这个问题？你将如何处理这个问题？

（3）你很欣赏的人在遇到这种问题的时候，会怎么处理？

（4）如果你是这家公司的老板，你会如何看待这个问题？

（5）你是否真的知道他曾经历过什么？你是否真的理解他？或者说你是否真能换位思考进而感同身受？

当然换位思考不一定能够给我们带来准确的答案，只能启发我们跳出自己的思维，从更多的层面去看待一个问题。你会发现，这个问题和你最初想象的不一样。当你不再从自己的角度出发去看待一件事情的时候，你会不断地有新的发现。

二、系统视角

有个企业家曾经分享他的一段经历，他说："有一段时间，每次有人离开公司，我都会受很大的心理影响。运用'系统视角'之后，我就将整个公司看作一个生命体。因此，人员的进出，不论对个体进化还是组织进化，其实都是好事情。在理解到这一层后，我就开始大刀阔斧，拆分事业部、鼓励内部创业、出售部分业务等。由于这种竞争必然带来很多人的不适，也会造成人员的交替。其实在以前，一起工作多年的人离开，我的内心特别接受不了。但现在我会认为，那都是彼此进化的一部分。有的时候，环境变了，我们需要进化；进化不了，离开了，大家也只是在不同的轨道上继续前行。今天，我能更加理性地看待这一切。"

当他用"从自己出发的视角"看公司里"人来人往"这个问题的时候，总会感觉伤感。但当他转换视角，跳脱出来，开始用系统的生态视角审视一切的时候，忽然发现自己的感受其实无足轻重，而公司也不过只是一个需要进化的生命体。"人来人往"只是公司这个生命体进化的必由之路，而这一切都是非常自然的。

为什么"系统视角"能让这个企业家在心理上产生如此巨大的转变呢？因为这个视角能让我们从"我"这个壳中抽离出来，成为自己生活与生命的一个旁观者或俯瞰者。作为旁观者或俯瞰者，看到的内容自然就与"我"所看到的内容大相径庭，产生的感受也因此而完全不同。所以，"我"感受到的伤感不过是自然进化历程中微不足道的一部分，"我"感受到的伤痛也不过是每个人在一生中都必然会经历的事情。

在我们身上所发生的每一件大事，爱恨别离也罢，生老病死也好，在旁观者看来都不过是十分正常的小事，它们的出现和消逝就像是眼前飘过的一片浮云。因此，"系统视角"能让我们用一种完全"无我"的姿态看众生、看世界、看一切。

所以，当启用“系统视角”的时候，我们就会感受到更多的释然与超脱，它是一种会让我们变得越来越超脱的有效视角。

三、时间视角

什么是“时间视角”？它说的是让自己退后一步，离开正在进行的一切，站在时间线的后面，注视它、感受它。这时，你会感受到什么？眼前这根时间线代表的正是你的一生，它像是一条不断奔涌向前的河，不论你是正在其中，还是已经退后一步，它的奔涌都从不止息。

例如，遇到一些难以接受的人和事时，问问自己：“5 年或 10 年后，回头再看这件事，你会对自己说些什么？”

当你将眼前遇到的事和当下强烈的情绪放在这根时间线上的时候，就会发现它不过是你整个人生中很小的一段、一个点，甚至是比点还小的一抹轻微印记。然后，可以试着将目光投向这条时间线的前方，这时你会发现前面的路还很长，生命中很多美好的可能性还未展开，未来还等着你去探索与创造。这时，眼前那些痛苦和焦灼的情绪开始逐渐变淡，变成了人生长河中的一个小插曲、一段小过往、一个小小的点，你的内心也开始走向平静而宁和。

这样一种视角的转换很像是从“微距拍摄”变成了“航拍”，随着拍摄角度的巨大改变，自己的想法和念头也都跟着转变了。

每当被眼前的情绪、困难所深深困扰的时候，我就会尝试着退后一步，看着眼前奔涌而去的时间线，看看它的过去，看看它的现在，再看看它的未来，然后就会平静下来，意识到人生还很长，不必急于一时。人生还有很多美好的可能性，眼前的痛苦只是生命中的一段经历。也许在未来的某一天，想起这段经历的时候，不但不会痛苦，反倒觉得珍贵。

单一视角也是一种“路径依赖”，而当我们变换视角，就等于脱离了早已习惯了的“路径依赖”，于是就能发现以前未曾发现的重要事实，甚至是隐藏在冰山下的潜意识。

上述三种视角能有效帮助我们摆脱当下的情绪困扰，更加理解别人，做出与真实自我更加贴近的选择。正如那句古话所说：“不识庐山真面目，只缘身在此山中。”

工具运用

（1）每个人分别给出一个学习或生活中遇到的令你不快、伤心、烦恼或愤恨的某个人，请用 AMBR 焦点管理工具，看看如何通过调整视角来调整你的关注点，进而改变你的心智和行为，最终改变结果，改善你们之间的关系，然后团队共同分享。

请先简要描述一下你和这个人的关系：

____

____

调整前的 A：

调整前的 M：

调整前的 B：

调整前的 R：

调整后的 A：

调整后的 M：

调整后的 B：

调整后的 R：

（2）每个人分别给出一个学习或生活中遇到的令你不快、伤心、烦恼或愤恨的某件事，请用 AMBR 焦点管理工具，看看如何通过调整视角来调整你的关注点，进而改变你的心智和行为，最终改变结果，让你从这件事中获得成长。

请先简要描述一下这件事：

调整前的 A：

调整前的 M：

调整前的 B：

调整前的 R：

调整后的 A：

调整后的 M：

调整后的 B：________________________________

____

调整后的 R：________________________________

____

自我觉察

通过上述学习和训练，你有什么觉察？有什么反思？得出什么结论？你是否同意如下观点？

（1）关注所向，力量所在。焦点放在哪里，能量就会流向哪里。

（2）向前看，不纠缠过去。界定问题、找准焦点，清晰目标与成果，想明白你到底想要的是什么。

（3）向内转，不纠缠外因。想清楚哪些是不可控的，凡是自己不可控的问题就不纠缠。

（4）适应你不能改变的，改变你不能适应的。如果既适应不了也改变不了，就选择离开。离开前想清楚，自己是否有能力找到更好的。

拓展思维高度

前边我们学习了管理思维的第一个工具——黄金圈法则，这是一个拓展思维深度、帮助我们发现事物本质的工具；第二个工具——AMBR 焦点管理，这是一个拓展思维广度、帮助我们找准正确的焦点的工具。现在我们学习第三个工具——逻辑层次图，这是一个既能帮助我们提升思维的高度，又能帮助我们落地执行的工具。

工具学习

逻辑层次图如图 2－3 所示，人的思维分为六个层次：

第一层是“愿景”：你希望的人生愿景是什么？

第二层是“身份”：你想要成为什么样的人？

第三层是“价值观”：什么对你很重要？你到底想要什么？

第四层是“能力”：有哪些能力可以帮你成为你期待的人？

第五层是“行为”：要采取哪些行动才能让你具备那些能力，成为那样的人？

第六层是“环境”：你何时开始、在哪里行动？如何获得环境的支持？

“价值观、身份、愿景”是“上三层”，其作用是激发内在动力，明确以下问题：这件事对你为什么重要？你要成为一个什么样的人？你的使命是什么？你未来的愿景是什么？

“环境、行为、能力”是“下三层”，其作用是落地执行，强调在什么样的环境下开始行动，采取什么行动，具备什么能力才能够实现目标。

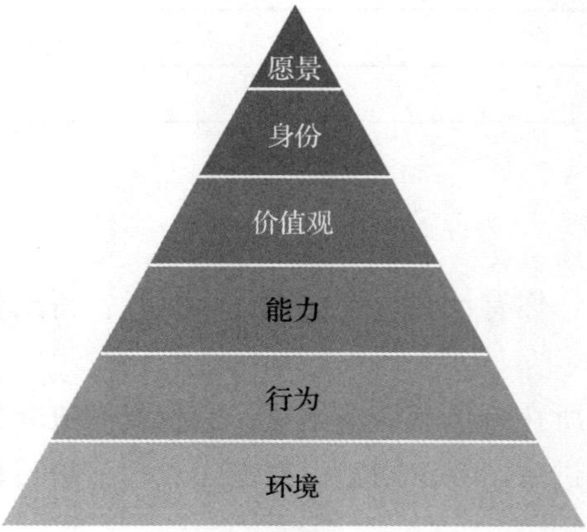

图 2－3　逻辑层次图

这个工具可以重塑我们的思维，帮助我们提升站位与格局，同时有助于落地。思维的上三层可以为你赋能，下三层可以为你落地，如果你的思维能在这六个层次上下贯通，你就可以既仰望天空又脚踏实地，进而实现知行合一、身心合一。

案例启迪

案例 1　现代学徒制试点中的工具运用

我们管理学院是教育部首批现代学徒制试点单位，基于此，2018 年获得了国家教学成果奖。常常有人问我："为什么你们的现代学徒制试点可以做得那么成功？我们也想做，应该怎么做？"我总是说："怎么做不是最重要的，最重要的是为什么要做。"我听到的很多回答是："领导让我们做，但感觉太难了，很多条件都不具备。"这样想问题，思维是在第几层？是在最下面的环境层，也就是习惯去外界找原因、找理由。每每此时，我都会感觉，这样一来即使付出同样的辛苦去做也很难成功。原因是动力不足，不是"我要干"，而是"要我干"。

当初我们做现代学徒制试点时，外界环境与别人一样，我们也不敢说自己具备这个能力可以做好。支持我们全力以赴去行动、最终取得成功并在全国获得一定影响力的是什么呢？是我们管理学院的价值观、使命（身份）和愿景。

我们的价值观：进取、创新、高效、真诚、幸福、分享。

我们的使命（身份）：让与管理学院相遇的每个学生、老师、企业和学校都能得到支持、帮助和成长。

我们的愿景：将管理学院打造成国内最专业的职业店长学院。

这是我们管理学院的文化，它不只挂在墙上，而是融入我们日常的各项工作之中，甚至说是融入我们的血液中。

例如：我在给新生做入学教育时，告诉他们："我们要用三年的时间将你们培养成一名店长。"然后问他们："我是一个国家级名师，你们觉得我用三年能把你们培养成店长吗？"学生不假思索地说："能！"我说："很抱歉，你们高估我了！即使管理学院的70个老师都是国家级名师也做不到。"他们很疑惑。我就问他们："我喜欢游泳，假如我是游泳世界冠军，我就在这个教室、在黑板上、PPT上教大家学游泳，一教教三年，能教会大家游泳吗？"他们才明白，学游泳要去游泳池，学销售要去市场，学做店长要去门店。这就是我们做现代学徒制的根本原因。我们曾经引企入校，可三年后一个店长也没有培养出来，原因是学生离开市场了。我们必须要让学生到市场中去、到企业里去，老师也跟着学生到企业里去，这就是现代学徒制以工作为本位的学习方式。所以，为了我们的愿景、我们的使命，要成为国内最专业的职业店长学院、要引领管理学院的发展，我们别无选择，无论多难我们也要去试点，这就是愿景、身份给我们的力量。

"进取、创新、高效"的价值观是我们工作中的行动准则，即使没有现成的经验，没有成熟的环境和条件，我们也愿意率先垂范、先行先试。而我们的使命决定了各方利益相关者都会给予我们支持和帮助，这是实施现代学徒制试点成功的重要条件。

做现代学徒制试点可以用这个工具，做其他工作也可以用，组织、团队、个人都可以用。如果我们的思维总是在"下三层"，无论做什么都习惯先去找客观理由、找借口，那就不可能有很强的内在驱动力，也更谈不上达到一定的境界和格局。

案例2　学生辅导中的工具运用

我在用这个工具辅导学生时，有同学说："学习了这个工具，我也知道我的认知层次很低，思维总是在环境这个最底层。这种思维的直接表现就是：凡事不成，就归于外因，去外界找理由、找借口，主要表现就是抱怨。"

这个同学说："我在门店实习，因是春节期间，公司给门店的业绩指标直接加码200%，我们门店所处地段偏僻，店长和店员就一起抱怨：这不可能完成！即使天天加班也没用。"

这种思维就是在最底层的环境上面，我们需要带着店长到"上三层"去赋能。先看价值观，你到底想要的是什么，什么对你最重要；再看你想成为一个什么样的店长；最后再看你的愿景是什么，五年后你要把这个店带向何处。想清楚这三个问题，在万物互联的时代，你还会在冷清的门店坐等顾客上门吗？还会在春节这个难得一遇的销售旺季浪费时间去抱怨吗？

相信你们一定会马上行动起来，也相信你们的潜能会很快被激发出来，你们的门店所处的环境也会改变，也许不会是顾客亲临的门庭若市，但会是骑手为顾客送货的车水马龙。

我再举一个例子：我的一个学生小关同学，花了一学期的时间，非常辛苦地准备全省大学生职业生涯规划大赛，提交作品的题目是“开一家小店，安度余生”，他感觉自己以出色的表现完成了现场展示，结果却榜上无名。评委老师说他站位与格局不够，小关不明白问题出在哪，他觉得比赛不公平。他说：“原来我们毕业都是做店员，现在我们是做店长，岗位已经提升了，为什么说站位与格局还不够呢？”他非常郁闷，甚至说以后再也不参加这样的比赛了。

大家想想，小关的作品题目给人的印象就是小关、小店和余生。什么叫格局？格局是起码要跳出个人的框架，想想你为别人可以做些什么。习近平总书记说：“人民对美好生活的向往，就是我们的奋斗目标。”①

大家可以帮小关想一想，如何提升自己的站位和格局。如果是我，我可能将作品题目改为“开一家小店，售卖人间美好”“开一家小店，温暖这个城市”“开一家小店，照亮你回家的路”……

我在给学生分享这个工具时，还有一个同学提出了一个非常好的问题：“思维经常在‘上三层’的，是否就比在‘下三层’的好呢？”

如果思维一直在“上三层”下不来，有可能会出现眼高手低、好高骛远。有同学说：“学徒制的师姐用8个月就做了店长，那我要用6个月就做店长。”这很有志向，愿景很好。问题的关键是：你要下到“下三层”，看一下具备什么样的能力才能做店长；完成了什么行动任务、业绩达到什么标准、需要怎样的外部环境认可和支持，你才能做店长。空有一腔热血，没有强有力的行动也是无济于事。

我给大家分享的上述辅导学生的案例，就是想让同学们在三个方面进行深化：一是，当自己缺乏内心驱动力时，要学会去“上三层”给自己赋能，问问自己的愿景、身份和价值观是什么。二是，到了“上三层”要记得让自己站位更高、格局更大一些，要走出自己的框架，想想可以为别人做些什么。三是，站位更高、格局更大的同时还需要有执行落地的能力和具体的行动，以及外部环境的支持，否则就会眼高手低。

工具运用

请你运用逻辑层次图这个工具，回答下面这些直击灵魂的问题吧！

（1）你的人生真正想要的是什么？你想有什么样的成就？你的人生愿景是什么？

____

____

① 习近平．习近平谈治国理政：第一卷．2版．北京：外文出版社，2018：424.

（2）你想要成为一个什么样的人？你希望别人怎么评价你？

（3）你为自己确定了什么目标？这个目标足够明确吗？你将用什么标准来衡量你的目标？

（4）你只是想要，还是一定要实现这个目标？

（5）你这个目标是为了谁或是为了什么？

（6）一定要实现这个目标的话，你为此想做的一件“要事”是什么？它对你的目标有什么帮助？

（7）你会遇到什么困难？你准备如何克服？

（8）你第一步要做的是什么？你会坚持下去吗？

（9）如果不坚持下去，你付出的代价将是什么？三年后你会成为一个什么样的人？

（10）如果坚持下去，三年后你会成为一个什么样的人？那时的你会给父母或亲朋什么样的感受？

视频微课

管理语言

单元5 管理语言

上一个单元我们学习了管理思维，思维的改变需要日积月累、不断修炼。今天我们学习管理语言。请想一想：思维和语言有什么关系？也许你觉得思维决定语言，没错，“言之无序、思之不存”；语言反过来也能决定人的思想，甚至还能决定人的命运。语言是心智的表征，是思维的具象。它很有能量，可以传播信息，更能传播思想。每个人的语言模式不一样，你对自己的语言模式是否有全然的觉察？你的每一句话带着怎样的能量？是带给自己或他人愉悦、激励、行动力？还是烦恼、打击、无力感？对于成长、成功是有利还是不利？

预期成果

如果你能认真学习并实践本单元的内容，你可以获得如下学习成果：

（1）理解语言的能量，成为一个自带正能量的人。

（2）共同学习、完成和分享100个以上的“语言负转正”的案例。

（3）能够运用“成果框架”工具，将问题变为成果，实现言为心声、言行一致。

（4）逐步形成自己特有的语言模式，赋能自己，赋能他人，提升心智与行为模式。

语言负转正

本单元学习的第一个工具叫“语言负转正”。语言本身带有能量，不同的语言具有不同的能量，进而会作用于我们的行动。

工具解析

我们将语言大体分为两种：一种叫“正向语言”，另一种叫“负向语言”。

一、正向语言

（1）“正向语言”可以带来正能量，赋能自己，赋能他人。

（2）“正向语言”模式的形成与人的生长、受教育、工作的环境密切相关。

（3）“正向语言”有利于人的成长、成功、发展，使人生活快乐、和谐、幸福等。

（4）通过对“正向语言”的反复觉察、修炼，能形成积极健康的心智模式。

二、负向语言

（1）不用任何努力，“负向”想法会自动闯入你的脑海里。

（2）人们很容易相信“负向”想法，并表达出来使之成为“负向语言”。

（3）“负向语言”不利于人的成长、成功、发展、快乐、和谐、幸福等。

（4）“负向语言”往往带着负能量，又很难阻止。

三、语言负转正

语言负转正就是通过转换视角、心态、思维，将负向语言有意识地转为正向语言，让正向语言更多地赋能我们的学习、工作和生活。

案例学习

以下案例有意选取来自企业、社会的事例，目的是让同学们更多地了解校园外的世界，为走入企业、走向社会提前做好准备。待进入同学自我练习的环节，再结合大家的学习与生活实际，有针对性地进行“语言负转正”练习。

事例1：团队有人要离职，而且挽留不成功。

负向语言：我们团队怎么了？这样太糟糕了，本来人手就不够，这下要更忙了。

正向语言：这也许是个重新审视团队架构的机会，给有潜力和意愿的下属更多的机会和挑战，从而提升团队士气和整体实力！

事例2：领导又改变了原定的工作计划。

负向语言：领导怎么又调整计划了，这样工作好难开展啊！

正向语言：计划调整一定是因为情况发生了变化，调整计划可以降低风险，达到更好的绩效。

事例3：因为堵车，没赶上高铁。

负向语言：完了，所有节奏都被打乱！

正向语言：今天又有了一次新经验，让我明白以后凡事一定要预留足够时间，以应对突发事件，这样就不怕有意外了。

事例4：上班累了一天，晚上回到家里，发现老婆忘记做饭了。

负向语言：你怎么回事呀，到现在还没有做饭！

正向语言：忘记做饭正好，我们今天晚上不做饭了，到饭店吃点更省事，也放松一下。

事例5：我上次给某一个门店布置了任务，让其在我下一次去检查前完成门店的形象整改。但我去检查时门店还没有完成整改。

负向语言：你们怎么回事，一点执行力都没有！我说得清清楚楚，让你们在我来之前完成，为何到现在还没有完成？

正向语言：既然前面没有完成，就不说了，现在补还来得及，正好趁我今天来的机会，把上次的任务重新再过一遍，明确一下，三天内必须完成，下不为例！

事例 6：大城市的生活成本太高，年轻人工资低，买不起房。

负向语言：我们年轻人无论如何努力都买不起房。

正向语言：定下目标，大城市遍地黄金，年轻人能买房的也不少，只要努力工作，总会有机会。或试着转变观念，租房也不错。

事例 7：妈妈退休后很失落，沉浸在过去的辉煌中，总爱絮叨，翻来覆去说的都是那些事情。

负向语言：妈妈怎么这样啊，说多了，家里人都嫌她烦，嫌她啰唆。

正向语言：家里不是讲道理的地方，能听听父母的唠叨也是一种福气。

事例 8：某培训公司的一个客户是十分年轻的人力资源部专员，她反复要求更换培训方案。

负向语言：这个客户太奇葩了，要求我们公司连换三次培训方案，居然还没有一点歉意！

正向语言：她需要成长，我可以更包容。

事例 9：连续加班一个星期，非常辛苦。

负向语言：每天加班真辛苦，吃饭也不规律。

正向语言：我一个单身汉，也没有女朋友，每天回去一个人多孤单，在公司有同事陪着，还能学点东西。

事例 10：今天又是拍牌的日子，经历了屡次失败，不由得抱怨。

负向语言：又没拍到，太让人绝望了！

正向语言：其实每月锻炼一次心理素质和抢拍技术也挺刺激的，还给我省钱了。等到更多好的新车出来再买，暂时不给城市道路添堵了。

事例 11：细分市场萎缩，产品竞争力低下，销量目标难以完成。

负向语言：产品不行，指标无法完成！

正向语言：这是一个机会，细分市场萎缩，竞争对手的销量都在快速下滑，只要努力一把，市场份额将大幅提升。

事例 12：培训完，老师让学员在群里分享学习心得，过了好久还没人分享。

负向语言：这帮人太懒了！

正向语言：可能是因为大家都在忙吧，我再提醒一下，相信大家晚上会补上的。

事例 13：预约师傅上门安装热水器，结果因为临时的工作晚到家半个小时。虽然提前电话沟通了，但师傅仍抱怨连连。

负向语言：你是服务人员，就不能耐心点吗？我又不是故意迟到的。

正向语言：师傅，真是不好意思，耽误了您下班的时间，抱歉啊！不过今天天气热，晚点干活还凉快点呢，您说是不是？您先坐会儿，我去给您拿瓶饮料消消暑。

事例 14：货源紧张，无法正常到货，天天有退单。

负向语言：烦死了，早知道这样，少接点订单就好了！

正向语言：一切都是最好的安排。幸亏产能不够，单台毛利可以得到有效保障。现在借机提升团队能力，为后期持续盈利打好基础。

事例 15：今天做活动，但下起了大雨。

负向语言：哎，今天的活动怕是要泡汤，几天的辛苦白费了！

正向语言：今天这么大的雨还来了不少客户，这些客户的意向度得到了提高，今天的成交率有保障了。

事例 16：工作这么忙，事情那么多，下周还有那么多会议。

负向语言：哎，下周有那么多会议，还有那么多的问题要解决，烦死了！

正向语言：下周有那么多会议，挺好的。开会可以让大家一起了解问题，一起讨论，一起解决。我要对问题的重要度做出排列，按照先后顺序，在规定的会议时间里讨论出有效的解决方案，然后按照方案进行跟踪执行。

事例 17：一家培训公司项目很多，主讲教师的时间又难约。

负向语言：最近启动、结案的项目太多了，老师时间又难约，烦死了！

正向语言：公司项目越来越多，同事们的协调力、应变力、管控力、师资开发力都得到了锻炼。

事例 18：公司来了很多新人，但工作状况都不尽如人意。

负向语言：新人缺少训练，连见客户的基本规范都不懂！

正向语言：公司的新人培养规范需要完善，可以列入综合部下个月的工作计划中。

事例 19：女儿读书压力非常大，每天总是要和妈妈吐半天苦水。妈妈说……

负向语言：我就是女儿的垃圾桶啊！

正向语言：我是女儿的加油站、避风港！

事例 20：市场推广活动计划活动时间为 19:00。前期各项活动准备近 10 天，各项细节都有专人跟进，所有设备已提前调试好。当晚邀约客户近 400 人，18:30 大部分客户已到店。不料主变压器烧掉，全部设备无法使用。你突然想到让经销商提前采购的用于第二天老客户联谊活动的 500 支荧光棒已到货。于是赶紧组织所有人员将荧光棒分发给客户，并联系第二天的烧烤活动商家到现场，把所有准备的冷餐移至户外。经过半小时准备，终于为在场客户提供了一次户外荧光烧烤聚会。同时联系隔壁店家，用电缆接电。1 个小时的户外荧光烧烤聚会减少了客户抱怨，也为抢接电缆赢得了时间。活动终于在 19:40 顺利开始，经历了一次真正意义的“危机事件”。

负向语言：当时太崩溃了，心中有强烈懊丧在翻腾。

正向语言：这次危机事件对我本人及团队都是一次锻炼，在以后的大型活动执行中，备选预案、临场危机应对、团队协调等会更完善，所有人都在学习和进步。

方法学习

学习了上面 20 个事例，你透过现象会发现什么本质？能找到“语言负转正”的一些规律性的方法吗？我想可概括为以下几种：

（1）运用单元 4 学过的管理思维的工具，调整一下思维的深度、广度和高度，就会有不同的觉察和发现，也就会有不同的思想和心态，进而会产生不同的语言。只要自己想“负转正”，就一定会带给你正能量。

（2）无论你遇到的人、经历的事以及自己的状况有多么糟糕，背后都会有个“礼物”在等着你，因为每一次的经历都是历练你的宝贵机会。只要你能这样想，负向语言都可以反转。

（3）“语言负转正”要保证是“心里正”，而不是“表面正”，不要玩文字游戏，要走心才能达到目的。如果你能坚持 21 天的“语言负转正”打卡，相信你会慢慢形成正能量的语言模式。

（4）如果你现阶段还是感觉要从玩文字游戏开始，下面介绍一种方法，看可否给你一些启发。

一位企业家说起自己的一个有趣观察：一个人的沟通能力、协作能力，甚至朋友的数量，都和他说“但是”的频率成反比。你越爱说“但是”，别人越不喜欢与你沟通，越不喜欢和你合作，也就越不喜欢和你深交。

例如，你对经理说“我加班到了半夜，但是还是做不完”，然后经理对老板说“我已经催了他好几次了，但是他做不完”；你妈妈对你说“你很聪明，但是太懒了”；主管对你说“你做得不错，但是还有些地方要改进”；闺蜜对你说“你穿衣服越来越好看了，但是如果再瘦一点就更好了”……

总而言之，“但是”句型最大的特点，就是“但是”前面的话基本都是废话，“但是”之后的话才让人感觉是真话，只是因为那些真话多半让人不受用。

如何摆脱“但是”带来的负面影响？

一是将后边的“真话”前置。因为“但是”句型之所以刺耳，在于往往把丑话说在“后头”，一席话的结尾会决定别人对你这番言论的整体印象。你评价某人“工作效率高，但是个性随便”，给人感觉更像是批评；而改为“个性随便，但是工作效率高”，则像是一种赞赏。

同理，前文的例子中，“加班到半夜，但还是做不完”改为“还没做完，但是我昨晚已经连夜加班了”，“你做得不错，但是还有些地方要改进”改为“还有些地方要改进，但你已经做得不错了”，是不是就有了“负转正”的效果？

二是用“而且”取代“但是”。例如，把“你穿衣服越来越好看了，但是如果再瘦一点就更好了”改成“你穿衣服越来越好看了，而且只要再瘦一点，简直就完美了”。

“但是”是转折，“而且”是递进，一词之差，就让你的语气完全改变。

工具练习

练习 1：《重塑心灵》里有一个典型的负向语言的例子："因为上级挑剔，所以我工作不开心。"

"负转正"方式为：首先把句中的结果（工作不开心）改为它的反义词，再把句首的"因为"两字放到最后，成为"上级挑剔，所以我工作积极，因为……"然后反复思考，如何从不同的视角把句子补充完整，且实现"负转正"。请对"上级挑剔，所以我工作更积极，因为……"完成 15 次不同转换。

（1）______________________________

（2）______________________________

（3）______________________________

（4）______________________________

（5）______________________________

（6）______________________________

（7）______________________________

（8）______________________________

（9）______________________________

（10）______________________________

（11）______________________________

（12）______________________________

（13）______________________________

（14）______________________________

（15）______________________________

练习 2：请对以下 25 个句子进行"负转正"。

（1）负：这是个看脸的时代，而我妈把我生得这么丑。

正：______________________________

（2）负：我可不敢去竞选班长，万一选不上，那多没面子！

正：______________________________

（3）负：我十分努力就是没法获得成功。

正：______________________________

（4）负：我不想去上课，但又害怕老师点名。

正：______________________________

（5）负：做什么事情都不顺利，我太难了。

正：______________________________

（6）负：那个人太难相处了，和他共事简直就是受罪。

正：______________________________

（7）负：室友都不愿意跟我一起玩。

正：________________

（8）负：为什么没人理解我的观点？

正：________________

（9）负：我不喜欢与人交流沟通，感觉很困难。

正：________________

（10）负：我爱的人不爱我，爱我的人我不爱。

正：________________

（11）负：社团太无聊了，我还是做我自己的事情吧。

正：________________

（12）负：食堂排队的人那么多，好烦啊！

正：________________

（13）负：原以为大学生活很美好，可现在发现读大学一点都不轻松。

正：________________

（14）负：上课的路程太远了，学校又不让骑电动车。

正：________________

（15）负：下雨天什么事都做不了，真心烦！

正：________________

（16）负：老师对我们太严厉了，好痛苦！

正：________________

（17）负：这份兼职工作经常加班，吃饭也不规律，健康都保证不了，我真是太难了！

正：________________

（18）负：我参加大学生职业生涯规划大赛初选就被淘汰了，我再也不参加这样的比赛了！

正：________________

（19）负：考试季又到了，好郁闷啊！

正：________________

（20）负：今年我们业绩达标，明年公司肯定又加码，没人能体谅我们。

正：________________

（21）负：我再努力工作挣钱，也赶不上房价的增长速度。

正：________________

（22）负：这个时代没钱是万万不能的，真羡慕那些“富二代”。

正：________________

（23）负：我有拖延症，但就是改不了。

正：________________

（24）负：我父母不公平，对我的弟妹很偏心，而忽略我的感受。

正：______________________________

（25）负：我妈很心疼我，就是太爱唠叨，很烦，不愿意每周和她视频通话。

正：______________________________

练习 3：结合你的学习、工作与生活，以及前期对“语言负转正”的学习，自己给出 10 个日常“语言负转正”案例，并在小组中进行分享，小组之间进行竞赛。

（1）负向语言：______________________________

正向语言：______________________________

（2）负向语言：______________________________

正向语言：______________________________

（3）负向语言：______________________________

正向语言：______________________________

（4）负向语言：______________________________

正向语言：______________________________

（5）负向语言：______________________________

正向语言：______________________________

（6）负向语言：______________________________

正向语言：______________________________

（7）负向语言：______________________________

正向语言：______________________________

（8）负向语言：______________________________

正向语言：______________________________

（9）负向语言：______________________________

正向语言：______________________________

（10）负向语言：______________________________

正向语言：______________________________

管理语言的第一个工具“语言负转正”，我们就先学习到这里。从我过往的教学与辅导经验看，学生都非常喜欢这个工具，它简单易行，能将负向语言转化成正向语言，还能优化思维、提升心智，同时也会给日常的学习、工作和生活带来高绩效和正能量。但在使用这个工具时，有的学生会出现玩文字游戏或口是心非、言不由衷的情况。如何解决？下面我们共同探讨。

问题变成果

为了解决“语言负转正”可能出现的口是心非、言不由衷的问题，接下来要由表及里进行深化，将学习引向深入，通过“成果框架”这个工具，将负向语言呈现的问题转化为成果，从而实现言为心声、言行一致、身心合一，进一步提升同学们的心智模式。

工具解析

“成果框架”是在我们日常学习、工作和生活中，将问题变为成果、将语言变为心声和行动的一个重要工具。

“成果”，很好理解。“框架”是一个框子，具有约束性；也是一个架子，具有支撑性。“成果框架”是指将负向语言变为成果过程中，应遵循的原则以及支持我们获得成果的关键因素。

这个工具的核心是四个支撑要素，如图 2-4 所示。

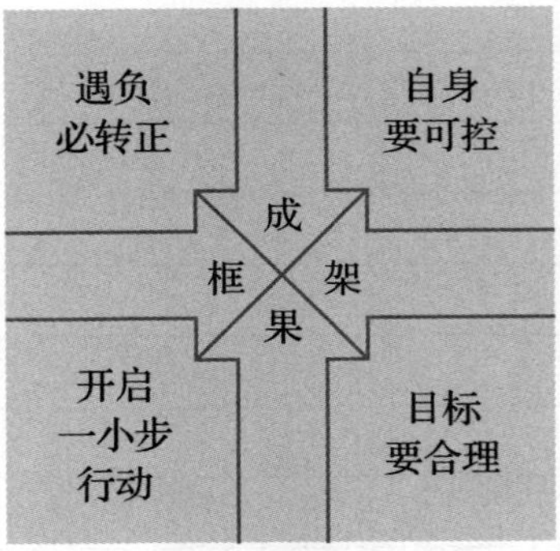

图 2-4　成果框架

一是“遇负必转正”，面对负向语言或情绪，先问：你到底想要的是什么？明确指向想要的，而非负面的不想要的，这是非常重要的一环，想要的往往是正向的。事实上，我们往往知道自己不想要什么，却说不出自己想要的是什么，这就要通过“遇负必转正”进行训练。

二是“自身要可控”，对自己负责，要聚焦在“我可以做的事”上，这是可控的部分，对于不可控的部分要暂时放下，先看看自身可控的事如何做好。避免总是抱怨外界环境，其实这样的思维会非常低效。“行有不得”，首先应该“反求诸已”。

三是“目标要合理”，不要期望一蹴而就、一步登天、一举成名、一夜暴富，一定要树立长期主义的思想，确立符合自己和外界实际的目标。

四是“开启一小步行动”，第一步达成了，再继续前进，行而不辍，未来可期。

案例学习

下边是我运用“成果框架”辅导学生的两个案例，帮助大家进一步理解这个工具。

案例 1

我有个学生上课不是玩手机就是睡觉，下课后我让他找我聊聊。

他说："老师，我不喜欢学习，就去做兼职，但是去做了兼职，发现工作更累、更难，我都不知道自己要做什么了，挺困惑的。"

这句话无论是从语言还是心态上看，都是负向的，如何帮他转正呢？

请注意，"你到底想要什么呢？"这是我们实现负转正的重要一环，人内心最想要的往往是正向的。

于是，我问他："学习是你不想要的，工作也是你不想要的。你都 18 岁了，你到底想要什么呢？"

他说："老师，我就是不知道想要什么才来问你的。"

这一轮下来，"遇负必转正"没实现，没能得到那个正向的成果。

我接着又问："那你现在的状态是什么？"

他说："我很迷茫。"

又是一句负向语言。

我马上问："迷茫的反义词是什么？"

他说："清晰！"

我问："那你到底要清晰的什么？"

他说："清晰的目标和行动吧！"

这样就实现了负转正，成果就有了，接下来就是围绕"清晰的目标和行动"，看看如何才能让他得到这一成果。

经过沟通，这个学生说他的目标是毕业后留在大城市工作，但他又说大城市的竞争太激烈、房价太高。他说的这些都是自己不可控的东西。这时我开始使用"自身要可控"这个要素来支撑。

我问他："竞争激烈、房价太高，这些外部因素你可控吗？老师可控吗？我们在这里讨论这个谁都不可控的问题，你认为有意义吗？"

记住这里要问一句话：为了实现你的目标，你可以做的是什么呢？要聚焦在"你可以做的事"上，这是可控的，对于不可控的要暂时放下，先将自身可控的事做好。

接下来就引导他"目标要合理"和"开启一小步行动"。不能幻想一蹴而就，要静下心来，笃定前行。

案例 2

有一个在门店实习的学徒制班的同学刚下店实习一个月就要求调店。我问她为什么。

她说："老师，我不喜欢我的店长，他不认可我，也不耐心地指导我，我想换一家店实习。”

我说：“你不想在这个店长的手下工作，是吧？那你真正想要的到底是什么？换到其他店就一定会遇到你喜欢的店长吗？”

她说：“其实我想要的就是店长的认可、店长耐心的指导。”

显然这个同学想要的不是一个新店长，她想要的是店长的认可及耐心的指导。这就将她的负向语言变成了正向的成果，怎么帮她得到这个成果呢？

大家想一想，你能让店长为你改变吗？还是你为店长改变呢？对！“行有不得，反求诸己”。

我问她：“你现在不太接纳你的店长是吧？假如你百分之百地接纳了店长，你的工作状态会与以前有什么不同？”

学生说：“那我肯定是工作更有干劲，也更开心。”

老师：“工作更有干劲，也更开心会给你带来什么呢？”

学生：“业绩会更高，我会更有成就感。”

老师：“这个感觉很好！试想一下，那时你的店长会对你如何呢？”

学生：“我想他会认可我，不再对我那么挑剔吧。”

老师：“这是不是你想要的？

学生：“是啊，店长要不是这么挑剔我，估计我也不会想调店。”

老师：“当你百分之百接纳你的店长的时候，他会有什么感受？”

学生：“我想他会愿意多教我一些东西，也有可能会对我更耐心一些吧。”

说到这里，你是不是发现问题就变为成果了？接下来就可探讨：如何让这个学生得到成果？对，定一个合理目标和一小步行动。

我让她对店长的接纳度打个分，她说是 5 分，的确比较低。她同意坚持 21 天用“成果框架”这个工具打卡，目标是对店长的接纳度达到 8 分。一小步行动是服从店长的工作安排，从认真捡烂果开始。在水果店捡烂果是一项很重要的工作，但因为没有技术含量，这个学生原来是非常不愿意做的，现在她愿意改变自己。

在老师的帮助下，她以 21 天为一个周期，不断实现小目标，一年下来，汇聚成了一个大目标，她已经成功地做店长了！

工具运用

1. 案例研讨

一个学徒制班学生在门店实习期间向学校指导老师抱怨：“店长总是让我打扫卫生，我是一个大学生，怎么能招我来打扫卫生呢？”这是负向语言，请用“成果框架”工具进行小组研讨，先完成前两个支撑因素的训练，即“遇负必转正”“自身要可控”。

2. 互相辅导

两人一组，互相给出自己在日常学习与生活中遇到的一个负向事例，用“成果框架”工具帮助对方解决问题，不只是将语言从负转正，还要真正做到言为心声、言行一致，进而实现知行合一、身心合一。

阅读材料

吸引力法则：你的人生由你的语言和思想决定

语言是有能量的。“好的”“一定会有办法的”“没问题”，每天都能说出这种积极话语的人，他们的生活和工作会非常顺利，即使遇到了困难，也能够克服。相反，每天都嚷着“太糟了”“太让人气愤了”“没办法了”的人，遇到的挫折会比较多，运气也显得比较糟糕。

如果你看不清自己，那么，就试着看一下周边的人与事，你会发现人们往往都过着他们嘴上所说的人生。

你要意识到，每天从自己嘴巴里说出的话具有很大的“威力”，所以我们需要去改变自己的话语。你每天所说的话，都给你的每一天指明了方向。积极的语言才能把你带向美好的人生。所以从此时此刻开始，让我们只看、只听、只说、只做美好的事物。面对困难和问题，只说“好的”“没有问题”“一定会有办法”。

下面的语言会把你带向美好的人生：

（1）我生命中所发生的一切，都是我“吸引”来的。

（2）我越想什么，我就越有可能能得到什么。

（3）吸引力法则是强有力的法则。

（4）同类相吸。

（5）思想会变成现实。

（6）改变了思想，就改变了命运。

（7）所有美好的思想都是强有力的，所有负面的思想都是脆弱无力的。

（8）主宰心灵的方法：静心。静心的力量极为强大。

（9）我是自己思想的主人，我能完全控制我的思想。

（10）事情的起因永远都是思想。

（11）增加对事物的渴望和感觉。

（12）我拥有改变现状的力量。

（13）思想与爱的融合，形成了吸引力法则强大的力量。

（14）爱是宇宙中最伟大的力量。

（15）充满爱的思想——天下无敌。

（16）生命中所发生的一切都与我的目标相关联。

（17）一旦你真正主宰你的思想和感觉，你就是你自己现实的创造者。

（18）这个精彩非凡的宇宙能带给我们所有美好的事物，并协助我们成就每一件事。
（19）你的愿望就是你行动的指令。
（20）你相信什么，就会看到什么。
（21）你心里有什么，你才会看到什么。
（22）心存美好是件非常重要的事。
（23）快速行动，不要拖延，不要猜测，立即行动！
（24）心想事成，有求必应。
（25）感恩能转变你的能量，改变你的想法。
（26）感恩的力量胜过其他一切。
（27）对你已经拥有和想要拥有的事物感恩。
（28）感恩什么就会得到更多什么，感恩越多，得到越多。
（29）感恩地工作是最高的情商。
（30）我说不出这股力量是什么，但我知道它存在。
（31）想象力就是一切，它是生命将发生之事的预览。
（32）成功来自内在，而非外在。
（33）我是吸引人的磁铁，我爱他人，他人也爱我，我每天都在爱与被爱。
（34）“给予”是把更多“获取”带进你生命最强效的方法。
（35）用爱和尊重对待自己和别人，才能赢得别人的爱和尊重。
（36）欣赏别人，不要抱怨。
（37）焦点集中在爱上，就会获得更多爱和喜悦。
（38）所有的压力都是由一个负面的思想开始的。
（39）爱和感恩可以解除负面性，甚至消除疾病。
（40）笑，是抵御消极和疾病的良药。
（41）每个不愉快的思想都是你脑中的坏东西。
（42）不论任何事物，只要你专注于它，就是在创造它。
（43）富足的方法：想着富足，看着富足，感觉富足，相信富足。
（44）没有什么不可能，不可能只存在于你的心中。
（45）宇宙中的一切都有能量，思想也是能量。
（46）情绪是有能量的，可以为自己赋能，也可以为他人赋能。
（47）内在喜悦是成功的助推器。
（48）越去使用你的内在力量，你就会引出越多的力量。
（49）你的生命完全由你自己来掌控。
（50）积极的语言能把你带向美好的人生。

总结：

（1）注意你的语言，因为它会变成你的思想；

（2）注意你的思想，因为它会变成你的行动；

（3）注意你的行动，因为它会变成你的习惯；

（4）注意你的习惯，因为它会变成你的性格；

（5）注意你的性格，因为它会变成你的命运；

（6）语言、思想、行动、习惯、性格最后会决定命运。

资料来源：吸引力法则：你的人生由你的语言和思想决定！. 大任海洋成长俱乐部（公众号），2016-11-10.

视频微课

管理情绪

单元 6 管理情绪

我们在每天的学习、工作和生活当中，会遇到不同的人和事，人的情绪也会随着这些动态变化。有变化是正常的，但太大或太过执着的变化则会对身心造成伤害，也会对外界带来不利影响，甚至会对自己的一生产生巨大影响。管理情绪是提升心智模式的重要内容，情商是心智模式的重要体现。管理情绪不是一件容易的事。尽管不容易，我们还是应该努力去调整自己。这个单元会给大家介绍一些管理情绪的工具和方法，相信会对大家有所帮助。

预期成果

如果你能认真学习并实践本单元的内容，你可以获得如下学习成果：

（1）接纳自己的情绪。

（2）通过调整身体来改善情绪。

（3）运用情绪管理 ABC 工具，通过改变思维来改善情绪。

（4）运用与人共情工具，改善自己的情绪，安抚他人的情绪。

认识情绪

让我们通过《传习录》中王阳明关于情绪的洞见，来认识和接纳情绪吧。

在《传习录》中，有人问：良知就像太阳，私欲就像浮云，浮云可以遮蔽太阳，然而也是属于自然的气象本身自有的现象，这是不是说，私欲也是人心本来的一部分？

王阳明说，喜、怒、哀、惧、爱、恶、欲，这是所谓的七情，七情都是人心本自具有的，只是需要认得良知。比如阳光，它是普照大地的，没有固定的方向，即使只透出一线光明，也都是阳光所在处。虽然云雾弥漫，只要还能分辨物品的形状和色彩，就说明太阳没有泯灭。不能因为浮云把太阳遮蔽了，就让老天不要创造浮云。七情顺其自然地发生，都是良知在起作用，没有所谓的善恶之分，只是不能过分执着。一旦七情有所执着，就变成了私欲，成为良知的遮蔽。不过，稍有执着，良知也会发觉，一发觉，遮蔽就去除了，良知的本体就恢复了。在这一点上如果能够看得破，致良知的功夫就简易透彻了。

有些对自己要求比较高的人，通常把情绪当作敌人，一旦有了情绪，就如临大敌，不是尽力压制，就是故意忽视。我们看到很多影视作品里都有这样的刻画：主人公显然很生气了，却强压怒火，手拍前胸，强令自己“不能生气，不能生气”。这种做法受到人们的推崇，被认为是自律的体现。

然而，王阳明却说，这是错的。《礼记》讲得很明白，所谓人情，喜、怒、哀、惧、爱、恶、欲，七者弗学而能。换句话说，情绪是天生的，不是后天学的，就像刚出生的婴儿，没有人教就自然知道哭。

既然情绪本来就是我们生命中自带的，也是不可或缺的组成部分，哪能不允许它出来活动呢？再说了，人又不是机器，哪能一贯理性？就算是机器，也有绷不住要罢工的时候，也需要加润滑油、做保养，何况人呢？

我们很容易看到一些人，他们平时是非常自律的，似乎不动声色、不带情绪，可一旦碰到他们的痛处，他们就会歇斯底里，甚至走向极端。这是为什么？就是因为平时过度压制自己的情绪。

良知就像太阳，而情绪就像云。浮云飘来飘去，甚至变成乌云遮天蔽日，这都是自然现象，不能说是私欲。什么时候浮云会成为私欲呢？好比一块乌云执着地定在一个地方，怎么赶也赶不走。

我们知道，自然界是不会存在这种情况的。任何云都是自然地来，也是自然地走，不会有任何执着。但是人的情绪就不同了，很多情况下，一个情绪产生后会死死地把人抓住，不会轻易离开，让人痛苦不堪。这个时候，情绪就成了私欲。

王阳明曾说过，在大多数情况下，人们的情绪只会过多而不会过少。从这个角度来说，人的一生确实是与情绪战斗的一生。只是我们的敌人不是情绪本身，而是过分、过度、超出自然、演化成私欲的情绪。

认识情绪，目的是消除私欲。为此，王阳明开了一个简单的药方，这就是一个“觉”字。只要一“觉”，私欲自然会溜掉，良知也就恢复了。

那么，什么是“觉”呢？“觉”就是觉察、觉知。一个处在情绪中的人，只要能清醒地觉知到自己正在发脾气，自然也就很容易从情绪中走出来。这是因为能意识和感知的是良知，只要良知出来了，私欲也就随之褪去，整个人也就恢复平静的本色了。

这个方法在现实中是否有效呢？很多人想必都有类似的经验：正在生着气，突然意识就跑到半空中，俯视着底下正在生气的自己，看着看着就会笑起来，觉得自己真傻，像一只气急败坏的公鸡，这一笑，情绪也就跑掉了。可见，这个方法确实有效。

怎样才能保持清醒的觉知力呢？王阳明说过一句话，那就是“立志真切”。意思是，只要有强烈的决心，就能保持无时无刻的觉知。这个答案未免让人感到沮丧，但客观地说，确实是真理。这是因为每个人的情况都不一样。有些人天生私欲就少一点，觉知力本来就强一点。对他们来讲，情绪一出，自能觉知。有些人私欲多一点，觉知力比较弱，很难跳出情绪去客观地看自己，对他们来讲，就要想各种对自己有用的办法去提醒自己。

即使是后一种情况的人，也不用妄自菲薄，照样有很多工具可以使用。比如说，我们或许在情绪萌发的时候没办法觉知，但在情绪过后，内心恢复平静了，任何人都能觉知过去的情绪。如果真切想改，可以深刻反省，把情绪的根源找出来，用良知去照射它，下次出现类似情况时就能避免过分的情绪了。

总之一句话，对于立志真切的人来讲，一切都有办法，而对于立志不真的人来讲，一切都有困难。情绪没有好坏，但不可执着。伤心了、难过了，就要哭出来，这没什么不好的。只是要记得，哭完拉倒，千万别执着。这就是物来则应，过去不留。至于怎样才能训练这个能力，我们会在后文中和大家一起学习。

认识了情绪，下面我们进行如下个人练习：

（1）请回忆一下，你上一次出现负面情绪是什么时候？这种情绪是如何产生的？你当时的表现是什么样的？你现在再看当时的自己，会有什么觉察？

（2）下一次再出现这样的情绪，你可否对它耐心一些？叫出它的名字，让自己保持觉知，如“你正在发怒呢，你很生气是吧？”“没事的，你一会就会好起来的”。

（3）想想下一次遇到同样的问题或事情，你可否更理性地去面对。

关于情商

什么是情商？情商（EQ）全称情绪智力，这是多年来心理学家们提出的与智力和智商相对应的概念。它主要是指人在情绪、意志、耐受挫折等方面的能力。萨洛维和约翰·梅耶在《情商：为什么情商比智商更重要》中对情商给出了详细的定义，将其扩展为5个主要领域：了解自身情绪、管理情绪、自我激励、识别他人情绪、处理人际关系。最新的研究显示，一个人的成功，20%取决于智商，80%则取决于情商。美国哈佛大学教授丹尼尔·戈尔曼表示：“情商是决定人生成功与否的关键。”

请回想一下，你长这么大，你喜欢和谁在一起？也许是祖父母、父母、很好的朋友、老师或者你的榜样，当你和这个人在一起时：

（1）他们做了什么、说了什么，让你如此喜欢？

（2）你的感受是什么？

有学者对上述问题在全球范围内进行调查，发现世界各地的人都有大致相同的答案。不管国家或文化有多大差异，人们的答案都具备很强的共性。你能在这个清单中找到你的答案或者与你相似的答案吗？

这个人……	我感受到……
• 倾听我	• 很特别
• 相信我	• 自己有价值
• 激励我	• 充满信心
• 信任且尊重我	• 安全被呵护
• 平等对待我	• 被支持
• 花时间和我相处，全身心关注我	• 开心，充满热情

当然也有其他答案，但以上这些是最常见的。情商是一种与人连接的能力，

它基于人与人之间的相互信任。情商可以通过全面系统的培养和训练得以提高和改变。

情绪与身体

你是否有这样的体验，当情绪不佳、消极的想法或者画面在头脑中出现时，身体的某个部分会出现收缩、紧绷或者僵硬的现象，可能会表现为皱眉、胃疼、面色苍白、心跳加速、背部肌肉紧张等。

研究表明，不只是情绪会影响身体状态，身体的状态也能够在无意识的情况下影响到精神的状态。心理学有这样一个试验：让人们看一部影片，并评价影片是否有趣。其中一半的被试者在观看影片时需要用牙齿衔住一支铅笔，因此他们会不自觉地拉动微笑时所使用的肌肉群。另一半被试者则被要求用嘴唇含住铅笔，这样他们就无法做出微笑的表情。结果表明那些看影片时使用微笑肌肉群的被试者，认为影片更加有趣。另外一个研究是让被试者在看影片时使用皱眉的肌肉群。这些不自觉做出皱眉动作的被试者对影片的评价也变得更加无趣。

这样的实验会给你什么启发呢？如果我们想改善情绪，是否可从身体入手呢？

情绪是与身体感官互动的反应。身体感官包括视觉、味觉、嗅觉、听觉、触觉、感觉等，所以微笑、美景、美食、香薰、音乐、运动和拥抱等，都可带来愉悦的心情。

下面为你提供改善情绪的身体疗法，看看哪些适合你。

（1）深呼吸。

（2）冥想。

（3）安静独处，感受美好的事物。

（4）看好笑的漫画、电视剧、电影。

（5）微笑，让微笑的感觉发自你的内心，流遍全身，并散发到你的周围。

（6）听表现积极情绪、动听美妙的音乐，避免表现负面情绪的音乐。

（7）运动可以让血流通畅，使身体拥有健康活力。

（8）跳舞，放松自己。

（9）唱歌，抒发美好感受。

（10）阅读内容积极、有激励作用的书籍。

（11）洗热水澡，或者做蒸汽浴。

（12）看日出，或者看日落。

（13）睡觉，让自己充分休息。

（14）与大自然亲密接触。

（15）吃点好吃的食物，喝点可口的饮料。

（16）整理居室、办公室，搞清洁卫生。

（17）到商场购物。

（18）跟积极向上、乐观的人在一起。

（19）种花、浇花。

（20）选择你所接触的信息，多看好的消息，尽量避免坏的消息。

练习与分享

当你情绪低落或焦虑或抑郁时，你有什么办法可以缓解或疗愈？请写下来并与同学分享。

（1）______________________________

（2）______________________________

（3）______________________________

（4）______________________________

（5）______________________________

（6）______________________________

（7）______________________________

（8）______________________________

（9）______________________________

（10）______________________________

情绪与思维

情绪与身体感官会发生互动反应，同样，情绪与思维也会发生互动反应。下面我们主要看看思维是如何影响人们的情绪的。这里有个很有用的工具叫情绪管理 ABC（见图 2－5），它由心理学家阿尔伯特·埃利斯（Albert Ellis）创建。

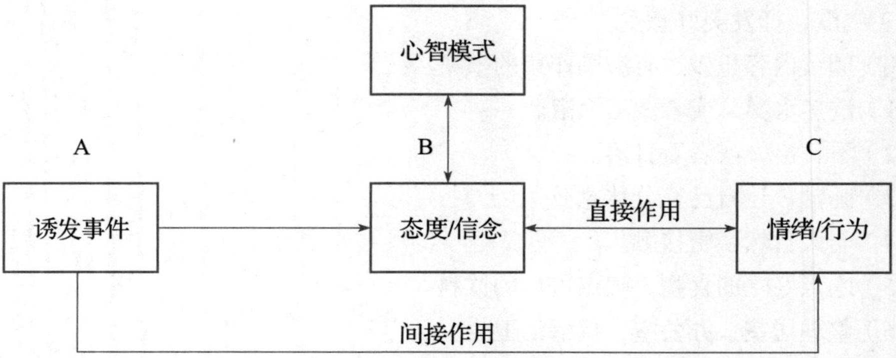

图 2－5　情绪管理 ABC 示意图

情绪管理 ABC：

A（activating event）表示诱发事件或情境的事实本身；

B（belief）表示个体对诱发事件产生的信念，即对这件事的态度；

C（consequence）表示自己的反应，即产生的情绪和行为。

通常我们可以看到事件（A）和反应（C），但是觉察不到潜在的信念（B）。我们会认为是情境本身引起了情绪反应，但事实上我们对情境的信念才是真正诱发情绪的原因。

例如，两个人一起在街上闲逛，迎面碰到他们的领导，但对方没有与他们打招呼，径直走过去了。一个人想："他可能正在想别的事情，没有注意到我们。即使是看到我们而没理睬，也可能有什么特殊的原因。"而另一个人想："是不是上次顶撞了他一句，他就故意不理我了，下一步可能就要故意找我的岔儿了。"于是，第二个人情绪就会很不好。

在很多情况下，我们很难影响 A，但在大多数情况下，我们可以通过思维改变 B，而 B 能够直接影响到 C。通过改变 B，我们就能改善情绪，从而收获更多的快乐和幸福。

再如，苏老夫子在 2019 年 4 月 29 日微信公众号发表的《提要求的背后，是我对你深深的爱和期待》一文中，讲述了一个这样的故事：有一位学生，当她给班上的同学分享了自己的实践经历与成果之后，老师淡淡地说："大家给她轮流反馈吧。"于是大家纷纷向她投来了赞许的目光，称赞的言语络绎不绝。当大家讲完之后，老师环视了一下大家说："她是我最优秀的学生之一，大家一直在表扬她，是不是认为她的水平就只能到这里呢?"瞬间，大家陷入了安静之中，之后纷纷给她提了很多的建议和意见。

老师说："我们来这里学习不是为了听表扬的。如果我只是表扬你们，那我其实也是在说：'你们只能到这个程度了。我不停地批评你们、挑战你们，是相信你们完全可以做得更好。'"

在那一刻，有个学生似乎顿悟了，曾经老师经常批评他，给他"难堪"，他甚至怀疑自己是不是不适合学这个专业，他痛恨老师这么冷酷无情。但这一刻，他明白了老师的良苦用心。

批评你、挑战你，是因为我完全相信你可以做得更好。

面对一样的批评，当我们理解了背后的用意时，我们的情绪就会完全不一样。

"你批评我，就是在否定我、在质疑我!"

"你批评我，是完全相信我可以做得更好。"

面对一样的批评，却可以有完全不同的解读。

我们常常受困的不是事情本身，而是看待事情的视角和心态。

教师辅导

案例 1　是老师和学生干部看不起我们吗？

老师：阿杰，你是班长，老师很愿意和你一起把我们班的班风建设好。

学生：老师，您是不是感觉我们的班风不好？我们班不是一开始就班风不好，主要是老师和学生干部都看不起我们学徒制班，所以很多学生就自暴自弃。

老师：发生了什么？为什么会有这样的感觉？

学生：学校迎新晚会，我们班第一个集合好，却让我们班最后一个进场，为什么我们是最后一个？如果老师认为我们班重要，会排在最后一个吗？

老师：我很理解你们的心情。如果你是学生会干部，你会把哪个班排在最后呢？

学生：噢，的确总有最后，那为什么一定是我们？

老师：将你们班排在最后，你感觉是老师和学生干部看不起你们，这是事实还是你们的自我感觉？

学生：我们感觉是这样的。

老师：如果把非学徒制班排在最后，也是因为看不起他们吗？

学生：那应该不会。

老师：你们的烦恼和郁闷是来自事实本身还是来自自己的想象呢？如果来自自己的想象，为什么让不是事实的事情困扰我们呢？

学生：老师，那万一是事实呢？

老师：如何证实它是事实呢？

学生：找一个信任的老师或学生干部去了解一下，入场是怎样排序的。

老师：非常好！了解好后，告诉我好吗？

…………

学生：老师，入场顺序是按学校的班级顺序安排的，是我们想多了。

老师：那你们的情绪是否好些了？

学生：如果让我们先进场，我们情绪会更好，大家会更自信。

老师：那试着去和老师沟通一下，也许下一次会有这个可能呢！

学生：好的，谢谢老师！

案例 2　是这个世界太黑暗吗？

学生：老师，我五月份完成学徒制面试后就去打工，结果干了两个月，老板欠薪，现在还没拿到工资。难怪我妈非得让我上大学，这个世界太黑暗了，水太深、坑太多。

老师：我很理解你的心情。我就职过的几个单位，没有一个欠薪，我感觉这个世界很光明、很美好，你同意我的观点吗？

学生：不同意，那只是你的感觉。

老师：是的，我个人的感觉并不代表这个世界的原貌，你现在有什么觉察吗？

学生：嗯，我经历的也不是这个世界的全部。

老师：你觉得这个世界是欠薪的多，还是按时付薪的多呢？要不我上课时问一下全班同学好吗？

学生：那好吧。

老师：想请问大家一个问题，你们父母所在的企业有多少是曾经对员工欠薪的？请举一下手好吗？（80 多个同学中只有 2 人举手）那你们同学兼职有多少人是被欠薪的？（有 1 个同学举手）

学生：噢，那欠薪的情况还是少的吧。

老师：那你感觉这个世界是什么样的呢？你觉得“世界太黑暗了”，这样的结论客观吗？

学生：嗯，不全面、不客观。

老师：那下一次怎样才能让自己不被欠薪呢？

学生：去正规企业、大企业兼职。

老师：经历过这个欠薪事件，你获得了什么呢？

学生：交了“学费”，有了经验和思考。

老师：还有吗？我们怎样做才能减少社会上的企业欠薪，才能不让更多的人受骗呢？

学生：提升辨别能力，提升自己的专业能力，不给这些企业机会。

老师：那个时候，这个世界是否会变得更光明、更美好呢？

学生：会的。

老师：是的，若想让这个世界美好，我们一起先让自己美好起来，好吗？

学生：好的，谢谢老师！

通过上边老师辅导的两个案例，你有何觉察？人既可以是有理性的、合理的，也可以是无理性的、不合理的。当人们按照理性去思维、去行动时，他们就会很愉快、很有成效。情绪是伴随人们的思维而产生的，情绪上或心理上的困扰是由于不合理的、不合逻辑的思维所造成的。

符合逻辑的思维往往产生合理的信念，会引起人们对事物适当、适度的情绪和行为反应；而不合理的信念则相反，往往会导致不适当的情绪和行为反应。如果人们坚持某些不合理的信念，长期处于不良的情绪状态之中，最终将导致情绪障碍的产生。

荷叶老师在 2021 年 12 月 9 日微信公众号发表的《这些不合理信念，你中了几条？》中谈到，人的不合理信念常常具有以下三个特征：

一是绝对化的要求，是指人们常常以自己的意愿为出发点，认为某事物必定发生或不发生的想法。它常常表现为将“希望”“想要”等绝对化为“必须”“应该”“一定要”等。例如，“我必须成功”“别人必须对我好”等。这种绝对化的要求之所以不合理，是因为每一客观事物都有其自身的发展规律，不可能以个人的意志为转移。对于某个人来说，他不可能在每一件事上都获得成功，他周围的人或事物的表现及发展也不会以他的意愿来改变。因此，当某些事物的发展与其对事物的绝对化要求相悖时，他就会感到难以接受和适应，从而极易陷入情绪困扰之中。

二是过分概括化，这是一种以偏概全的不合理的思维方式，它常常把"有时""某些"过分概括化为"总是""所有"等。用艾利斯的话来说，这就好像凭一本书的封面来判定它的好坏一样。它具体体现在人们对自己或他人的不合理评价上，典型特征是以某一件或某几件事来评价自身或他人的整体价值。例如，有些人遭受一些失败后，就会认为自己"一无是处、毫无价值"，这种片面的自我否定往往导致自卑自弃、自罪自责等不良情绪。而这种评价一旦指向他人，就会一味地指责别人，产生怨愤、敌意等消极情绪。我们应该认识到，"金无足赤，人无完人"，每个人都有犯错误的可能。

三是糟糕至极，这种信念认为如果一件不好的事情发生，那将是非常可怕和糟糕的。例如，"我没考上大学，一切都完了""我没竞争上班长，大家都不认可我"。这种想法是非理性的、片面的。因为对于任何一件事情来说，都会有比之更坏的情况发生，所以没有一件事情可被定义为糟糕至极，也远没有想象得那么糟糕。但如果一个人坚持这种"糟糕"观点时，他就会陷入不良的情绪体验之中，从而一蹶不振。

因此，在日常生活和工作中，当遭遇各种失败和挫折时，要想避免情绪失调，就应多检查一下自己是否存在一些"绝对化要求"、"过分概括化"和"糟糕至极"等不合理想法，如有，就要有意识地用合理观念取而代之。

练习与分享

反思你最近一次不好的情绪经历，A、B、C 分别是什么？能否重新审视 B，来改善 C？完成后与同学分享。

A ____

____

B ____

____

C ____

____

重新审视 B，看可否改善 C。

B ____

____

C ____

____

情绪与行动

如王阳明所说，对于立志真切的人来讲，一切都有办法；而对于立志不真的人来讲，一切都有困难。想要控制、调整、改善情绪，除了将身体调整到舒适的状态，将思维训练成理性的状态，还有一个很重要的方法，就是要行动，这个行动是有助于“身体、思维、情绪”协同向好的行动。以下是提高情商的10个关键行动，让我们一起行动起来吧！

1. 不抱怨、不指责

高情商的人不指责别人，不抱怨别人。其实，抱怨和指责都是不良情绪，它们会传染。高情商的人只做有意义的事情，不做没意义的事情。

2. 充满热情和激情

高情商的人对生活、工作和感情保持热情和激情。调动自己的积极情绪，让好的情绪伴随每天，不让不良情绪影响生活和工作。

3. 包容和宽容

高情商的人宽容、心胸宽广。心有多大，眼界有多大，你的舞台就有多大。高情商的人不斤斤计较，有一颗包容和宽容的心。

4. 沟通与交流

高情商的人善于沟通、交流，且坦诚对待，真诚有礼貌。沟通与交流是一种技巧，需要学习，需要在实践中不断地总结摸索。

5. 多赞美别人

高情商的人善于赞美别人，这种赞美是发自内心的、真诚的。看到别人优点的人，才会进步得更快，总是盯着别人缺点的人会故步自封，反而退步。

6. 保持好心情

高情商的人每天保持好的心情，每天早上起来，送给自己一个微笑，并且鼓励自己，告诉自己是最棒的。

7. 善于聆听

高情商的人善于聆听，聆听别人说的话，多听多看，而不是自己口若悬河。聆听是尊重他人的表现，聆听是沟通的前提。

8. 勇于负责

高情商的人敢做敢承担，不推卸责任，遇到问题，分析问题，解决问题。正视自己的不足，是敢于担当的人。

9. 每天进步一点点

高情商的人每天进步一点点，说到做到，从现在起开始行动，而不会光说不做，行动力是成功的保证。

10. 用心对待他人

高情商的人善于记住别人的名字，用心去记，就能记住。记住了别人的名字，别人也会更加愿意亲近你，和你做朋友，你会有越来越多的朋友。

有些事情看起来很复杂，想起来就很头大，但当你真正去做的时候，就会发现并没有那么糟，而且最后往往都是能做好的。

心动不如行动，知道做不到等于不知道，学到这里，我们现在就开始反思和行动吧！

（1）以上 10 个行动，你最想先开始的是哪一个？

____

（2）这个行动为什么对你很重要？

____

（3）对于这个行动，如果让你给自己目前的状态打分，1 ～ 10 分，你会打几分？通过你的刻意练习，你希望达到多少分？

____

（4）如果这个行动经过反复训练，真的让你养成了习惯，那时你会变成一个怎样的人？

____

____

____

（5）接下来你的行动计划是什么？

____

____

____

____

（6）让你对自己实施行动计划的承诺度打分，1 ～ 10 分，你会打几分？

____

加油！说到做到，祝你成功！

与人共情

前边我们学习了情绪管理 ABC 工具，现在学习“共情”这个工具，它主要用于理解、处理和改善他人的情绪。

“共情”也叫“同理心”，是指一种能设身处地体验他人处境，从而达到感受和理解他人情绪、情感的技术或能力。

先举一些例子，让大家感受一下共情带给人们的力量。

当事情发生时，人都会产生某种感受或某种情绪，你应该如何与他人共情呢？比如：

（1）当有人遇到惊吓的时候，表现出很惶恐的情绪，你应该说些什么呢？

有人会说："没事的，不用害怕，没什么大不了的。"

还有人会说："没啥事，不值得这么大惊小怪。"

但是懂得共情的人就会说："哦，你肯定吓坏了吧。"对方受到惊吓的心绪得到理解，就能慢慢平稳下来。

（2）当有人遇到不开心的事情的时候，表现出生气、郁闷的情绪，你应该如何与之共情呢?

有人会说："不要和这样的人一般见识，不要拿别人的错误惩罚自己！"

甚至还会有人说："行有不得，反求诸己。先反思一下自己有什么问题。"

但是懂得共情的人就会说："你一定气坏了吧?""你觉得受到了不公平的对待，是吗?"你会看到对方的气愤慢慢削弱了。

（3）遇到他人累得不想动的时候，表现出非常疲倦、情绪低落，这时你应该如何与之共情呢?

有人会说："不怕，再坚持一下挺过去就好了！"

甚至还会有人说："你的体力太差了，平时一定要加强锻炼！"

但是懂得共情的人就会说："今天事情这么多，你一定是累坏了吧，辛苦啦！"对方会感激地看你一眼。

（4）遇到他人有高兴的事情，喜形于色，溢于言表，这时你应该如何与之共情呢?

有人会说："沉得住气，不要高兴太早！"

也有人会说："别太高兴，会乐极生悲的！"

但是懂得共情的人就会说："这事让你很开心，我都替你开心。"我相信，对方会更开心的，也会觉得你是一个可以分享成功与快乐的人。

通过上边的例子，你有何感悟呢？不懂得共情的人说的就是错的吗？这些话本身没错，甚至很有道理，但时机不对，现在不是讲道理的时候。这里不是对错的问题，而是当我们面对他人的情绪时，如何理解、支持、安抚、帮助的问题。我们经常听到两个人吵架时，有人会说，"你这个人不可理喻，不讲道理"。说的就是当一个人被情绪脑主导时，是听不进任何道理的。因为这时他的理性脑是基本不起作用的，这时讲道理是没用的，甚至还会起到反作用。

我女儿在剑桥读博士时，她的导师要求严苛。每每经历自己的论文被导师批得体无完肤，她就会情绪非常低落地向我倾诉。我原来也不懂共情，就给她讲道理，告诉她："适应你不能改变的，改变你不能适应的，如果既适应不了，也改变不了，就选择离开。真的读不下去了，没关系，可以回国尽早找份工作，人生一样可以精彩。"结果，我的一番话让女儿更焦虑。起初我还在想，这句话讲给我的学生听，他们是那么入脑入心，怎么到女儿这里就没用了呢？这是因为，我是在课堂上讲给学生听，那时他们是理性脑主导，没有特别的情绪要处理。而女儿和我倾诉时，我首先应该做的是解决她的情绪问题，与之共情，而不是讲道理。

共情语言

与人共情有什么比较简单的方法吗？其实，掌握相关的语言模式，一定会大有帮助。一个人的语言没有改变，他个人的修为就很难改善。要想提升自己，最现成直观的办法就是提升我们的语言。下面就是共情时经常使用的几种语言模式。

（1）表达对人情感的理解。

“你现在的感受很无奈吧，换了我可能更郁闷。”

“你感觉很委屈是吗？我能理解你的心情。”

“我知道这种事处理起来很难，你真是不容易啊！”

（2）表达对对方意图的理解。

“你想说的是你并不是在乎拿到多少钱，你在乎的是自己的付出能得到认可，对吧？”

“你现在最希望的是他能够承认错误，当面道歉，是吧？”

“我理解你的想法，我知道这对你很重要。”

（3）以具体的行为表达对他人的关心。

“你需要我帮你去和他沟通一下吗？”

“你看我能为你做些什么，让你感觉好受一些呢？”

“我陪你出去走走，换个心情好吗？”

（4）表达不同观点。

“我还有一些新的想法，不过我感觉你的话也很有道理……”

“我有一点不同看法，不过你的观点挺新颖……”

“我们的观点不同，但可以厘清我们的思路，激发我们的灵感。”

以上这些句式，会帮助我们迅速进入共情状态。当然面对不同的人、不同的情境，我们还需要具体问题具体分析，要坚持共情的基本原则，就是设身处地地“看他人之眼所看、听他人之耳所听、感他人之心所感”。如果缺乏真诚和内在的共鸣，这些语言模式就会成为套路，不仅刻板，还可能让人感觉虚伪。

案例学习

我们通过一些案例进一步来学习“共情”工具。

案例 1：一个初中生转学到一个新学校，一开始不太适应。有一次，放学回来，跟妈妈“吐槽”班里的一位同学。

妈妈听了，问道：“你是不是很讨厌他？”

孩子点了点头，随即说出这位同学的一系列“槽点”。

妈妈在一旁添油加醋地说：“他这么可恶，应该全班同学都很讨厌他吧？”

孩子沉思了一下："好像也不是，他还是有一些好朋友的。"

妈妈诧异道："噢？这么可恶的人居然还有朋友，凭什么？"

孩子想了想，随即说出了这个人的一些优点。最后，孩子还补充了一句："其实他平时对我还是挺好的，只是他今天实在太过分了！"

几天过后，孩子居然邀请那个同学来到家中，因为他发现自己原来误会对方了，想请对方玩几局游戏作为补偿。

可以看到，这位妈妈对儿子的共情，更像是当孩子成长过程中遇到挫折时，父母所能做的一种顺势引导。它基于一个前提：在跟同伴交往的过程中，每个孩子都有联结友谊、修复关系的潜力，我们需要用接纳的态度，帮他们发掘出来。

资料来源：武志红 . 她一句话，治好了女儿的厌学 . 武志红（个人公众号），2022-10-25.

案例 2：有一位年轻的妈妈，她的女儿上课很不专心，学习成绩越来越差。为了纠正女儿，妈妈伤透了脑筋。可无论她怎么批评和责罚，都没有用。直到有一天，女儿不经意的一个问题，让她陷入了沉思。

女儿问她："妈妈，为什么大人周末可以躺在家里看电视，而小孩却要继续学习呢？这不公平！"

妈妈愣了一下，脑子里不由自主地想起自己小时候，最大的乐趣就是周末可以放下学习，痛痛快快地跟小伙伴玩一整天。包括现在的自己，最大的盼头也是周末可以放下工作，好好放松，因此很反感周末加班。想象一下，如果周末还被上司盯着去工作，她估计会立马辞职。

突然之间，她仿佛有点理解了，为什么她越要求女儿马不停蹄地学习，女儿的学习就越不好。因为女儿弱小的肩膀需要同时承载两份沉甸甸的负担——来自学习的压力和来自妈妈的苛责，从而导致不堪重负，无法专心学习。

痛定思痛，妈妈做了一个"疯狂"的决定。那个周末，她卸下所有的负担，根据女儿的意愿，两人一起去游乐场痛痛快快地玩了两天。之后，当女儿再出现厌学情绪时，她不再像之前那样去苛责女儿，而是先在情感上认同孩子。

"哎呀！妈妈也很讨厌上班，要不你别上学了，妈妈也不工作了，我们一起坐吃山空，然后上街要饭吧。"

话音一落，女儿就会忍不住"咯咯咯"笑出声来。

"啊……我才不想上街要饭呢，我还是好好学习吧。"

从中不难想象，当妈妈不再只是给孩子讲道理，或去指责、批评孩子，而是以同伴的姿态陪着孩子一起"自暴自弃"时，母女之间的隔阂会越来越少，距离会越来越近。

当女儿发现"原来妈妈也跟我一样"时，她会在情感上获得一种共鸣和理解，减少对妈妈的抵触；当女儿发现"原来妈妈也存在局限"时，她会逐渐放下对妈妈的期待，转向依靠自己解决生活难题。

当真正体验到“自己为自己负责”以后，女儿的学习态度开始好转，成绩慢慢取得进步。所以你看，许多时候父母一个姿态的转变，成人眼中的“问题”，反而变成了孩子成长的“契机”。

资料来源：武志红．她一句话，治好了女儿的厌学．武志红（个人公众号），2022-10-25.

案例 3：一个妈妈带孩子逛街，给自己挑选衣服，孩子哭闹着总是让抱，妈妈很烦躁，不由得训斥了两句，孩子便倒地痛哭。如果你是这个妈妈，你会怎么办呢？

此刻是否可以理解孩子的感受？接下来应该如何安抚孩子的情绪呢？大家想想，什么是共情？就是设身处地地“看他人之眼所看、听他人之耳所听、感他人之心所感”，你想想在节假日摩肩接踵的人群中，孩子看到的是什么？往往是大人们的大腿和屁股，听到的是嘈杂的声音。你能体会他的感受吗？

再如，我们的同学在顶岗实习中，有时会面对暴跳如雷的投诉顾客，让他们不知所措。当他们学习了共情工具后，就会说：“先生，我知道您现在很愤怒，您希望得到很好的服务，对吧？我很理解您现在的心情。”这时顾客会感受到自己的情绪被接纳，愿意理性地面对你提出的解决问题的办法。

还有，你购买的商品有问题，客服又很不耐烦，你说：“我知道你们很辛苦，每天面对这些问题也很烦，但我真的期待你的帮助。”相信客服的态度一定会有所改变。

共情是指能设身处地体验他人处境，从而能够感受和理解他人的情感。我们总是说“理解万岁”，被理解了，心里的纠结就被解开了。理解，就是说出当下在对方内心深处的真实感受。共情，不只是一个工具，而是人与人之间的理解。

阅读材料

心理学家大卫·霍金斯发现，存在于人类身上的各种不同的情绪，都有其相对应的能量等级。而这种能量等级，决定着人们生命的品质。大卫·霍金斯把各类情绪、情感的能量等级，从最负面、最具破坏性的情感，到最正面、最滋润生命的情感，按从高到低（0 到 1 000 分）的次序逐一加以说明。

一、灰色人生

如果一个人的主要情绪能量长期停留在低于 200 分的水平，他的心灵是封闭的，人生是灰色的，世界是无助的。灰色人生能量级见表 2 - 1。

表 2-1　灰色人生能量级说明

情绪	能量级	说明
羞愧	20	羞愧的能量级几近死亡，它犹如意识的自杀行为。在羞愧的状况下，我们恨不得找个地缝钻进去，或者是希望自己能够隐身。
内疚	30	内疚感以多种方式呈现，比如懊悔、自责以及所有的受害情结。无意识的内疚感会导致身心的疾病，以及带来意外事故或自杀行为。它也经常表现为频繁的愤怒和疲乏。
冷漠	50	冷漠意味着无助，让人成为生活中各方面的受害者，他们所缺乏的不只是资源，他们还缺乏勇气。除非有外在的帮护者提携，否则很可能会生活潦倒。
悲伤	75	在这个能量级的人，过着懊丧和消沉的生活。这种生活充满了对过去的懊悔、自责和悲恸。在悲伤中的人，看这个世界都是灰黑色的。
恐惧	100	从这个能量级来看世界，到处充满了危险、陷害和威胁。一旦人们开始关注恐惧，就真的会有数不尽的让人不安的事来临。之后会形成强迫性的恐惧，这会妨害个性的成长，最后导致压抑。
欲望	125	欲望让我们耗费大量的努力去达成我们的目标，去取得我们的回报。这也是一个易上瘾的能量级，欲望意味着累积和贪婪。欲望可能帮助我们走上有成就的道路，却不会因此产生真正的幸福和快乐。
愤怒	150	如果有人能跳出冷漠和内疚的怪圈，并摆脱悲伤和恐惧的控制，他就开始有欲望了，而欲望易带来挫折感，接着引发愤怒。愤怒常常表现为怨恨和复仇心理，它是易变且危险的。愤怒来自未能满足的欲望，来自比之更低的能量级。挫败感来自放大了欲望的重要性。愤怒很容易导致憎恨，这会逐渐侵蚀一个人的心灵。
骄傲	175	比起其他的较低能量级，人们会觉得这个能量级是积极的。而事实上，骄傲只是相比其他更低的能量级让人感觉稍好一些而已。骄傲是具有防御性和易受攻击性的，因为它是建立在外界条件上的感受。一旦条件不具备，就很容易跌入更低的能量级。自我膨胀是骄傲的助推剂，而自我常常是易受攻击的。因此骄傲的演化趋势是傲慢和否认，而这些都是抵制成长的。

二、彩色人生

如果一个人的主要情绪能量超越了 200 分的水平，他的心灵是开放的，人生是多姿多彩的，世界是新鲜有趣的。200 分是消极人生与积极人生的分水岭；250 分是刚硬和柔和的分水岭；350 分意味着全然接纳，从此告别了不开心。彩色人生能量级见表 2-2。

表 2－2　彩色人生能量级说明

情绪	能量级	说明
勇气	200	勇气是积极人生与消极人生的分界点。来到这个能量级，动力才显端倪。勇气是拓展自我、获得成就、坚忍不拔和果断决策的根基。在比之更低的能量级，世界看起来是无助的、失望的、挫折的、恐怖的，但是来到勇气的能量级，生活看起来就是激动人心的、充满挑战的、新鲜有趣的。在这个能动性的能量级，人们有能力去把握生活中的机会。
淡定	250	到达这个能量级的能量都变得很活跃了。低于 250 分的能量级，意识是趋向于分裂和刚硬性的。淡定的能量级则是灵活和无分别性地看待现实中的问题。到这个能量级，意味着对结果的超然，一个人不会再经历挫败和恐惧。这是一个有安全感的能量级。来到这个能量级的人们，都是很容易与之相处的，而且让人感到温馨可靠。因为他们无意于争端、竞争和犯罪。这样的人总是镇定从容，不会去强迫别人做什么。
主动	310	这个能量级可以看作是进入更高层次的一道门。在淡定层次的人，会如实地完成工作任务。而在主动层次的人，通常会出色地完成任务，并极力获得成功。这个能量级的人的成长是迅速的，他们是为人类进步而预备的人选。低于 200 分能量级的人，他们的思想是封闭的，而能量级为 310 分的人们则是全然敞开的。这个能量级的人，通常是真诚而友善的，也易于取得社交和经济上的成功。他们总能有助于人，并且能对社会的进步做出贡献。他们也乐意面对内在的状况，也不存在较大的学习障碍。鉴于他们具有从逆境中崛起并学到经验的能力，他们能够自我调整。由于已经释放了骄傲，他们能够看到自己的不足，并学习别人的优点。
宽容	350	在这个能量级会发生一个巨大的转变，那就是了解到自己才是自己命运的主宰，自己才是自己生活的创造者。有接纳才会有宽容，低于 200 分能量级的人通常视自己为受害者，完全受生活所左右。产生这个看法的根源是，认为一个人的幸福和苦难来自某个外在的东西。在宽容的能量级，没有什么外在能让一个人快乐或悲伤，爱也不是谁能给予或夺走的，这些都来自内在。宽容意味着让生活如它本来的样子，并不刻意去塑造成一个特定的模式。在这个能量级的人不会对判断对错感兴趣，相反，他们更乐于参与如何解决困难，他们更在意长期目标，良好的自律和自控是他们显著的特点。
明智	400	超越情绪、情感化的较低能量级，就进入具有理性智慧的能量级。这是科学、医学以及概念化和理解能力形成的能量级。知识和教育在这里成为资历。科学家、政治家、思想家都达到了这个能量级。这个能量级的人的缺点是，过于关注对符号和符号所代表的意义的区分。明智并不能让人走向真理，它只是能制造出大量的信息，但是缺乏解决数据和结果差异性的能力。明智本身是通往更高能量级的一个最大障碍。在我们的社会中，能超越这个能量级的人凤毛麟角。

三、幸福人生

达到500分的能量级的人已经很少了。达到540分喜悦以及600分平和的，就更少了。最后是开悟，在700～1 000分。幸福人生能量级见表2－3。

表2－3 幸福人生能量级说明

情绪	能量级	说明
爱	500	这里的爱并非通常意义上的爱。通常意义上的爱很容易就戴上愤怒和依赖的面具，这种爱一旦受到挫折，立马就能转变成愤恨。引发愤恨的爱来源于骄傲，不是真正的爱。500分能量级的爱是无条件的爱，是不变更的爱，是永久性的爱。这种爱不会动摇，它不是来自外界因素，甚至它不是知性的爱，不是来自头脑的爱，它是发自心灵的爱。爱总是聚焦在生活美好的那一面上，并且增加积极的经验。这是一个真正幸福的能量级。世界上只有极少的人能达到这个意识进化的层次。
喜悦	540	当爱变得越来越无限的时候，它开始发展成为内在的喜悦。这是在每一个当下，从内在而非外在升起的喜悦。540分能量级是拥有治疗和精神独立的能量级。这个能量级的人的特点是，具有巨大的耐性，以及对一再显现的困境具有持久的乐观态度，对其他人有显著的影响。在他们看来，这个世界充满了美丽和完美。
平和	600	平和是历经沧海，又返璞归真之后的宁静，这个能量级和所谓的卓越、自我实现有关。它非常稀有，一旦达到这个能量级，内与外的区分就消失了。能量级在600分及以上的人感知到的一切都生机勃勃并光芒四射。
开悟	700～1 000	这是历史上所有创立了精神典范，让无数人历代跟随的伟人的能量级。这是强大灵感的能量级，这些人形成了影响全人类的引力场。这是人类意识进化的顶峰。

第三部分 行为模式提升

行为模式是人们有动机、有目标、有特点的日常有规律的行为方式，表现为人们的行动特点、行为习惯和行为逻辑。行为模式受心智模式影响最大，常常是心智模式的外在表现。学完心智模式后，可能有同学会说“道理我都懂，但依然过不好这一生”。究其原因是“知道做不到，等于不知道”。在知道的基础上，需要不断地去付诸行动的检验，不断地觉察学习，直到获得真知，那时自然会达到知行合一的状态。

从单元 7 到单元 14，我们安排了 8 个单元，也就是 8 种行为模式进行训练。这 8 种行为是基于我们在单元 3 中学过的天生个性，选取绿色、蓝色、黄色和橙色 4 种天性中各自表现相对优秀的 2 个特质来构建，旨在通过行动，持续修圆，进而兼具 4 种不同天性的优势，努力做到 4D 全能。希望通过这 8 个单元的学习，同学们逐步形成良好的行为模式，从而更好地成长与发展。

视频微课

表达感激欣赏

单元 7　表达感激欣赏

你在日常学习、工作和生活中，最想得到的是什么呢？你最能给予别人的又是什么呢？很多人认为人们最想要的是“金钱”，事实证明这高估了金钱对人们幸福的影响，特别是在人与人之间的相处、交往中，“金钱”绝不是最重要的。试想：你的父母、朋友、老师、领导、同学、同事等，最想从你这里得到什么呢？你又能给予他们什么，会让他们最开心、最快乐呢？没错，是感激与欣赏！你可知道习惯性感激对自己的身体健康有益吗？研究显示，任何其他因素如饮食、锻炼、遗传、药物、手术等都比不上感激对生命质量、疾病发生率、健康和防止早逝所产生的积极影响。这个单元，我们要学习的是第一个行为模式——“表达感激欣赏”。

预期成果

如果你能认真学习并实践本单元的内容，你可以获得如下学习成果：

（1）懂得没有一种给予是理所当然的。

（2）学会用“HAPPS”工具感激他人。

（3）逐步培养感恩的心态。

（4）学会欣赏自己、欣赏他人。

喜欢你的人给了你温暖和勇气；你喜欢的人让你学会了爱和自信；你不喜欢的人教会你宽容与尊重；不喜欢你的人让你自省与成长。没有人无缘无故出现在你的生命里，每一个人的出现都有原因，都是一份上天送给你的礼物，都值得感激。

没有一种给予是理所当然的，即使是父母的给予。他们愿意给予你生命，给予你好的生活环境，给予你幸福的生活，这些只是他们愿意而不是必须，没有什么是必须和应该的。所以，没有一种接受是可以无动于衷、心安理得的，我们都应心存感激。感激父母给予我们生命；感激老师给予我们知识；感激好友给予我们帮助……

每一次挫折、每一次磨炼都是难得的生命体验。感激欺骗你的人，因为他让你增长了经验；感激遗弃你的人，因为他教会了你自立；感激绊倒你的人，因为他让你学会爬起；感激斥责你的人，因为他修炼了你的心智；感激藐视你的人，因为他唤醒了你的自尊……感谢生活所给予你的一切，虽然并不全是美满和幸福。

反思讨论

（1）不习惯感激的原因或障碍有哪些？

（2）如果你曾经不习惯感激，是否想改变并跨越障碍？

（3）如果能改变，你会成为一个什么样的人？

故事启迪

故事 1

甲不喜欢吃鸡蛋，每次发了鸡蛋都给乙吃，刚开始乙很感谢，久而久之便习惯了。习惯了，便觉得理所当然了。直到有一天，甲将鸡蛋给了丙，乙就不爽了，他忘记了这个鸡蛋本来就是甲的，甲想给谁都可以。为此，他们大吵一架，从此绝交。

故事 2

有一年夏天，天气很热，一队人出去漂流。女孩在玩水的时候，拖鞋掉下去了，沉底了。岸边全是晒得很烫的鹅卵石，他们要走很长的一段路。于是，女孩就向别人寻求帮助，可是没有人帮助她，她忽然觉得这些人都不好，都“见死不救”。后来，有一个男孩将自己的拖鞋给了她，并告诉女孩，“没有谁是应该帮你的”。很多时候，习惯了别人对你的好，便认为是理所应当的，有一天不对你好了，你便觉得郁闷甚至怨愤，其实，不是别人不好了，而是我们的要求变多了，习惯了得到，便忘记了感恩。

我们很容易在日常生活中把别人对自己的好当成理所当然，慢慢地忘记了别人的初衷，忘记了别人这样做只是出于情谊，并非一定应该这样做，而且还在接受的过程中忘记了感谢，忘记了感恩，最后自己的衡量标准都歪曲了。

案例讨论

我在百度文库中读过一篇文章《没有一种给予是理所当然的》。文章让我懂得了这个世界上没有一种给予是必须的，别人给予了我们，我们应该懂得去回报和感谢。

文章记叙了一位老人，在海外奋斗了半生，几经浮沉、衣锦还乡后，萌生了济世助人、造福梓里的念头，决定资助家乡一些穷困的学生。老人分别给家乡几所学校的校长写了信，希望每个校长能提供十几个学生的名单，以便他从中确定人选，作为资助的对象。

老人让家人买来许多书，在书的扉页上写了赠言：“赠给品学兼优的学生 ×××。”

落款处是老人的住处、姓名、电话和电子邮箱，然后寄了出去。

光阴荏苒，老人时常对着电话发呆，莫名其妙地唉声叹气。终于新年前收到一张很普通的贺卡，上面写着："感谢您给我寄来的书，虽然我不认识您。祝您新年快乐！"老人看后竟然兴奋得大呼小叫："有回音了！有回音了！终于找到一个可资助的孩子！"原来他寄出的书是块"试金石"，只有心存感激的人才有资格得到他的资助。就这样，那个学生得到了老人的资助。

小组讨论：

（1）你如何看待这位老人要求受他资助的学生要懂得感激？

（2）感激之心是否都应该用语言、文字表达出来？放在自己心中是否可以？

工具学习

本单元要学习的一个重要工具叫"表达感激 HAPPS"，我们需要以感恩的心态利用"HAPPS"技巧表达对他人、对自己的感激。

H（habitually）——形成习惯：养成感激的习惯。习惯是我们的个人风格。一旦真诚感激成为习惯，你就不会觉得感激是在浪费时间和精力。

A（authentically）——表达真诚：生活在感恩的心态里，可以让你发自内心地感激他人。这是真诚感激的关键所在。

P（promptly）——表达及时：在行为发生时表达感激，越早越好。

P（proportionally）——表达适度：使感激的表达与行为相称。

S（specifically）——表达具体：你表达感激的方式越具体，效果越好，避免重复使用"干得好"这类的语言，就好像例行公事一样。

当深度践行"感激"行为模式时，我们会越来越能感受到：每当表达感激时，不仅能带给别人好心情，自己的内心也很喜悦、很滋养，并充满幸福感；同时我们也一定会发现，我们的内心越来越柔软，越来越容易被感动，越来越能感受到世界的美好，而我们的生命品质，就是这样一点一点地被改变、被升华。

课堂练习

（1）你最想感激的人是谁？用 HAPPS 技巧表达出来。

____

____

（2）你最忽略的但应该感激的人是谁？用 HAPPS 技巧表达出来。

____

____

（3）你对想修复关系的那个人有什么感激之情？用 HAPPS 技巧表达出来。

____

____

练习到这里，也许你觉得对那些伤害过你的人，无论如何也不可能感激，看看下面这个故事会给你什么启迪。

案例启迪

宽恕是一种选择：曼德拉和狱警的故事

说起曼德拉，我们对这个伟人都不陌生。曼德拉废除了南非的种族歧视，也因此获得了诺贝尔和平奖，黄家驹的《光辉岁月》歌唱的就是曼德拉。曼德拉争取种族平等的道路并不是一帆风顺的。他在争取平等的过程中多次入狱，最长的一次入狱 27 年，从 1963 年入狱一直到 1990 年才出狱。他出狱后就赢得了人民的尊重，并在 1994 年担任南非的总统。

就职仪式上，年迈的曼德拉起身致辞："能够接待这么多尊贵的客人，我深感荣幸。可更让我高兴的是，当年陪伴我在罗本岛度过艰难岁月的三位狱警也来到了现场。"随即，他把格里高等三人介绍给大家，并逐一与他们拥抱。"我年轻时性子急脾气暴，在狱中，正是在他们三位的帮助下，我才学会了控制情绪……"曼德拉这一番出人意料的话，让虐待了他 27 年的三人无地自容，更让所有在场的人肃然起敬。人群中爆发出经久不息的掌声。

这三个狱警在关押曼德拉期间对曼德拉并不好，甚至经常虐待曼德拉，动不动就用铁锹痛殴曼德拉，还故意往饭里泼泔水，强迫他吃下。曼德拉当选总统后，三个人整天生活在不安中。当就职仪式结束后，曼德拉再次走到三位狱警的身边，平静地说："在走出囚室，经过通往自由的监狱大门那一刻，我已经清楚，如果自己不能把悲伤和怨恨留在身后，那么我其实仍在狱中。"三位狱警禁不住泪流满面，那一刻终于明白，告别仇恨的最佳方式是宽恕。

资料来源：多边形的历史．曼德拉担任南非总统后的致辞，让虐待他 27 年的三位狱警哭了．百家号，2019-05-20.

感恩心态

有人说：感恩是最高的情商，感恩是思想的最高形式，感恩让你快乐，感恩能带来更多值得感恩的事情。感恩不是一两次感激的行为，感恩应该是一种持久的心态。修炼感恩心态一般有三个阶段。

1. 初级阶段：自我觉察

心态：跨越"理所当然"，记住别人的"好"，关注自己的"收获"。

行为：对周边值得感恩的人和事敏感了，有越来越多的感激行为。

2. 中级阶段：意识发展

心态：心中放下“理所当然”，发现更多“美好”与“收获”，开始拥有感恩之心。

行为：随时发现周边的美好，在困境中也能表达感激。

3. 高级阶段：自然流露

心态：真正拥有感恩心态，内心平和而喜乐。

行为：无意识地去感恩，感染他人、激发他人。

感恩练习

练习一

写下你最感恩的 20 个人，并写出理由（见表 3－1），看看你有什么觉察。

表 3－1　你最感恩的人

序号	要感恩的人	理由
1		
2		
3		
4		
5		
6		
7		
8		
9		
10		
11		
12		
13		
14		
15		
16		
17		
18		
19		
20		

练习二

作为职业院校的学生，有很多机会去企业实习和锻炼，特别是对于现代学徒制班的学生，是以在岗为本位的学习，但有些学生到企业后很不适应。你准备好了吗?

有人说“最高的情商，就是满怀感恩地去工作”。如果有了这份感恩之心，不适应的情况就会减少。

请思考:

（1）你对企业有感恩之情吗?若有，会是哪些?

____

____

（2）心怀感恩之情，你能面对走入企业后可能遇到的哪些不如意?

1）______________________________

2）______________________________

3）______________________________

4）______________________________

5）______________________________

如果你对于上面的练习感觉有困难，看看下面这个毕业生在顶岗实习期间与老师的分享，是否能给你一些启发。

老师问小李对顶岗实习的企业、工作和环境等感觉如何，是否适应。他说：“或许每一份工作都无法尽善尽美，但还是要感谢工作环境，感谢老板，感谢每一次获得的工作和学习的机会。满怀感恩之心去工作，即使起初位居他人之下，我也不去计较，而是积极地将每一次工作视为一个新的开始、一段新的体验、一扇通往成功的机会之门。因为每一份工作都有宝贵的经验和资源，如失败的沮丧、成功的喜悦、老板的严苛、同事间的竞争等，这些都是每一个工作者走向成功必须体验的感受和必须经历的锻造。”

小李说，目前一些处在实习期的大学毕业生，还没干活就先和老板谈条件，或者在新岗位上刚取得一点小成绩，就和部门主管讨价还价，这是不合时宜的。这时，他们应该懂得感谢企业的培养，而不是计较是否应多拿几百元钱。应该在自己有业绩的时候，再向企业提出合理的加薪要求，这样在企业里才能有更大的发展。

小李说，他曾读过一篇文章，给他很大启发，也想分享给师弟师妹们。文章说的是程序员史蒂文斯在一家软件公司干了八年，正当他干得得心应手时，公司倒闭了。这时，又恰逢他的第三个儿子刚刚降生，他必须马上找到新工作。有一家软件公司招聘程序员，待遇很不错，史蒂文斯信心十足地去应聘了。凭着过硬的专业知识，他轻松地过了笔试关。两天后就要参加面试，他对此充满了信心。可是面试时，考官提的问题是关于软件未来发展方向的，他从来没考虑过这方面的问题，他被淘汰了。不过这家公司对软件产业的理解让他耳目一新。他给公司写了一封感谢信：“贵公司花费人力、物力，为我提供笔试、面试的机会，我虽然落败了，但长了很多见识。感谢你们的劳动，谢谢！”这封信经过层层传阅，后来被送到总裁手中。三个月后，史蒂文斯意外地收到了该公司的录用通知书。原来，这家公司看到了他知道感恩的品德，在有职位空缺的时候自然就想到了他。这家公司就是美国微软公司。十几年后，史蒂文斯凭着出色的业绩成了微软的副总裁。

练习三

小组讨论：你对我们生于斯、长于斯的祖国的感恩之情体现在哪些方面？理由是什么？

小组讨论后，全班共同分享，在表 3－2 中记下 20 个最让你感恩祖国的方面和理由。

表 3－2　感恩祖国

序号	感恩祖国的方面	理由
1		
2		
3		
4		
5		
6		
7		
8		
9		
10		
11		
12		
13		
14		
15		
16		
17		
18		
19		
20		

学会欣赏

除了让感恩和感激成为一种行为模式，欣赏也是我们每个人工作和生活的必需品。欣赏，是一种品质；欣赏，是一种能力；欣赏，也是一种享受。学会欣赏别人，你就不简单；善于欣赏别人，你会更优秀。学会接纳别人的缺点，是一种包容；学会欣赏别人的优点，是一种提升。一个人心里有什么，眼里就有什么。心里有阳光，眼里就是晴天；心里有美景，眼里就不会是泥潭。欣赏别人，就是要将别人的长处慢慢地转化为自己的优点。孔子说“三人行，必有我师焉”，所以我们应该“择其善者而从之”，学会博采众长，善于发现别人的闪光点，学会借别人的光，照亮自己的路！

你喜欢别人，别人才会喜欢你；你厌恶别人，别人也会讨厌你。你欣赏别人，别人才会欣赏你；你蔑视别人，别人也会鄙视你。一个人与人为善，就是善待自己。

如何才能真正地欣赏别人呢？

1. 认识自己

想要学会欣赏他人，就必须先学会认识和接纳自己，要看到自己的不足，看看自己还需加强哪些方面的学习，不至于在与别人交往的时候盲目自大、目中无人。发现自己的不足绝不是妄自菲薄，而是能够接纳自己，相信可以成为更好的自己。

2. 了解他人

只有真正了解一个人，我们才能慢慢知道关于此人的一切，才能知道对方强于我们的地方是与生俱来的还是后天培养的，看看对方有哪些优点值得去学习。

3. 容人之心

没有人是完美的，每个人都有自己的缺点。有人习惯欣赏自己，挑剔别人；也有人习惯欣赏别人，挑剔自己。无论于人于己，都要有一颗容人之心，接纳自己、接纳他人，欣赏自己、欣赏他人。

4. 不吝啬你的赞美

人都是需要肯定的。对于别人的成绩，少些嫉妒，多些掌声，多些真诚的祝福。如此，你才能学会真正欣赏别人，同样你也能成为别人欣赏的对象。学会欣赏别人，由衷赞美别人，悦人又悦己。祝愿你在欣赏中不断成长，做一个更加优秀的自己！

欣赏练习

彼此相互欣赏的两个人，一定都在汲取对方的优点，从而双方都越来越优秀。真正能够欣赏别人的优点，绝不是言不由衷，绝不是逢场作戏的假意赞美，而是发自内心、表里如一的由衷喜欢或敬佩。

我们可以在课堂上进行如下练习：

第一步，找 8 ～ 10 位伙伴，让对方给你 3 个可以描述你品质的正向的词，记录下来，总共收集 24 ～ 30 个词。

第二步，从得到的词中找出你最中意的三个词，填在下面的空格里，并大声地朗读出来。读这句话的时候，倾听和感受你自己。

× × × 是一个______、______、______的人。

第三步，分享一下你现在有什么感受、感觉。

第四步，请回答：

1. 带着这份感受，你想为你自己做些什么？

2. 你想为你的家人做些什么？

3. 你想为你的团队或者班级做些什么？

视频微课

关注共同利益

单元 8　关注共同利益

“人们为自己的理由做事，而非你的。”“当我想做的时候，我的表现会比我不得不做时更好。我想做是为了自己，我不得不做是为了你，更好的动力来自自我选择。”所以满足他人利益，是实现自己目标的最佳途径。这里所说的利益可以是有形的，也可以是无形的；可以是物质的，也可以是精神的，如名誉、情感、成就等。“关注共同利益”就是要厘清什么是对方想要的，同时又是自己愿意支持并能够给予的。这个单元，我们要学习的就是第二个行为模式——“关注共同利益”。

预期成果

如果你能认真学习并实践本单元的内容，你可以获得如下学习成果：

（1）逐步养成“关注共同利益”的思维习惯。

（2）学会了解和把握他人的利益需求。

（3）能关注短期利益，也能关注长期利益。

利益与需要

我们这个单元说到的利益，大家可理解为“需要”。心理学家马斯洛认为，人类的需要可分为 5 类：生理需要、安全需要、社交需要、尊重需要、自我实现需要，如图 3－1 所示。

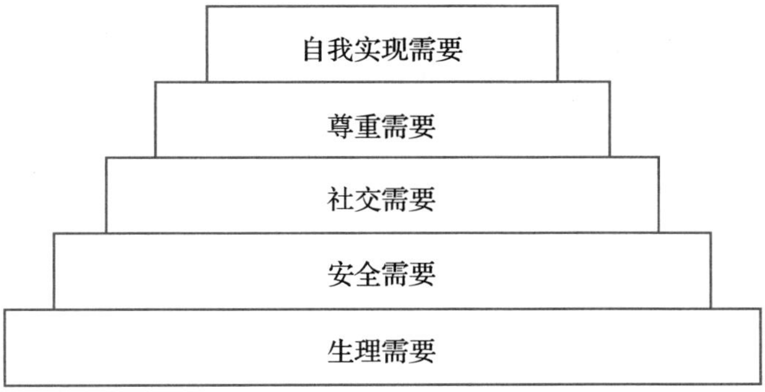

图 3－1　马斯洛关于人类的 5 种需要

一、生理需要

它包括衣、食、住、行、性等方面的需要，这是人类的最基本需要，也是最原始的需要。马斯洛认为人类的这些需要如果不能满足，就谈不上其他需要，必须首先满足这方面的需要。

二、安全需要

它是人们保护自己免受身体和情感伤害的需要，又可以分为：一是对现在的安全需要；二是对未来的安全需要。对现在的安全需要就是要求自己现在生活的各方面均能有所保证，如就业安全、劳动安全、人身安全等；对未来的安全需要是期望未来的生活有所保障，如工作保障、养老保险、医疗保险等。

三、社交需要

它是人在友谊、爱情、归属、接纳方面的需要。人们希望受到别人的注意、关心、友爱、同情等，希望在情感上有归属，归属于某一群体或某一组织，不希望成为离群的孤雁。社交需要比生理需要和安全需要更细致，需要的程度也因每个人的性格、经历、受教育程度不同而异。

四、尊重需要

它包括自尊和别人的尊重，成就得到承认，以及对个人荣誉、地位的需要等。自尊和受人尊重，这两者是联系在一起的。要得到别人的尊重，首先自己要有被别人尊重的条件，自己要先有自尊心，自尊心是驱使人们奋发向上的动力。受别人尊重不同于让别人服从，而是自己的能力、知识、行为等得到他人的承认或认可。

五、自我实现需要

它是人在自我成长与发展、发挥自身潜能，取得成就和实现理想抱负方面的需要，也就是事业心和成就欲。在工作上表现为，人不愿意在被动或受控的情况下工作；人有独立、主动的愿望，有意愿去研究、分析、改进和完善工作；愿意挑战一定的难度。工作的乐趣在于成功，成功的喜悦是无与伦比的。

马斯洛把生理需要和安全需要称为低层次需要，而把社交需要、尊重需要以及自我实现需要称为较高级需要。马斯洛认为：只有低层次需要得到满足后，才会有高层次需要。人的行为受人的需要的影响和驱动。但对于具体的人来说，并不是任何条件下都同时具有这五种需要且保持它们间同等的需要强度，对人的行为方向起决定作用的是其在这一时期的主导需要。

反思与练习

你认为以上五种需要的重要性排序是怎么样的？与马斯洛的观点一致吗？请你按重要性的程度由低到高以序号1—5来表示，将序号填入各种需求前的括号中。

(　　) 生理需要
(　　) 安全需要
(　　) 社交需要
(　　) 尊重需要
(　　) 自我实现需要

故事启迪

总经理为清洁工开晚会

李强是广州一家大酒店的总经理，他在管理中推行“以人为本”，尊重每一个员工。一年下来，酒店取得了非常好的业绩。李强认为许多人功不可没，他连清洁工也没有忘记。他决定为清洁工开一个晚会，让他们也享受一下酒店的丰盛自助餐和豪华卡拉 OK 厅。那天晚会结束后，他走在这些清洁工的后面，无意中听到了这些清洁工的一些对话：“今天晚上我们是挺享受的，可这要花多少钱呢？”“是啊！真浪费！花这么多钱还不如把钱发给我们呢，没准够我们每个人半个月的菜钱……”李强听了这些对话，感到心里不是滋味。

为什么花了钱并没有收到预期的效果呢？你认为问题出在哪呢？

工具学习

关注共同利益实际上就是要实现“共赢”，如何才能实现共赢呢？请用图 3－2 四维思考法找到双方共赢的利益点。

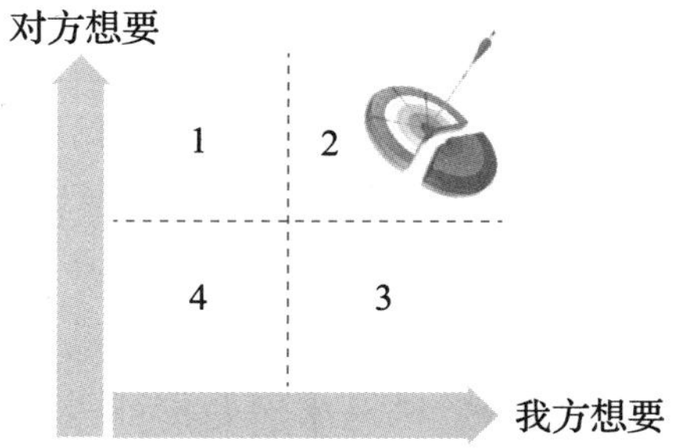

图 3－2　四维思考法

（1）利他不利己：对方想要、我方不想要；
（2）利他又利己：对方想要、我方也想要；
（3）利己不利他：对方不想要、我方想要；
（4）损人不利己：对方不想要、我方也不想要。

结合“四维思考法”这个工具，再看看上边“总经理为清洁工开晚会”这个案例，你是否有新的认识？如果你是李强，下一次你决定怎么做？

如何才能找到“对方想要、我方也想要”的双赢利益与需要呢？

发现双方共同利益有两个主要的办法：一是通过询问来发现。这是一个魅力无穷的问话：“你想要什么？”“你需要什么？”二是有时不好问，需要我们去观察、去感知，“换位思考”就变得更为重要。

活动体验

小组中一名成员闭上眼睛，其他人将送给他的生日礼物写或画在纸上，将纸放在桌面上，并打乱顺序。过生日的人睁开眼睛，选 1 ～ 2 个最符合自己心意的礼物，再说一说哪个礼物是自己最不喜欢的。

小组讨论：

（1）为什么你的礼物符合 / 不符合他的心意？

（2）你从这个练习中悟到了什么？接下来的一小步行动是什么？

案例学习

下面的三个案例能够帮助你理解上述发现双方共同利益的方法。

案例一　谁来做市场？谁来承担市场费用？

一个企业的两个团队为了一个行动方案而争论得面红耳赤。总公司的市场部和分销商的市场部在争论，应该谁来做市场，由谁来承担市场的费用。两方都不愿意出钱。

这时候如果能够做到“关注共同利益”，分销商就可以去问：“对方想要什么，也是我愿意他拥有的？”总公司市场部想要的是品牌扩大，通过分销商卖出更多的产品。总公司市场部可以问同样的问题：“对方想要什么，也是我愿意他拥有的？”分销商希望扩大市场渠道，提升消费者认可度，销售越来越好，获得更多的利润回流。

显然二者的目的是相同的，唯一的分歧就是，谁来更多地去做市场。最后两方就可以发现，原来的问题已经不重要了，因为有些市场的运作由总公司来做对于目标的实现会更好，有些市场工作由分销商来做会更好更方便，于是这样就可以制订行动计划，周密分工与安排，而不是停留在之前的谁来做、谁花多少钱的争执了。

资料来源：佚名 .“关注共同利益”案例分析 . 品格的力量公众号，2015-03-29.

案例二　孩子是否要出国读书？

姚女士不打算让孩子出国读书。她说：“我女儿今年上高一，我不建议在高中阶段就让孩子出国读书。一是孩子比较小，在身边可以好好进行言传身教；二是国内的教育在高中阶段是苦一些，但学到的知识更扎实。等女儿将来上大学了，看选择的专业，根据她的意愿再决定是否出国留学，我觉得到那个时候在英语和生活等方面，孩子都能够更从容一点。”

丈夫陈先生却一直主张女儿出国留学。他说：“有的孩子适合应试教育，有的就不适合死读书。女儿对物理、化学等学科不感兴趣，让她快乐学习、全面发展才是最关键的，送她出国读书也是个不错的选择。”

夫妻二人为此经常吵架，各说各的理由。看似是家长的意见，但这种不良的情绪也影响到了孩子的正常生活和学习。

如何解决这个问题呢？如果丈夫可以自问一句，“妻子想要的什么，也是我可以有的？”妻子也可以问一句，“丈夫想要的什么，也是我可以有的？”就可以把目标聚焦在孩子身上。原来丈夫的目的是希望孩子未来能够独立自主、健康全面地发展，妻子也是同样的目的。

这个时候当问题能够聚焦在事情的目的上，也就是聚焦在孩子的健康发展上，而不是聚焦在是否出国这个点上，问题就好解决多了。如果选择出国，那么就要进行一段时间的独立生活训练；如果选择在国内，就要少溺爱，多教孩子学习方法，少给成绩的压力……这些都能很好地解决问题。

资料来源：佚名．“关注共同利益”案例分析．品格的力量公众号，2015-03-29.

案例三　门铃的故事

某企业的生产制造总监王总是一个大家公认的管理高手，很少有他解决不了的问题。一天他与直接下属 8 个人坐在一起，想就近期工作中存在的问题进行研讨。

王总说：“最近关于门铃的事，一直听到你们的反映，何经理和刘经理，你们先说说门铃的事吧。”何经理与刘经理，一男一女，分别是主管 100 多人大车间的经理和工程部的经理。

何经理先发言了：“是啊，我要给车间每个大门安一个门铃，可是一个多月了，就这点事情，到现在还没安装上。”说完看了刘经理一眼，很不高兴的样子。刘经理说：“安几个门铃可以，但是咱们有流程，我们手头一堆事情，你们部门也要按照流程走啊！”

这时王总说：“我大概听明白了。想问问大家：我们各部门之间的合作是否需要关注共同利益、共同需求呢？合作中的双方应知道对方想要什么，知道对方的感受是怎样的，能深层聆听，换位思考，然后去问自己：对方想要的，是不是我能够并且也愿意给予的呢？只有双方的答案都是肯定的，合作才可以很好地开展。”

接着王总转向何经理说：“关于安装门铃，你真正想要的是什么？”“我想要一个门铃”，何经理不假思索地说，然后一片寂静，他似乎想起了什么，补充道，“我想马上、尽快把这个门铃安上，这对我们的生产工作很重要。”

王总又转向刘经理，看着她，还没等提问，刘经理就说：“我知道他要门铃，也催了我们好几次，但是要有流程，而且能不能客气点？”

王总问何经理：“你听到了什么？你觉得刘经理想要什么呢？”何经理愣在那里半天没出声，似乎没有反应过来，于是王总又鼓励刘经理多说两句。刘经理这时鼓足勇气说：“我知道你要门铃，可是能不能尊重一下流程和我们的同事？”

这时，何经理像是听明白了，回应说：“一开始我们也挺尊重你们的啊，可是你们速度太慢了。”王总又问刘经理：“请你说说，何经理他们想要什么？”刘经理眨眨眼睛：“他想要以最快的速度把门铃安上。”

这样的对话，每天都在无数组织中上演，每个人都在说自己想说的、自己想要的，每个人都仅仅听到自己想听的部分，谁又真正能感受到对方的感受，听到真实的声音，并且去思考彼此共同的利益呢？

王总问刘经理：“何经理想要的最快的速度，可以有吗？”又问何经理：“刘经理想要的被尊重，可以有吗？”然后问二人：“你们双方可以在尊重流程和彼此感受的前提下，共同商讨一个更好的解决方案吗？”

最终的结果是皆大欢喜。

资料来源：刘良钰．4D 那些事（上）．领导力专业教练公众号，2017-06-08.

小组活动

（1）请你用自己的语言分别概述这三个案例。

（2）小组分享：你从这几个案例中学到了什么？对你日常的学习、工作和生活中遇到的问题有什么帮助？

（3）选取一个你平时在学习、工作和生活中遇到的问题，和小组同学分享，大家一起出出主意，看看如何通过“关注共同利益”来有效解决。

再次提示：多思考什么是对方想要，同时我们有能力让对方拥有的。千万不要以为自己觉得想要的和关心的，就是对方想要的和关心的。

课堂练习

练习一　学生与老师的共同利益

随着数字化时代的到来与人工智能的迅猛发展，面对学生，教师的压力和挑战越来越大。师生是学习的共同体，如能找到共同的利益，并相互有能力让对方拥有，那每堂课都将是一次很好的体验和经历，彼此均有收获且开心快乐。虽然这不容易，但我们师生需要为此付出努力。

下面我们就通过“关注共同利益”，看看可否提升课堂的学习体验与学习效率。

第一步，我在课堂学习中最想得到的是什么？

1. ______

2. ______

3. ______

4. ______

第二步，老师在课堂中最希望我们做到的是什么？

1. ______

2. ______

3. ______

4. ______

第三步，我们之间的共同目标是什么？我愿意并且能够支持的是什么？

______

______

______

第四步，如果老师的教学内容、教学方法一时不能满足我的需要，我该怎么做才最有利于共同利益？

______

______

______

练习二　支持我们班的共同利益

有学生干部反映，现在做学生干部很难。一方面，学校和老师的要求很多、很高；另一方面，同学们都很有个性，常常得不到支持和配合。不知该如何解决这个问题，才能让自己的班级成为优秀班集体，让同学们毕业多年后仍为大学的这个班级感到骄傲和自豪。下面我们就通过“关注共同利益”，看看可否找到解决问题的路径和方法。

（1）全班按学生干部和非学生干部分成 A、B 小组，如果班级人数多，可分成若干 A、B 小组进行讨论。

（2）用头脑风暴法给出对方最想要的是什么。确定最主要的 5 条，写在纸上。

（3）A、B 小组在全班分享，相互确认是否真的是对方想要的。如果不是，请发问：你们想要的到底是什么？

（4）A、B 小组讨论己方能支持对方拥有的是什么，请在纸上圈出。

（5）双方形成共同利益的表达，在全班进行分享。

（6）两个小组的人写下共同誓言。

1）我们的共同目标是：

____

____

____

____

2）我可以全力支持的是：

____

____

____

____

练习三　我和企业的共同利益

这门课的很重要的目的之一是：让同学们通过心智与行为模式的训练，为走向企业、走向社会做好充分的准备，缩短适应期，尽快融入工作团队，为企业、为社会创造自己的价值。

下面，我们就通过“关注共同利益”，来思考如何做好心智上的准备，以应对未来工作带给我们的挑战。请用心完成下面所列内容，并进行团队分享，找到更好的答案。

第一步，你未来就职的企业最想要的是什么？

1. ______________________________

2. ______________________________

3. ______________________________

4. ______________________________

第二步，你能为企业做些什么，同时也符合你个人的利益？

1. ______________________________

2. ______________________________

3. ______________________________

4. ______________________________

第三步，对于不符合你个人利益的企业要求，应如何面对？有无更好的处理方式？

1. ______________________________

2. ______________________________

3. ______________________________

第四步，与你的领导、老师、顾客、同事、朋友相处都是同样的道理。总结一下，你准备如何去面对彼此的共同利益。

1. ______________________________

2. ______________________________

3. ______________________________

阅读材料

利益共同体与事业共同体

员工和企业是雇佣关系，雇佣关系的本质是某种形式的合伙关系，是一种共同体。这种合伙关系有两种基本的形态：利益共同体和事业共同体。

什么是利益共同体？即我是来赚钱的。我通过帮公司赚钱，来获得我应得的部分。如果公司赚到钱，分配机制又合理，则皆大欢喜。但是如果我努力了公司也不赚钱，那说明我和公司不是最合适的利益共同体，公司另请能帮公司赚钱的高明之人，我也去我的价值能真正带来利益的地方。这叫利益共同体。利益共同体，是一切合伙的基础。

但是，优秀员工通常并不甘于此。他们明白，短期利益和长期利益之间，必须有一个取舍；风险大小和收益多少之间，必须有一个平衡。他们认为不能永远劳动一天就赚一天钱，而是要选一个领域，甚至一家公司深扎下去，牺牲掉本来应得的、几乎无风险的短期收益，获取可能有风险的、长期的但是回报更大的长期收益。这项投资就叫作“事业”。这种合伙关系，叫事业共同体。这个可能的长期收益，也许不只是金钱，还包括名誉、人脉和最终持续收益和持续劳动的兑现。

那么，问题来了：如果你是老板，你希望你的企业是一个利益共同体，还是一个事业共同体？如果你是员工呢？你是期待在一个利益共同体里工作，还是在一个事业共同体里工作？

也许很多企业家会立刻回答：“我的企业是事业共同体！”

利益共同体和事业共同体最大的差别，是“愿望、风险、利益”这三者之间的排序。如果一个员工发自内心向往你所描绘的愿景，并且由衷坚信只要你们一起努力，就可以让这个愿景实现，最终也可以因为这个愿景的实现使自己获得巨大的利益（金钱、名誉等）的时候，他将可能拥有巨大的愿望，成为风险偏好者，牺牲自己的短期利益，和你形成事业共同体，以求获得事业成功（长远但更大的利益）。但是如果他不相信，他就会在行为上优先选择短期利益，规避中长期的个人风险。

利益共同体和事业共同体，是短期与长期、风险与收益之间的一个选择。这个选择，是员工基于对公司未来以及其与自己收益之间的关系的认知。跳槽、淘汰、忠诚度等问题，几乎无不出自员工和企业对利益共同体和事业共同体之间的认知分歧，出自一种“错配”。

资料来源：刘润 . 你们公司是利益共同体，还是事业共同体？. 刘润（个人公众号），2016-07-14.

视频微课

坚持要事第一

单元 9 坚持要事第一

人终其一生，有很多很多事情要做，常常感觉时间不够用，然后求助于时间管理。殊不知，时间管理管的并不是时间，而是人生中最重要的人和事。管理学家德鲁克认为，卓有成效的管理者应做到“要事优先”，柯维在《高效能人士的七个习惯》一书中提到的第三个习惯就是“要事第一”。这个单元我们要学习的是第三个行为模式——“坚持要事第一”。

预期成果

如果你能认真学习并实践本单元的内容，你可以获得如下学习成果：

（1）能够理解“坚持要事第一”的重要性。

（2）能够厘清自己现阶段的“要事”是什么。

（3）逐渐清晰自己人生的“要事”是什么。

（4）掌握“坚持要事第一”的工具与方法。

故事启迪

鹅卵石与人生

在一次时间管理课上，教授在桌子上放了一个罐子，然后从桌子下面拿出一些正好可以从罐口放进罐子里的鹅卵石。教授把鹅卵石放完后问他的学生：“你们说这罐子是不是满的？”

“是！”所有的学生异口同声地回答说。“真的吗？”教授笑着问。然后他从桌底下拿出一袋碎石子，把碎石子从罐口倒进去，摇一摇，再问学生：“你们说，这罐子现在是不是满的？”这回他的学生不敢回答得太快。最后班上有位学生怯生生地细声回答：“也许没满。”

“很好！”教授说完后，又从桌下拿出一袋沙子，慢慢地倒进罐子里。倒完后再问班上的学生：“现在你们再告诉我，这个罐子是满的，还是没满？”

“没有满。”全班同学这下明白了，大家很有信心地回答说。“好极了！”教授再一次称赞这些“孺子可教也”的学生们。称赞完后，教授从桌底下拿出一大瓶水，把水倒入看起来已经被鹅卵石、碎石子、沙子填满了的罐子。当这些事都做完之后，教授正色问他班上的同学："我们能从上面这些事情得到什么重要的启示？"

班上一阵沉默，然后一位学生回答说："无论我们的工作多忙，行程排得多满，如果再将时间挤一下的话，还是可以多做些事的。"这位学生回答完心中很得意地想："这门课到底讲的还是时间管理啊！"

教授听到这样的回答后，点了点头，微笑道："答案不错，但并不是我要告诉你们的重要信息。"说到这里，教授故意顿住，用眼睛向全班同学扫了一遍说："我想告诉各位最重要的信息是，如果你不先将大的'鹅卵石'放进罐子里去，你也许以后永远没机会把它们再放进去了。"

资料来源：佚名．老教授的时间管理课．故事之家公众号，2015-10-16.

这个小故事给你什么启发呢？你是否决定要先做对于人生、对于你个人发展的重要事情呢？这时你会有什么困难和阻碍吗？是否感觉要做的事很多，时间却很有限？现在为你提供一个工具——时间管理矩阵，你试一试，看是否会有所帮助。

工具学习

时间管理矩阵将不同的事情按"紧急、不紧急、重要、不重要"分为四个象限，如图 3-3 所示。

	紧急	不紧急
重要	Ⅰ 1. 危机 2. 需马上解决的问题 3. 有限期的任务、工作等 4. 准备事项等	Ⅱ 1. 准备事项 2. 预防工作 3. 价值观的澄清 4. 计划 5. 关系的建立 6. 真正的休闲充电 7. 自主管理
不重要	Ⅲ 1. 外界干扰 2. 无关紧要的活动 3. 突发的事件 4. 凑热闹的事情	Ⅳ 1. 细琐、忙碌的事情 2. 不重要的电话 3. 浪费时间的事 4. 无关紧要的信息 5. 看太久手机

图 3-3　时间管理矩阵

一、工具解读与思考

紧急任务是指，如果不能按期完成，它对你或别人的价值会减少甚至消失。

重要任务是指，如果成功地完成，你或别人将取得很大的收益。带来的收益越高，这项任务的重要程度越高。

我们每天所做的事情，可以分类归入四个象限：

（1）紧急并且重要的任务。这些任务应具有最高的优先级，应该从现在就开始做。

（2）紧急但不重要的任务。这些任务现在需要时间，但优先级比紧急并且重要的任务要低。

（3）不紧急但重要的任务。它们的优先级不是最高的，但应该在你的时间表中占重要位置。

（4）既不紧急又不重要的任务。你真的需要做这些事情吗？

请思考：你每天花在第几象限的时间最多？你认为成功人士会在哪一象限花费时间最多呢？这个工具最核心的是什么呢？

一些职场人士说，“每天花在第一象限的时间最多”，那结果会怎么样呢？

那你不就成了“119”“110”“120”？天天这样，岂不筋疲力尽、焦头烂额？长此以往，身体哪能受得了呢？有人说，“那没办法，我工作性质就是这样”；还有人说，“已经不错了，起码每天大部分时间还花在了重要的事情上”。

请大家想一想，这真的都是工作性质造成的，都是源于外界客观环境吗？我们真的没办法改善，就这样被外界牵引着，失去自己的主动权吗？

我举个例子，大家看看，学习和工作中真的有那么多紧急并且重要的事情吗？是不是一些本来不紧急但重要的工作，是因为自己的“拖延症”，从第二象限拖到了第一象限的？

比如，今天是 9 月 30 日，我要求同学们 10 月 10 日交一个作业给我。这是一项很重要的作业，我给了 10 天的时间，这本是一件不紧急但重要的事情。但有人想着 10 日才交呢，就拖着一直不做，等到 9 日再做，结果那天突然有了其他紧急并且重要的事情，比方说其他老师布置了作业、学校社团有活动要筹备，还有一些比赛要组团报名，等等，而且时间都特别急。这时有同学就微信我说：“老师，抱歉！我的作业要晚点交。”那时你面对这么多紧急并且重要的事情，是否就开始焦虑？是否就觉得焦头烂额呢？

大家再想想：你认为锻炼身体是哪种事情？应该是不紧急但重要的吧？今天不锻炼没什么，明天不锻炼也问题不大，但如果你长期不锻炼，有一天身体出了问题要去医院了，那就成为又重要又紧急的事情了，或者等毕业开始工作了，发现职场靠的不只是能力，还有体力时，那时也为时已晚。

二、偏重不同象限的结果

现在我们看看，把大部分时间花在不同的象限，带来的结果会有什么不同。

第一种情况：

如果你偏重第一象限，结果很有可能是：

（1）压力很大；

（2）筋疲力尽；

（3）处理危机；
（4）忙于收拾残局；
（5）被外界牵着走，无法着眼未来。
第二种情况：
如果你偏重第三象限，结果很有可能是：
（1）短视近利；
（2）处理危机；
（3）轻视目标与计划；
（4）缺乏自制力，抱怨他人和外在环境。
第三种情况：
如果你偏重第四象限，结果很有可能是：
（1）完全无责任感；
（2）不自律；
（3）很可能依赖他人或社会为生。
第四种情况：
如果你偏重第二象限，恭喜你，结果很有可能是：
（1）有远见，有理想；
（2）工作与生活平衡；
（3）自律；
（4）人际关系良好；
（5）少有危机。

三、四个象限的 4D 原则

对于不同象限的事情，我们应该如何去做呢？可参考四个象限的 4D 原则（见图 3－4）。

	紧急	不紧急
重要	Ⅰ 立即做	Ⅱ 稍后做
不重要	Ⅲ 少做	Ⅳ 不做

图 3－4　四个象限的 4D 原则

普通人的时间安排如图 3－5 所示。

	紧急	不紧急
重要	Ⅰ 约25%	Ⅱ 约15%
不重要	Ⅲ 约55%	Ⅳ 约5%

图 3－5　普通人的时间安排

成功人士的时间安排如图 3－6 所示。

	紧急	不紧急
重要	Ⅰ 约24%	Ⅱ 约60%
不重要	Ⅲ 约15%	Ⅳ 约1%

图 3－6　成功人士的时间安排

自我练习

（1）请回顾昨天你做过的所有事情，并按Ⅰ、Ⅱ、Ⅲ、Ⅳ以及发生的时间段分类列出，完成表 3－3。例如：昨天清晨 6:30—7:30 读英语。每天必须的、正常的事情如睡眠、三餐、洗漱等可以不写。

表 3－3　一天的事务分类表

时间	Ⅰ	Ⅱ	Ⅲ	Ⅳ

续表

时间	Ⅰ	Ⅱ	Ⅲ	Ⅳ

（2）第四象限的事情可否不做？可以减少哪些事情的时间投入？

1）以后可以不做或减少时间去做的是：

2）算算这样每天可以节省多少时间？

（3）第三象限的事情有哪些可以减少或减少时间的投入？

（4）减少第四、第三象限的事情，会节省多少时间呢？节省下来的时间用在第二象限上，可以增加的事情会有哪些？

（5）第一象限的事情经常会很多吗？有哪些是因为第二象限的事情拖着不做，或没有足够的时间去做，因为自己的原因转成第一象限的事情的？

（6）现在少做或不做第四象限的事情，节省下来的时间用于第二象限后，能否减少你第一象限的事情，让你的学习和生活变得更从容有序？

（7）试想一下：你若能坚持上边的行动，三年后你会是一个什么样的人呢？是否与现在有很大的不同？你愿意成为那样的人吗？若愿意现在就开始行动，好吗？

（8）你愿意采取的第一步行动是什么呢？你愿意每天坚持下去吗？

（9）你行动的承诺度有多高？如果按1～10分计分，你会给自己的承诺打多少分呢？

____

____

没有人可以改变你，能改变你的只有自己。相信你在不久的将来，一定会遇见一个更好的自己！

教师辅导

如何大胆说“不”

在生活中总是会遇到一些人想请你做一些事情，你不太想去做，但又总觉得自己没有勇气和别人说“不”，这样常打乱你的日常计划和时间安排，甚至你自己重要的事情也会受到影响。到底要怎样开口拒绝别人，大胆说“不”呢？下面是教师和学生的对话，希望对你有所帮助。

学生：老师，怎样才能大胆地和别人说“不”呢？

老师：确实，能够和别人大胆说“不”，是一个很重要的能力。我想请你举一个具体例子，最近什么样的状况下，你需要和别人说“不”，但你没有做到？

学生：我们宿舍的同学常叫我和她们一起去逛街，还有一个同学想请我去帮忙她们社团的工作，可是那个时候我确实很忙，但我没有办法开口拒绝，我怕影响同学之间的关系。

老师：你刚才说的怕影响同学之间的关系，这是你想说“不”的时候的想法吗？

学生：是的，我有这样的担心。

老师：这种想法让你没有办法去说“不”，是吗？

学生：好像是的。

老师：那你认为说“不”一定会影响你和同学之间的关系吗？

学生：那老师的意思是不一定会这样是吗？

老师：我不知道，关键是在那一刻你的想法。因为你是想要对别人说“不”的。如果你选择和别人说“不”的话，相应也要去承担它的结果，对吧？

学生：嗯，有时候事情也真的不是我想的这样，我只是会担心而已。

老师：如果你现在去找到一个办法，让你能够既对同学说“不”，又能够让同学觉得你没有破坏你们的关系，那个办法会是什么呢？

学生：我应该积极地去沟通，比如和同学说：“对不起，我现在确实有点事不能去，但是我其实很想跟你们在一起的，要不我下次约你们吧。”

老师：这可能是一种策略吧，听上去你现在已经大胆很多了。问题的关键是，不跟她们一起出去玩是不是就代表跟她们的关系不好？

学生：对，我是把这两件事情画上等号了，可以分开的对吗？

老师：有时可以分开，有时分不开，相信你能判断，你也能承担。那别人有没有对你说过“不”？当别人对你说“不”的时候，你会觉得你们的友谊就走到尽头了吗？

学生：这个倒没有，但就是觉得心里不舒服。

老师：我想多问一句，你是不是很在乎跟别人的关系？你是不是很渴望别人能够认可你？

学生：是的。

老师：所以可能核心是在这里。你很害怕失去这种关系，失去和朋友的连接对吗？

学生：对，确实是这样。

老师：老师的建议是：有些事情你能做的、愿意帮忙的话，就尽你所能去做；有些事情你确实不能做的话，或有些个人状况不能答应的，要勇敢地和对方说“不”，这不会破坏你们的关系，即使破坏了，也是因为这个关系并不牢靠，这份感情并不值得强留。反而你真的答应下来了但是又做不到，或做不好，误了别人的事，才会影响你们的关系。

学生：老师，谢谢您！我知道以后该怎么做了！

上述这个教师辅导的案例可否帮助你摆脱外界不必要的打扰，在一定程度上减少在紧急但不重要和既不紧急又不重要的事情上的时间消耗呢？

温故知新

学习到这里，可能有同学会说：“其实我的主要问题是不知道自己的‘要事’是什么，以及对自己一生有重要影响的‘要事’是什么，特别是面对‘两难’的选择时会更觉得茫然。”我们第 4 单元学习管理思维时，有一个工具叫“逻辑层次图”，它是一个提升思维高度的工具，可以帮助你思考，找到你的“要事”，进而让你坚持“要事第一”。

视频微课

100% 全力以赴

单元 10　100% 全力以赴

卡耐基曾说过："有两种人绝不会成大器：一种是非别人要他做，否则绝不主动做事的人；另一种是即使别人要他做，也做不好事情的人。"只有那些不需要别人催促，就会行动起来，100% 全力以赴，且不会半途而废的人才能成功。这一类人懂得要求自己多付出，而且做得比别人预期的更多。进取心的外在表现很多，最为关键的就是"100% 全力以赴"。这个单元，我们要学习的第四个行为模式就是"100% 全力以赴"。

预期成果

如果你能认真学习并实践本单元的内容，你可以获得如下学习成果：

（1）对自己进取心的现状有清醒的觉察。

（2）增强"100% 全力以赴"的动力。

（3）掌握"100% 全力以赴"的工具与方法。

共同分享

（1）为什么有的同学学习好，有的同学则相对不够好呢？

（2）为什么有人工作业绩突出，有人则碌碌无为呢？

（3）为什么有人很成功，有人则很失败呢？

也许原因很多，请找出最主要、最普遍、最有规律性的原因，不要找次要、个别的、小概率的原因。

职场链接

进取心对每一个员工来说都很重要。企业当中的员工可以根据做事方式大致分成四种：

第一种人，能够做到积极进取、自我实现，无论做什么事都积极主动、全力以赴，不需要别人催促，更不需要别人的监督就能把事情做到最好。

第二种人，做事方式仅次于第一种人，他们也能够做到有事不推诿，一旦有人告诉他该做什么事时，他们也能全力以赴地去做，但他们只做他人吩咐的事。

第三种人，比起第一种、第二种人就被动得多了。这一类人做任何事都要别人督促，一旦没有人监督，他们就懈怠了。这一种人做事犹如挤牙膏，别人“挤”一下他们就“动”一下。

第四种人，不愿意去做他们本应该做的事。这一种人成天无所事事、浑浑噩噩，如果不能及时改变，其结局只能是一事无成。

以上这四种人，哪一种最有可能得到企业的赏识和重用？哪一种人最有可能获得不凡的成就？毋庸置疑，是第一种人。因为在第一种人的身上有一种精神叫作进取。第二种人也能把工作做好，但由于缺乏进取精神，他们很难在工作上有大的突破和成就。第三种人做事被动，进取精神匮乏，这种行为模式使他们很难把工作做好，更不用说取得不凡成就了。第四种人可以说是游手好闲、不务正业，不会有哪个用人单位愿意用这样的人，这种人如果不能反省改过，就很难有出息。

从你目前情况看，你是这四种人中的哪一种呢？你将来工作后希望自己成为哪一种人呢？你认为哪一种人更容易成功？哪一种人更容易幸福呢？

故事启迪

100% 的努力是基础

有一个人为了解决饮水问题，打算挖一口井，他先在一个地点挖了半天，没有挖出水来，于是就换一个地方挖，一连换了好多个地方，最后由于都没有挖到地下水位线以下，所以全没有成功（见图 3－7）。

图 3－7　挖井

现实中有很多人，习惯性跳槽，其实跟频繁换地方挖井是同一个道理。如果在 10 个不同的地方各挖 5 米左右深的井，都没有成功，不如在一个地方全力以赴地连续挖，也许在 5 米之后挖井的效率会下降，但相对于挖 10 口井的工作量，大概率是会挖到水源的。

除了在同一行业的不同公司之间跳槽外，很多人在职业生涯遇到瓶颈的时候，会倾向于转行。其实大部分人跳槽的原因，不是因为新的行业前景比现在的好，而是对新行业不甚了解，感觉到一种“朦胧美”，以及对现在行业的厌倦情绪。

所以当你对现在的工作不满时，先问问自己：为什么不满？是不是付出了 100% 的努力，并且持续很长一段时间还没有改进？在确定没有改进空间的情况下，换公司、转行业才是最后的选项。

当然，最好的职场转换时机，是通过 100% 的努力之后，积累了足够资源，并且现有框架已经明显制约了你进一步发展的时候。

资料来源：佚名 . 100% 的努力，只为那 1% 的机会 . 知乎，2020-03-12.

教师辅导

学生：老师，顶岗实习就快结束了，我想换份工作。

老师：为什么呢？才半年，想好了要换吗？一个企业一年都没待够，对一个行业、企业和岗位能有多少了解呢？

学生：老师，我知道现在这家企业在行业中算挺好的，可我不换一换怎么知道这个世界没有更好的企业呢？

老师：有更好的企业，和你是什么关系呢？你有女朋友是吧？如果你不离开这个女朋友，你怎么知道这个世界没有更好的女孩呢？

学生：两者是不一样的。

老师：是不太一样，但万事同理。世界上的好企业很多，你应先思考一下，好的企业你是否都能去得了，去了以后，是否都能获得好的发展。老师相信你能做出最好的选择。

学生：老师您有什么建议给我呢？

老师：好好想想，是自己真的不喜欢这个企业，还是遇到了难以面对和解决的问题。哪个企业没有问题呢？如果没有全力以赴、100% 地去投入，去面对问题、去解决问题，去提升自己的能力与水平，到了一个新企业，遇到的挑战会不会更大？我相信你不是为了逃避才选择离开的。

学生：老师，我感觉自己确实是在逃避。是啊，哪个企业没有问题呢？如果这个企业的问题我解决不了，下一个企业也许还会有更多的问题。

老师：你说得非常好！世界上是有很多更好的企业，想想如何才能让自己有资本与它结缘，并获得更好的发展。

学生： 老师有什么建议呢？

老师： 如果说有一条建议，我会选择我的座右铭“适应你不能改变的，改变你不能适应的，如果真的既适应不了也改变不了，就选择离开，离开之前想清楚是否能找到更好的。”如果这次选择错了，也没关系，但同样的错误不要再犯即可。每一种经历，都是宝贵的人生财富。你知道你的决定了吗？

学生： 老师，我知道了，谢谢您！

工具学习

前边我们探讨的主要是你将来在工作中要成为一个什么样的人。三年后的你是什么样，更多取决于你今天的行动。下面就让我们回到校园这个环境中，通过一个简单而有效的工具——“刻度尺”，来培养进取心，确立“100% 全力以赴”的行动模式吧！

这个工具我们在前边用过。“用 1 ～ 10，给你的承诺度打分，会是几分？”这是一个能将感受、态度、状态、动机与想法等抽象概念转变成具体的、形象的描述，能将模糊的事情清晰化，最终激发行动能量的工具。

比如，迷茫是很多同学的常态，在学完逻辑层次图这个工具后，你的迷茫有无降低？用 1 ～ 10 打分，你感觉自己的迷茫程度降低了几分？差的那几分是什么？你还有什么问题需要老师指导？学完情绪管理 ABC 这个工具后，用 1 ～ 10 给自己控制与管理个人情绪的能力打分，你会打几分？差的那几分是什么？接下来你准备如何进行改善？对于你行动的承诺度，你会打几分？

说到这里，你对这个工具是不是有了基本的了解？当然，我们日常面对的问题没有这么单一，比如有同学提问：

- 我希望团队的执行力更强，我该怎么办呢？
- 我想拥有好身材，我该怎么办呢？
- 我希望自己的大学生活过得更有意义些，老师您有什么建议？
- 我想在门店运营方面成为能手，我该怎么办呢？
- 我希望我们班级更团结、更有凝聚力，老师您有什么建议？

仔细观察这些问题，它们都具有一定模糊性，其模糊点在于：这些问题都是一些美好的愿望，无法定义目标的程度，也就难以获得最终的成果。另外一个很重要的问题，是学生总想直接从老师这里得到答案，甚至幻想着一蹴而就、一步达成。老师需要引导学生自我探究、自寻答案。我们总是说“授之以鱼，不如授之以渔”，需要教给同学们的是工具、是方法、是思维方式。

回到上述同学们提出的问题，更强的执行力是什么？什么样算好身材？怎样才算大学生活过得更有意义？做到什么样才能在门店运营方面成为能手？班级同学做到什么样才会更有凝聚力？不明确这些，愿望将不了了之，常常成为一个美好的口号，无法落地进而成为能够付诸行动的目标。

案例学习

下边是我用“刻度尺”这个工具辅导学生的两个小案例。

学生：老师，我希望我们这个团队执行力更强一些，您有什么建议？

老师：好的，我先问个小问题，如果让你给你的团队执行力打分，1～10分，你会打几分？

学生：我觉得目前可以打6分。

老师：那是因为团队做到了哪些，你打6分呢？

学生：能基本完成老师交给的任务吧。

老师：那么，现在还有4分的差距，你觉得团队在哪些方面改善后能得到这4分呢？

学生：每个人更能遵守纪律和老师的要求，完成任务时速度很快，完成任务的质量很高。

老师：“更能”“很快”“很高”指什么？可否再具体些？

学生：如果这些方面都能在全班6个小组中排第一就可给10分。

老师：你希望通过努力达到几分？

学生：达到8分。

老师：那你和你的队员做什么可以在现在的6分基础上提升2分呢？

我就这样一步步引导这个同学自我探究、自找答案、自赋能量，培养他分析问题和解决问题的能力。

下面，再看一个案例。

学生：老师，我希望自己的大学生活过得更充实、更有意义一些，您有什么建议吗？

老师：如果让你给自己现在的大学生活打分，1～10分，你会打几分？

学生：6分吧。

老师：那与10分还有4分的差距，这4分是什么呢？

学生：图书馆有那么好的资源，我还没有好好利用起来。

老师：还有吗？

学生：学校有很多社团，我也没有参加。

老师：还有吗？再想想。

学生：学校有很多优秀的老师和同学，我也没有好好去珍惜、去结识……

老师：那么你觉得在未来半年内，你想让自己的大学生活从6分上升到几分？

学生：在学校的时间很少了，我希望达到8分吧。

老师：8分是什么样？你怎么知道半年后你能达到8分？

学生：如果这半年我能读10本书，能加入创业者协会，能与一些优秀的同学开启一些创业项目，我想就达到8分了。

老师：很好，那你坚持行动的承诺度有多少？1～10分，打个分吧。

学生：9分。

老师：好，你何时开始行动？第一步是什么？

学生：今天就去图书馆借书看书，明天就去创业者协会问问如何加入。

老师：好，一定要坚持，为你加油！

通过上边这两个案例，大家是否对“刻度尺”这个工具有了较为深入的理解呢？

相信大家发现了，看似模糊的问题，经过“刻度尺”提问后，就开始清晰起来，并逐渐找到了解决问题的思路。最后，我们再梳理一下“刻度尺”工具的主要功能：

（1）可使问题描述具体化、行为行动化。

（2）可用来作为指导进展的指标，从中比较出不一样的变化。

（3）可以帮助界定问题以及要达成的成果。

（4）可以协助学生用直觉来表达他们对过去的观察，并评估和测量未来的可能性。

（5）可以用来了解学生对任何事的觉知，包括愿意为改变投入的行动、对期待的改变愿意辛苦工作的程度、问题解决的优先级、对进展的评价，等等。

课堂练习

（1）请你对自己大学学习与生活的表现打分，用 1 ～ 10 分来计，你会打几分？

____

（2）你距离 10 分的差距是几分？你能改善什么？做到什么可以得到这几分呢？

____

____

____

工具学习

在人的一生中，无论是工作、学习还是生活，常常会有很多困惑，然后会思考：什么对我是重要的？我想成为一个什么样的人？我最想要的是什么？我的目标是什么？我需要在哪些方面做出改变？这些基本的问题如果没有想清楚，人就容易迷失方向，如浮萍般飘忽不定。

回答这些问题，需要厘清现状，需要直观地看到与此相关的各因素是什么关系，也需要在纷繁的世界里保持一种平衡的状态。平衡是一种技能，如同溜冰、骑自行车都需要掌握平衡一样，人生也是如此。只要我们掌握了平衡的技巧，那么我们就会更加轻松自在。下面我们学习的这个工具叫“平衡轮”。

“平衡轮”就是将一个圆平均分成若干等份（一般分成八等份），然后将自己学习、工作、生活和其他相关内容填写在图中（见图 3－8），以帮助自己清晰现状，觉察到平时忽略的部分，找出希望有所改变的内容，然后制订计划，采取行动。

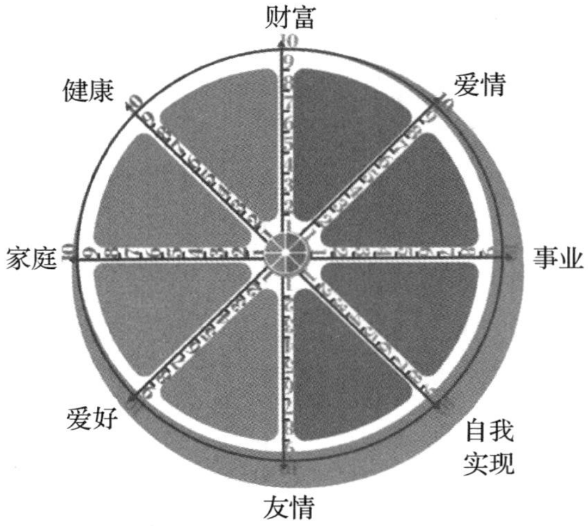

图 3－8 平衡轮

“平衡轮”包含以下三个方面的含义：

（1）一个目标的实现需要相关方面的支持，就像一个轮子要想转动，需要里面辐条的支撑一样。

（2）“平衡轮”就像是一架照相机，可以拍摄到当下这个时刻关于目标方面的真实情况，让目标的实现者清晰地了解目前这些相关方面的状态。

（3）要想让轮子快速平衡转动，需要各个辐条长短一致、强度一致。当然这是最为理想的状态。通常要想实现目标，需要关键的几个方面平衡发展。

使用“平衡轮”这个工具可采取以下步骤：

首先，提问：“什么是你人生中最重要的事情？”将答案填在“平衡轮”中。

其次，提问：“目前你对每一方面的满意度是多少？如果 10 分是满分，你给目前的每一方面打几分？”在图中标识出各方面的分数，并两两相连，形成一个“雷达图”。

最后，提问：“你对目前的状况满意吗？如果选一个你最想改变的方面，那是什么？改变这个方面对其他方面会有什么影响？能起到带动和协调发展的作用吗？”

这样三步下来，“平衡轮”可以让人清楚地看清现状，好处就是直观，让人考虑问题更理性、更全面。需要注意的是，运用“平衡轮”所展示的一定是当事人的现状；对每一个部分是否满意、满意的程度如何、哪一部分需要改变，这些都依照当事人的标准，必须由他自己做出判断和决策，而不是遵照他人的意愿。

教师辅导

下面用一个我辅导学生的案例进一步介绍“平衡轮”这个工具。

一个顶岗实习的学生小李，跟我说他看上了另一份工作，想要换工作，但又拿不定主意，想听听老师的意见。我就从办公桌上拿出一张“平衡轮”练习表给他，请他给出一份让他满意的工作包含哪些方面。

小李给出了收入、兴趣、地域、工作时间、自我实现、工作环境、社会地位、发展空间这八个方面的内容，并认真地填入了自己的“平衡轮”中。

接下来，我请他写出对目前这份工作的八个方面的满意度各是多少，也就是如果10分是满分，给每一方面打几分。记录下每一项的打分情况，在辐条上找到相应刻度，做好标记。以收入为例，从圆心往外分成10个刻度，通过对该项目的打分，帮助自己清晰目前对收入的满意程度。

把相邻的两根辐条的分数连起来，就得到了一张“雷达图”。拿到这张图时，小李对工作现状的评估就跃然纸上，如图3-9所示。

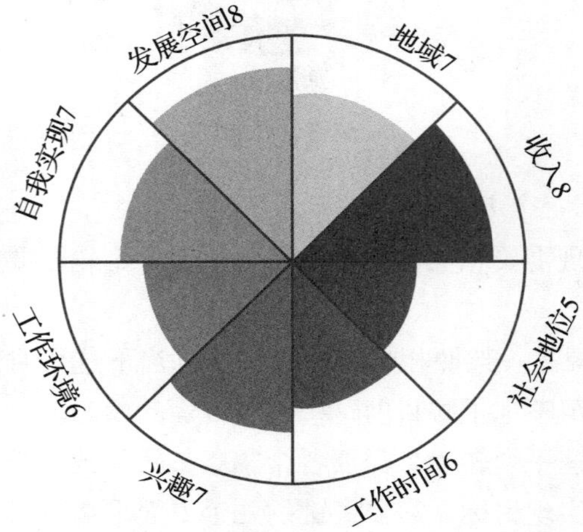

图3-9　小李的工作分析“平衡轮”

接下来，我让他对想要换的那份新工作，再按上述流程进行一次操作。这样，他面前就有了两份工作的对照图。在让小李对两张图进行观察、比较后，我问他：“你感觉哪份工作让你总体更满意?”最终，小李决定不换工作了，他觉得还是需要在现有工作中100%地去投入、去努力、去利用资源、去改变，否则即使换了工作，还是会遇到很多的问题。

接下来，我又引导他，既然决定不换工作了，那就在现有工作的这张“平衡轮”图中找到一个抓手，通过对它的调整和改变，来促使其他方面提升。他最后选择了“工作环境”，原来，他的工作经常要外出，有种漂在外边的感觉，没有归属感。他发现单位有健身房，他在外边工作完后，可以去单位健身，既有助于心身健康、提升工作效率，又能在那里交到朋友，增加社交的机会，还会带动个人成长、兴趣等其他方面的改善。这样下来，他就清晰了自己的发展目标和方向，又找到了改善现状的抓手，这样就可有效提升工作的满意度和幸福感。

下面，对“平衡轮”这个工具进行最后的总结归纳：

（1）“平衡轮”用途很广，可以用于很多方面，比如：职业生涯规划、大学生活规划、工作计划、项目管理、班风建设、团队建设等各个方面，我们都可以运用“平衡轮”去呈现、分析、比较、判断和决策。

（2）“平衡轮”最大的意义在于将大目标细化，越细小的目标越容易实现。用“平衡轮”将所涉及的一系列要素或者行动计划罗列出来，针对每一要素还可以继续用新的“平衡轮”去分析。

（3）平衡是动态的，所以它是过程，而不是目的。因此要从长远的角度来评估平衡，可再次使用“平衡轮”，将结果和之前的数据做对比，看看自己有哪些成长和变化。建议当事人在一定时期后再做一次，在不断的发展过程中，审视、思考和再调整，这样能使这个工具更有效。

（4）生命是有机联系的，所以往往我们能看到在众多因素中，有一个或者两个是最重要的，只要能改变它或它们就会对整个“平衡轮”起到改善的作用。所以分析现状、思考行动计划的时候，建议引导当事人去思考在几个不太满意的部分中哪个可以用作杠杆，通过这方面的努力就有很大的不同。

（5）“平衡轮”还有一个附加的用途，就是可以帮助当事人做决策。导致决策困难的原因，有时是因为我们无法去平衡外界各种干扰因素或资源。利用“平衡轮”能很好地做到澄清、审视、思考，为下一步的决策提供依据。比方说，有两个选择，要选哪一个，可以用双轮来驱动，也就是把选择中最看重的因素在两个“平衡轮”中标出，给两个选择分别打分，可以非常直观地做出对比。

个人练习

（1）你认为大学的学习和生活应该包括哪些方面？选取少于或等于 8 个方面，填写到“平衡轮”练习图中，如图 3－10 所示。

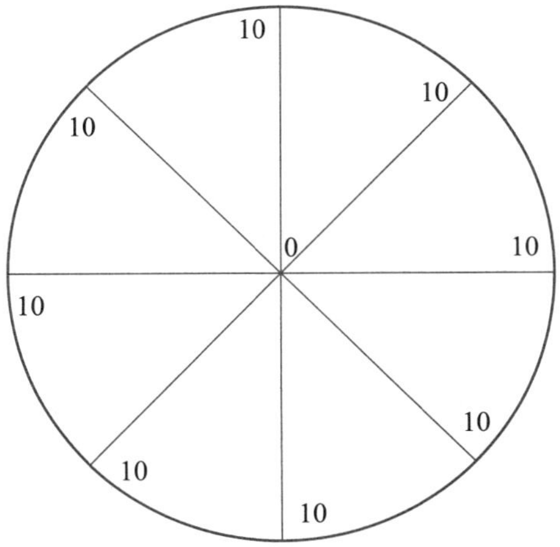

图 3－10 “平衡轮”练习图

（2）你对每一方面的满意度是多少？如果满分是 10 分，你给每一方面打几分？请在图中用不同颜色或阴影标识出各方面的分数。

（3）你对目前的状况满意吗？你有什么发现？你最想要哪个领域有所改变？希望达到多少分？这个领域的改变可否带动其他方面的提升？

____

____

____

（4）你想要有什么样的改变？

____

____

（5）你做些什么就可以实现这个改变？

____

____

（6）你愿意 100% 全力以赴地去改变吗？如果愿意，你的承诺度从 1 ～ 10 分，现在是几分？如果不是满分，那个差距是什么？

____

____

____

____

阅读材料

2017 年 7 月 26 日，在毕业季，《人民日报》、共青团中央等微信公众号分别刊发文章《沉睡中的大学生：你不失业，天理难容！》。究竟怎么回事？请看下文。

不知道从什么时候开始，“学霸”“学渣”“学弱”等一些名词开始流行。那些年，你认为高考分数将决定你一生的命运，于是你拿着自己的高考成绩寻找自己梦想的大学，把分数当作赌注，与梦想一决高下。可是后来，怎样了呢？

这些场景，你是否觉得熟悉？

上课时，清醒的没有发呆的多，发呆的没有睡觉的多，睡觉的没有玩手机的多；下课时，自修的没有吃零食的多，吃零食的没有看连续剧的多，看连续剧的没有玩游戏的多。如此这般，就业时失败的怎能不比成功的多？

考试时，不给范围就不会考试，给了范围也只是复印同学准备的答案。你如果是老板，会雇用你自己这样的员工吗？

上大学前填报志愿，你说不知道自己的兴趣特长。大学毕业找工作了，同样不知道自己的兴趣特长。自己都不认识自己，还有谁能认识你？

学技术不肯动手，学理论不肯动脑。等待你的除了失业还能是什么？你说，你修完了“计算机基础”，但真实水平却连个 PPT 都做不好。你的竞争力在哪里？

你修了两年英语，然而你的水平却连与外国人日常对话都困难。有哪家用人单位需要你？

你修了“思想修养”，但你根本就没听，在思想修养和道德品质方面，你得到了应有的提升吗？

你修过“阅读与写作”，但你读的是手机，你写的是微博。你对自己的阅读和写作能力都没信心，你还想指望别人对你有信心？

这些话是否直戳你的痛点？

找工作时，在工作岗位上的最大价值在于不可替代。责任心、吃苦精神、做事能力、专业修养、操作技术、学问素养、人际处理，有哪一方面是你的看家本领？有哪一点是他人不可替代的？

有没有想过当年那些不如你的人也许有一天会超过你。

L 同学本科就读的是一所普通高校。上大一的时候，身边大部分的同学都是挣脱出高考枷锁的飞鸟，渴望自由。大学对于他们来说，就好像是进了一个没有人管的“游乐场”，一进“游乐场”的大门，他们便飞奔进去，奔向各自想要玩的“游乐项目”。学习对于他们来说，只要不挂科，便是圆满了。

L 同学从刚踏入校园的那一刻开始，就认真努力地学习。总之，在学校里见到她的时候，不是在教室的前排，就是在图书馆。

后来 L 同学如愿考上了名牌大学的研究生，终于去了她想去的学校。再后来，她硕士毕业，找到了一份高薪的工作。

很多同学都惊呆了，看起来普普通通只知道“死读书”的她，究竟是怎么有了这么大的能量，在四年后、六年后与其他同学走向了不同的人生旅途？

熬过的辛苦最后都换成了幸福。

有人说，是时间让大家变得不一样。

对于那些进了大学就在“游乐场”尽情玩耍的人来说，他们不是没有机会、没有平台，而是缺少进取心。当别人都在为学业和前途奔波时，那些人却在茫然地虚度光阴，毕业之时也许就是失业之日，抑或找一份无法养活自己的工作，每天在失落中徘徊。如果就此安于现状，就会丢失进取心，失去行动的原动力，也就永远走不出失败的阴影。

因此，进取心特别是 100% 全力以赴是一个人走向成功的重要行为模式。

视频微课

适度包融他人

单元 11 适度包融他人

这个单元我们学习第五个行为模式——“适度包融他人”。“包融”与“包容”有共同之处，但比“包容”有更深更广的含义。“包容”更多地指宽容、大度；而“包融”还有被融入其中、被包括在内的意思。在我们日常学习、工作和生活中，“包融”会更频繁地牵动人们的情绪，影响自己或他人的能量，进而影响学习与工作的状态以及人们之间的关系。

预期成果

如果你能认真学习并实践本单元的内容，你可以获得如下学习成果：

（1）理解什么是适度包融他人。

（2）掌握适度包融他人的原则和方法。

（3）逐步将适度包融他人修炼成一种行为模式。

故事启迪

我是转专业进来的学生，上课小组讨论时，老师让我加入了第一组。因为大家都围坐在桌子周围，我就坐在了外围，被一个同学挡着。虽然大家在交流，但是从形式上看，我是一个局外人。当时我心里在想：“这个感觉真不爽，不过，等待一下，看看是否会有人察觉到这一点，安排我坐进去。”很遗憾，从组长到同学，没有一个人注意到这一点，我感到新的班级同学对新同学不是很友好，挺遗憾……然后我就出去上了个厕所，以摆脱尴尬。

很巧的是，在另一门课上又出现类似的情况。所幸的事，那次讨论是临时小组，我是召集人。当时一个同学在发言，有两个同学根本不听，在做自己的事。发言的同学感觉自己不受重视，说了两句就草草结束了发言。对此我比较敏感，并且作为组长，我也有责任处理这种情况，所以在讨论结束时，我提出了自己的看法：“关注，是包融的基础，如果你对团队成员没有敏感和关注，包融就缺乏行动的基础。我们需要关注每个同学，这或许就是‘不抛弃、不放弃’的感受吧！”我的发言获得了同学们的赞赏和掌声，那一次我感受到了很大的包融。

认识包融

下边看看在我们日常学习、工作和生活中遇到的一些事例，会帮助我们进一步理解“包融”。

一、通过事例认识什么是包融的行为

事例 1：在团队中，小李尽管很努力，但还是常常拖团队的后腿。队长说：“我们是一个团队，一定不抛弃、不放弃每一个队员。”

事例 2：老师上课时，不只是关注前几排的同学，同样关注坐在后边的同学，特别关注所谓的“弱势群体”。

事例 3：妈妈自从生了弟弟，弟弟的很多“第一次”都很有仪式感地让姐姐参与或主持。

事例 4：去参加朋友的聚会，虽然有不少重要的客人在场，但是朋友还是把我照顾得很周到。

事例 5：经理说：“出了这个问题，我肯定是有责任的，别担心，我和你一起面对并解决。”

小组互相分享一个自己包融他人或自己被他人包融的事例，然后讨论：听完他人的故事，自己有何启发，今后会有什么行动？

二、通过事例认识什么是不包融的行为

事例 1：女儿放学回家和妈妈说：“同学都不和我一起玩。”

事例 2：哥哥说：“自从有了妹妹，妈妈就没抱过我。”

事例 3：朋友说：“为什么你们一起吃饭唯独不叫我？”

事例 4：妈妈说：“为什么这么大的事你不告诉我一声？”

事例 5：同事说：“为什么大家都在这个微信群中，而没有我？”

事例 6：下属说：“我们领导召集相关人员开会，却不通知我参加。”

事例 7：领导说：“你们坐得离我这么远，感觉是在孤立我。”

事例 8：同事说：“这个人没法合作，我们三观不同。”

三、包融需要有一个“度”

包融要有一个“度”，“过度”则会失去规矩和原则。我们日常学习、工作和生活中，常常会出现包融不足，也会出现包融过度。

1. 包融不足的行为

（1）团队成员不被关注。

（2）不给应知情的人分享信息。

（3）成员的正当需要不被认可。

（4）没有时间倾听。

（5）意见和建议不被重视。

（6）不允许提出不同意见。

（7）不允许犯错误。

（8）授权不足。

2. 包融过度的行为

（1）回应日常所有人的信息。

（2）听取过多人的意见。

（3）将信息分享给不必要的人员。

（4）想让所有人感到满意。

（5）开会或活动总是低效。

（6）同学上课睡觉没人管。

（7）班级微信群有不良言论没人管。

（8）宿舍卫生很差没人关注。

包融原则

上述事例中出现的不包融的情况只是一个表象，背后的原因和本质是“接纳”的问题。

参照高正坤在 2019 年 7 月 17 号微信公众号发表的《教练视角：接纳无常，活出自在》中的内容，包融的原则可以概括为“四不”，即“不判定、不分别、不外求、不对立”。

一、不判定：探索复杂人性

我们习惯以自己的想法去评判他人。但世界是复杂的，人也是复杂的。世界可能不是我们想象的样子，人也往往不是我们想象的那样。所以，不要轻易去判定一个人、一群人，或者是一个组织，乃至社会。常听到有人说，某某人如何，这只是他个人的认知和判断，不见得是真实情况。每个人都是复杂的，我们无法用简单的思维去对一个人进行判定。

对他人进行判断是难以避免的，我们对其他人的大部分判断在自己还没有觉察时就已经开始了。因为我们每个人都会习惯性地以自己的方式去构建世界。但我们可以放慢脚步，放慢判断，进而搁置判断。这样，虽然有判断，但我们不会被判断所左右，进而对一个人进行判定。而当能够放慢和搁置判断的时候，觉察力就能开始发挥作用，探索之旅就开始了。而在不断探索之后，我们会发现一个不一样的他人，也会发现一个全新的世界，进而塑造出一个全然不同的自己。

二、不分别：聆听五彩人生

除了习惯性地构建世界，我们的大脑还会习惯性地给很多东西去构建意义。大脑构建的意义并不是事实，是可以被讨论和争辩的。

既然如此，每个人的行为只要不违反法律，不败坏道德，不伤害他人，意义本身就无高下之分。对有些人来说，出人头地是最大的意义；而对另外一些人来说，不计名利、舍己为人才有意义。追求奉献和牺牲的人，值得敬仰，但对于他个人来说，这也是他自己的选择——因为这样的选择，他会获得内心的某种满足。而那些追求金钱、名利的人，也有他的价值诉求，也有他自己的生活意义，也是为了满足他自己的某种心理感受，同时只要其行为合法合规，也会为社会做出贡献。

奉献牺牲也好，追名逐利也好，人都是为了自己的美好感受而活着的，对每个人来说，都有其现实的意义。因此我们无需用一种意义去贬低另一种意义，用一种价值去贬低另一种价值。

我们的大脑构建的意义，都是为了满足自己的美好感受。包融各种价值观的存在，让多种生活的意义共生，才能创造更多的可能性，这个世界才会五彩斑斓。而对他人生活意义的包融，对他人价值观的接纳，才能构建更好的人际关系，从而形成更大的影响力。

三、不外求：塑造独特灵魂

每个人都有其独特的优秀品质，正是因为这些优秀品质，人们能够赢得他人认可，从而构建自己的影响力。但要注意的是，有时人会被这些优秀品质所限制，不但不能构成影响力，甚至还成为“杀伤力”。

比如，一个正直诚实的人，往往会特别讨厌虚伪，甚至希望别人像他一样正直诚实。于是，当他看到身边的人没那么正直诚实时，可能会指责批评或保持沉默。而正是因为他的指责批评或保持沉默，让周围的人看不到他的正直诚实，甚至他对别人的指责批评让人感觉很不舒服。因此，他无法与周围的人很好地沟通，他的优秀品质不但没有帮助他构建更大的影响力，相反，成为他提升影响力的障碍。

我们每个人都有优秀品质，但我们不能以我们所谓的优秀品质去衡量他人，因为每个人是不一样的。相反，我们需要更好地修炼自我，同时还能接纳他人。

特蕾莎修女是伟大的，但我觉得她更伟大之处是从不会以她的标准去要求别人，而是对身边的人、对这个世界充满爱和接纳，所以才会得到众人敬仰，被人追随，从而构建了巨大影响力，并最终推动人们去改变现实。以她的标准，没几个人能达到，她若以此要求他人的话，岂不每天活在郁闷之中，又哪来那种温暖的气度与光芒？又怎么会有那么大的影响力？

所以，接纳每个人的状态，修炼好自己，世界就会因为你的美好而自然安好。

四、不对立：看见多种可能

不用非此即彼的二元论去看待世界和他人，“好人”和“坏人”是基于情景的，“对”和“错”也是在特定条件下适用的。如果我们的眼中非黑即白，那么我们看不到那无数深浅不一的灰度，也就失去了看到无限可能的机会。

我们如果非要在A、B之间选其一，那么在无形中就会将A和B陷入对立当中，也让我们自己陷入两难境地。就如同那个“救妈妈还是救老婆”的问题一样，非黑即白的二元论很容易使我们的思维陷入困境，看不到解决问题的更多可能性。而当我们不再非此即彼，我们发现除了A和B，其实还有更多可以选择的余地，也就给了自己更大的思考空间。

世界是多元的，也是复杂的，人是复杂的，所以我们无法用简单的二元思维解决复杂的问题。而创建系统思维，灵活地“内观自变”，才能跳出思维的陷阱，跳出原有的思维框架，共创更优的解决方案。

案例学习

相信每个人都是OK的

记得我刚到一家公司负责培训部门的时候，部门里有四个人：小黄、老西、小红和小陆。这四个人各有各的特点。作为空降的经理，最初的磨合并不太顺利。但我学习教练多年，始终坚信埃里克森教练的五大原则之一——“相信每个人都是OK的”，当人们获得尊重和允许，就会感受到莫大的包融，从而愿意发挥自己的潜力，也必然会有卓越表现。

1.“暖男”小黄

其他同事告诉我，小黄上一年的绩效考核结果是C，差点就被淘汰了，也因此当年没有调薪。我跟他谈心时，他状态比较低落，说“对工作比较困惑，自己一年来没有什么进步，没有发展”。我发现了小黄的模式：团队讨论方案时，他常常皱着眉头，说“我觉得这个方案有点问题”，然后提出一大堆可能的风险和担忧。我问他这些问题如何解决，他说“这个我也没想好”。总结工作的时候，他经常讲一些细节、感性的判断，缺乏逻辑，还有时表达不清。领导心情不好的时候，就会直接打断他。

然而我发现他其实很乐于助人。职场上新人很容易遇到“老人”有意无意封锁信息的情况。小黄则给我提供了很多信息，包括以前的工作惯例、资源、要求等。也许是为了感谢他的帮助，我花了很多时间辅导他。我不断增加他工作的挑战性，他也在每次工作后有成长。

有一次他担任某项目的项目经理，我们跟副总裁反复讨论，确定了培训的目标。结果第二天他说，目标太高，实现不了，想请我再跟副总裁商量一下降低目标。我有点恼火，提高了音量说：“项目目标已经讨论过几次，一旦确定，我们的关注点不是目标是否合理，而是该如何达成这个挑战性目标。”我意识到自己有点过激，调整了一下，耐心地说："即使目标过高，但只要我们全力以赴、尽心尽力地去做，就算达不成目标，领导也能够理解。如果你还没开始做就说做不到，领导会怎么看？"我和他一起分析项目关键点、可以利用的资源、可采取的措施，他的信心一点点建立起来。他开始积极推进，投入很多精力，多方沟通协调，并定期复盘，我也始终关注并给一些建议。最后项目结果跟最初的目标有些差距，但领导并没有责备他，他则收获了很多经验。

后来他担任专家夏令营的项目经理，也取得了圆满成功。我收到好几个经理的反馈："小黄这两年的成长非常明显。"我的付出得到了回报。

2. 资深的老西

老西是公司的"老资格"，是新员工培训的主讲人，自我介绍时，他总是自豪地说，他在公司的工号是二十几号，就排在几个副总裁之后。他在公司十几年了，曾在培训工作上创造辉煌，做过一线销售的训练营，员工尊称他为"营长"，这个绰号在公司广为流传，已经代替了他的本名。

有一次，几天没见他，我打电话问他什么情况，他说："研发部门约我讲课，我看你挺忙，就没跟你说。"除了讲课，其他工作他爱做的就做，不爱做的就说："这个我以前都做过了，现在应该让年轻人锻炼一下，我可以指导他们。"

实际上，他本来申请坐我的位置，但公司领导由于某些考虑并没有答应。跟他相处，我花了不少心思。我发现讲课可以让他获得成就感，他也喜欢被认可，对公司有感情。

我表达出对他的尊重，给他空间，做得好的地方及时认可他。他经验丰富，我充分考虑他的建议。他爱做的事情让他做到极致；他不爱做的事，就让他指导小黄或小陆去做。

两年多的时间里，我们处得也算不错，他也发挥了他的专长。绩效面谈的时候，他对我尊重他、给他空间表示感谢。其他经理也说，没想到我居然能"容忍"他。而我的想法是，人无完人，他的优势很明显，我关注他积极正向的方面，心态上就会放大他的积极正向，行动上就会用人之长，结果自然是共赢。

3. 积极的小红

小红一个人负责公司文化，她非常敬业，虽然家里孩子很小，但每天都加班到 8 点多，总是积极主动地策划各种文化活动、写文章、出期刊。

曾经有一段时间由于太劳累，她还得了甲亢。她很注重自身形象，总是穿着非常精致的连衣裙，化着淡妆，典型的职业女性形象。她的绩效总是部门里最高的，是经理最喜欢的不用扬鞭自奋蹄的员工。文化并不是我擅长的，我不打算不懂装懂，我尊重她的专业度，也从不干涉她，每次她征求我的意见，我都说："没问题，我支持你！"我鼓励她给新员工讲文化课，她说："我讲课可不行。"我说："人人都能当讲师！你讲的是你熟悉的内容，而且培训是改变人的认知的最好方式，你可以亲自宣传文化，塑造新员工对文化的认同。"她还是很犹豫，但我的话在她的心里已经种下了种子。

有一次部门会议，每人用 15 分钟总结工作，她做了精心准备，滔滔不绝讲了 40 分钟。我趁机鼓励说："看，你太有讲师的潜质了，40 分钟一气呵成，你一定要讲课，否则可惜了。”她半信半疑，准备了两周，又在家里给婆婆、先生试讲了几次。部门内试讲，她得到了大家的鼓励，终于下了决心。她第一次讲课，我全程参加，并给了积极的反馈，学员的打分也很高，她也找到了讲课的成就感。之后她多次表达对我的感谢，说：“感谢你鼓励我走上讲台。”后来她先后跳槽到几家知名互联网公司，做得都非常好。

4. 有创意的小陆

小陆是个“95 后”的高挑美女，比同龄人要成熟。因为在部门里资历较浅，她一直担任新员工培训班主任，负责一些带班会务等工作。她一度因个人感情问题，心情并不是太好。最初她的座位在老西旁边，我让老西辅导她，我花了很多精力辅导小黄，所以并没有太关注她。

绩效面谈时，她说觉得被忽视，没有归属感。而且新员工培训带了几个班，没有新鲜感了。我意识到自己有点厚此薄彼，立刻调换座位，让她坐在我前面。我更多关注她，加强了沟通。公司上 E-learning 系统，我决定让她负责。她很开心有一个独立项目可以运作。写推广文案时，她提交了两个版本，其中一个比较传统，另一个满篇网络用语。我看到后者第一句就有点懵，再看后面的文字越看越有趣，当即决定，就用这个。她策划的运营举措表现出年轻人的创意和活力，成为在线学习的代言，有了众多“粉丝”。

每个人因其经历和个性的差异，对于同样一件事，会有不同的看法。没有两个人是一样的，也没有人会按你的想法变成你想要的样子，但这并不表示这个人就有问题，就会干不好工作。

实际上，每个人都是 OK 的。小黄绩效差，说明需要调整工作方式，以后每一步都是向上走。老西倚老卖老，说明有丰富的经验可以运用。小红被鼓励、激发，潜力就能发挥出来，变成“斜杠青年”。小陆资历浅，恰恰不会有条条框框的限制，可以发挥创造性。做一名个人成长教练，相信每个人都是 OK 的，不给人贴标签，接受他们本来的样子，相信每个人都是自己生命的专家，就会看到更多的可能性，就会不断地看到他人的改变，活出扩展、精彩的人生。

资料来源：佚名 . 每个人都是 OK 的——教练的五大原则之一 . 云鹏教练公众号，2018-01-18.

你从这个案例中学到了什么？是否觉察到、体验到了比“包容”更有能量的“包融”？带着这份能量，开始自己的练习与体验吧！

个人练习

（1）回顾自己曾经被排斥的经历（例如被忽视、无人倾听、贡献不被认可等）：发生了什么？你有怎样的感受？这样的经历会带给你什么成长？

____

____

____

（2）己所不欲，勿施于人。经过此事，你是否能够更好地包融他人？如果你再次经历被排斥的情况，你会如何应对？

____

____

____

团队训练

1. 反思我和我的团队

（1）我的包融不足：

____

（2）我的包融过度：

____

（3）我团队的包融不足：

____

（4）我团队的包融过度：

____

2. 请给出本班“五不准”倡议书

（1）针对班级包融不足和包融过度的现象，进行反思和觉察，找到需要改善的地方。

（2）小组讨论确定班级“五不准”事项。

（3）确定后写在纸上，并郑重签名。

（4）请全班同学对各组的选项进行投票，确定五项。

（5）全班同学举行“五不准”倡议书签字仪式。

阅读材料

经理的同理心

在培训课堂上，小齐分享了一个关于她们经理的同理心的故事。

那天，小齐看着电脑屏幕上赫然显示的“释放空间 100G”，整个人像从高处坠落，倒吸一口凉气，跌坐在椅子上，感觉背上冷汗直流。“我刚刚删除了我工作的所有内容！而这些内容我并没有备份！不，不，这不可能！”小齐希望这只是自己的错觉。

慢慢回过神来，她意识到，她真的误删了有数据的虚拟机。僵坐了几分钟之后，她开始疯狂打电话求助，然而 IT 人员冷冰冰地告诉她“文件无法恢复”……

她的心情慢慢沉入谷底，绝望之下想要引咎辞职，惶恐不安地向经理告知了一切。

经理看着她绝望的表情，关切地问道：“文件还能找回来吗？”小齐哭丧着脸说，已经试过各种办法都没有用。经理安慰道：“小齐，没关系。我们都帮你尽力往回找资料，咱们能找回多少是多少，那些实在找不到的也没有关系，你会发现你实在找不到的其实对你也没有那么重要。”

小齐恐惧绝望的心瞬间开始回暖，她想：“是的，我不能辞职，如果我辞职了，我的小伙伴们更找不到这些信息，我要通过第三方，通过所有对接人尽力找回我的文件，如果找不到，我就重新做一遍，我一定要把对我来说最重要的资料复原！”

小齐感到被包融、理解和信任。她通过查邮箱，找同事帮忙，最后找回了大部分文件。

小齐在课堂上讲完这个故事，同学们都非常羡慕她有一个这么有同理心的上级。

同理心是识别他人情绪并做出恰如其分回应的能力。具有同理心的人更加擅长倾听他人、感同身受地理解他人，发现到底发生了什么或者找到问题的根源。

小齐讲这个故事的时候，她的经理小芳刚好也在。小芳说：“人都难免失误。小齐很负责任，心思又重，看到她的表情，就知道她很绝望、自责，她最需要的是安慰和帮助。”

当你能了解他人的情绪需求，并且满足他们的情绪需求时，他人就会更加信任你，他们会知道你关心他们，也会愿意协商妥协或者积极合作，从而创造一个双方都满意的对策。

同理心的要素是：站在他人的视角看问题，对对方的观点没有评判，感受到他人的情绪。以下两点会阻碍一个人具有同理心：一是急于改变对方的观点，二是急于改变对方的情绪。比如一个内在动力很强的上级，往往会替下属做决定，要求下属接受自己的观点。再如一个乐观思维很强的上级，看见员工因挫折而感到低落时，会不自觉地鼓励对方，试图激发对方的斗志，但其实对方此刻需要的是理解和安慰。

所以更好的方式也许是接纳对方的情绪、倾听、表达支持，让对方有一个空间。当对方愿意沟通时，提出一些问题，帮助对方想起以前类似事情是如何应对的，从而找到资源，帮对方转化思维和情绪。

资料来源：佚名.我需要的是安慰，不是激励——情商 8：同理心.云鹏教练公众号，2018-03-30.

视频微课

严格信守协议

单元 12　严格信守协议

早在两千多年前，就有一位睿智的老人——孔子，用毕生的精力著书立说，阐述诚信是人生立身之本，是国家立业之本，是人类发展之本……至今，延绵数千年，其伟大的精神早已深入人心，而“诚信”也早已成为当代大学生的必修课。面对不诚信的现象，如何才能真正做到“知行合一”？如何才能将“诚信”这一品质和素质落地？“严格信守协议”是我们要修炼的第六个行为模式。

预期成果

如果你能认真学习并实践本单元的内容，你可以获得如下学习成果：

（1）对于“诚信”，不只“知道”，更要“做到”。

（2）能够逐步形成“严格信守协议”的行为模式。

（3）一旦违反协议，能够按“重回诚信”流程进行修正。

关于诚信

诚信作为中国传统伦理道德规范，具有广泛而深刻的含义。概括地说，“诚”是指诚实、真诚、诚恳，“信”是指确实、信用、信义。我们再看看“真诚”和“信义”的含义，表述更直观和具体，会帮助我们觉察自己是否真的做到了诚信。

真诚：真心实意，坦诚相待，从心底感动他人而最终获得他人的信任。

信义：讲信誉，言必行，行必果，一诺千金。

诚信是指诚实而有信用，既内心善良又表里如一，言行一致。

与陌生人相处，诚信可以获得好的印象，甚至成为朋友；

与朋友相处，诚信可以获得同样的回报并坚固友情；

与同事相处，诚信可以获得信任以及成长与发展的机会；

与客户相处，诚信可以获得长期的合作甚至丰厚的财富；

与家人相处，诚信是良好家庭关系的基础；

与自己相处，诚信可以让你自律、让你心安、让你仁者无忧；

诚信可以让经济更发达，可以让社会更和谐，让人们更幸福。

个人反思

（1）对照上述关于诚信的解释，请你给自己的“诚信”打分，用 1 ～ 10 分来衡量，你会给自己打几分？距离 10 分还有几分？差距具体是什么？

（2）请思考并写下你的观点：

1）人会在什么时候不诚实、不真诚？会在什么时候不守信？

2）上述情况哪些是主观原因？哪些是客观原因？哪些属于品质的问题？哪些属于能力的问题？

3）你觉得品质问题如何解决？能力问题如何解决？

关于协议

诚信是思想问题，是品质问题，也是行为问题、能力问题。如何实现诚信？“行动”非常关键。如果“光说不练”，则难以“知行合一”。而“严格信守协议”是达成“诚信”最有效的方式，正如爱默生那句名言：“你的行动已经说明了一切，不必解释。”

这里说的协议指显性的协议，也指隐性的协议。

显性的协议如：劳动合同、助学贷款协议、实习协议、考场纪律、口头承诺等。

隐性的协议如：按时上课、按时到会、按时熄灯睡觉、文明公约等。

这里说的协议指对他人，也指对自己。

对他人，如：“明天我将方案交给你”或“我可以明天帮你做……”

对自己，如：“我晚上按时睡觉，不玩游戏、不追剧”或“我要开始锻炼身体”。

故事启迪

故事一：从小到大考试没有作过弊

大学毕业生小陈去参加一家大公司行政助理的招聘面试，前来面试的有 10 个人，招聘负责人让同学们自我介绍，并说出自己的最大优势。小陈听完竞争对手的自我介绍，一时想不出自己有哪些地方比别人有优势。于是他对招聘负责人讲了自己上大学期间老师在课上做的一项调查。当时老师说："请从小到大考试没有作过弊的同学举手。"全班大约有 40 人，只有 3 个人举手，小陈便是其中一个。没想到这个招聘负责人马上在这 10 个应聘者中也做了同样的调查，结果只有小陈自信地举起手来。最终小陈如愿以偿地获得了这个职位。

当然，小陈获得这个职位不只是依靠诚信，但诚信起到了决定性的作用。

故事二：诚信是金，莫让欠款影响你的信誉

李某毕业于某名牌大学，正打算开创自己的一番事业，不料却在申请信用卡这件小事上遇到了麻烦。原来，李某在就读大学期间为减轻家里的负担办理了助学贷款，并与银行约定就业后会按期偿还贷款本息。但毕业后，粗心的他忙于事业，竟忘记了偿还贷款，造成自己进入了人民银行征信系统的"黑名单"，就不能申请信用卡了。

某银行的理财经理小张解释，人民银行征信系统记载着每个人的信用情况，像李某这样由于一时疏忽忘记还款的客户与恶意透支的客户是有严格的区分的，只要李某尽快还清欠款，就能在"黑名单"上除名，对他就不会有其他影响了，也不会影响他继续申请信用卡。通过小张的一席话，李某表示，以后对此类事情一定会加以注意，并连连感叹："没想到诚信对一个人会造成这么大的影响。"诚信是金，莫让欠款影响你的信誉！

资料来源：佚名 . 诚信为本，大学生诚信教育正反案例面面观 . 深大生科团委学生会公众号，2020-05-30.

故事三：盘子要洗七遍

一个大学生为了勤工俭学，在课余为一家高级餐馆洗盘子以赚取学费。该餐馆规定盘子必须用水洗七遍。由于洗盘子的工作是按件付酬的，因此他计上心头，以后洗盘子时便少洗一两遍。果然，劳动效率大大提高，他也因此受到老板的器重，工钱自然也迅速增加。一起洗盘子赚学费的大学生便向他请教技巧。他毫不避讳，说："你看，洗了七遍的盘子和洗了五遍的盘子有什么区别呢？可以少洗两遍嘛。"餐馆老板只是偶尔抽查一下盘子清洗的情况。在一次抽查中，老板用专业的试纸测出盘子的清洁程度不够并责问这位大学生，他振振有词："洗五遍和洗七遍不是一样都保持了盘子的清

洁吗？”老板只是淡淡地说：“你是一个不诚实的人，请你离开。”

资料来源：佚名．盘子一定要洗七遍，偷懒耍滑成不了大事．点滴公众号，2022-07-11.

个人调查

你如何管理你的协议，在很大程度上决定了别人认为你是否值得信赖。以下调查可以评估你对自己行为以及对他人影响的自我觉知。

步骤 1：给自己的各项协议打分（1 ～ 10 分），10 分表示“严格遵守”，1 分表示“随意违反且毫无悔意”。

（1）学习协议。

1）关于学习的相关协议，我说到做到；

2）按时上课、完成作业、参加活动等。

信守学习协议得分：____

（2）家庭协议。

1）按照承诺的时间及时与父母联系和沟通；

2）我信守所有对家人的承诺，尤其是对父母的承诺。

信守家庭协议得分：____

（3）与自己的协议。

1）我遵守锻炼身体的承诺；

2）我遵守对拓展人脉、改善情绪管理、健康生活等方面的承诺；

3）我遵守自我确定的其他计划与行动的承诺。

信守与自己的协议得分：____

（4）与同学朋友的协议。

1）我遵守对同学和朋友的各种承诺；

2）我遵守与同学和朋友达成的各种协议。

信守与同学朋友的协议得分：____

（5）与陌生人或初识者的协议。

1）我遵守对陌生人或初识者的各种承诺；

2）我遵守与陌生人或初识者达成的各种协议。

信守与陌生人或初识者的协议得分：____

我的诚信自评总分是：____

步骤 2：反思遵守这些协议最为困难的是什么。

____

____

步骤 3：没有信守的协议给你带来的直接影响和潜在影响是什么？静下心来去觉察。

____

修复协议

为了信守诚信，一是要意识到自己何时在达成协议，谨慎达成协议；二是要说到做到，行为胜过言辞；三是如遇特殊情况不能信守协议，需要重新协商；四是针对打破的协议，要修复协议，重建诚信。这就是建立诚信 4 步法。

其中，“修复协议、重建诚信”的流程有 5 步（见图 3－11），可根据实际情况进行顺序与内容的调整。

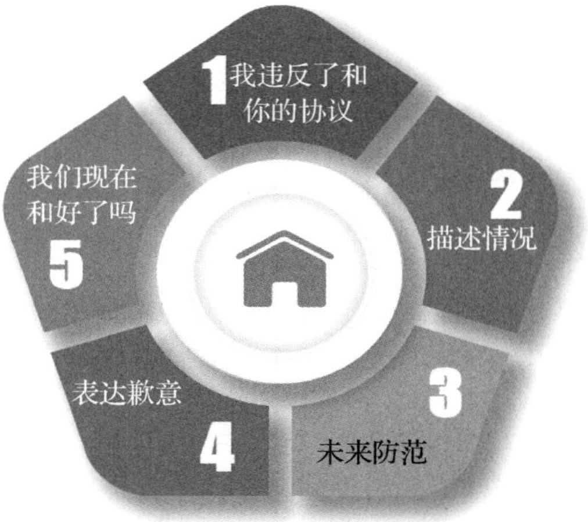

图 3－11 修复协议、重建诚信流程图

（1）承认违反协议的事实；

（2）描述发生了什么；

（3）提出未来防范措施；

（4）表达真诚的歉意；

（5）确认和好如初。

这个顺序不是刚性的，有人认为应该先道歉，这也是可以的，但很多时候对方也许并不接受，我们需要先承认错误，接受对方的不满情绪。

课堂练习

回忆一件让你印象深刻且未能处理好的违背协议事例，按照“修复协议、重建诚信”的流程复盘一次，看有无新的觉察。

（1）承认违反协议的事实：

____

（2）描述发生了什么导致违反协议：

____

（3）未来会采取的防范措施：

____

（4）表达真诚的歉意，郑重道歉：

____

（5）与对方确认是否可以和好如初：

____

阅读资料

降低做事成本最重要的三点：诚信、坦诚和信任

我觉得做人做事的核心要素有很多，比如善良、与人为善、有爱心、喜欢去帮助别人，这些都是很好的。不管是做企业，还是与人交往，我觉得有三个要素是最重要的：第一个是诚信，第二个是坦诚，第三个是信任。

一、诚信

诚信意味着你跟别人做事情时没有任何欺诈，不管是口头上的还是书面上的，不管是两方关系还是三方关系，你都保持诚信，能够不让别人操心，让人相信你所做的每一件事情、说的每一句话都不是虚假的，也不是夸张的。诚信还意味着契约精神，说到做到。从政府体系到我们个人，再到上市公司和其他企业，按道理说，上市公司应该最需要诚信了，因为老百姓花了那么多钱来买你的股票，你不诚信的话就等于欺骗老百姓。人与人之间应该有契约精神。

二、坦诚

坦诚就是做事情不是遮遮掩掩，而是愿意直来直往地与人打交道，比如不会绕着弯子让人去猜。坦诚给我们带来的一个好处就是大大减少了人与人之间的沟通成本。因为大家知道，做事情最大的成本往往就是沟通成本，而沟通不畅通又会引起其他成本的增加。所以为什么有时做生意那么累，还常常赚不到钱？就是因为在这个过程中没有坦诚，从而引起了交易成本的急剧增加。

三、信任

信任是一种互相的行为。如果我对你足够信任，借给你钱我都可以不用你写借条；

反之，你对我信任的话，你借给我的钱也不用我写借条。互相之间的信任可以减少很多摩擦，也可以减少很多交易成本。

所以，一个人如果能做到这三点的话，那跟别人打交道、做生意的成本一定会越来越低、效率越来越高。这种低成本和高效率相加就构成了你做事情能够成功的核心基础。所以我说，做事情要有这三个核心要素。

我们常常会发现这样一个现象：当你面对一个人，如果你猜不透他心里在想什么时，你会产生什么感觉？你马上闪出的感觉很可能是我要防范这个人，在跟这个人打交道的时候一定要小心、谨慎。如果你是被防范的、被其他人认为是要小心谨慎对待的人，你就会失去很多机会，其他人有机会的时候肯定不会想到你，因为其他人跟你打交道心里没底。所以我们也常说这么一句话：害人之心不可有，防人之心不可无。你不能时时处处让人感觉你这个人猜不透、摸不透，而且，你应该知道危险在什么地方，进而能够规避危险，这叫“防人之心不可无”。“害人之心不可有”，说明你内心不能产生故意去抢占别人利益、伤害别人的念头。这也就是说，你内心应该是堂堂正正的。

我们讲了这么多，你会发现，一个坦诚的、让人不需要防范的人，他获得资源的效率是最高的，成本是最低的。一个人只要拥有诚信、坦诚和信任，那么别人就会对你非常放心。所以我对自己的要求一直是让自己变成一个诚信、坦诚、值得别人信任的人。

当然，这三点我并没有完全做到。如果让我给自己打个分数的话，我觉得可以打80分。也就是说，很多跟我交往的朋友，包括业界的企业家，大部分人都觉得我是一个非常诚信、非常坦诚、非常值得信任的人。这样的话，我自己做事情和新东方做事情的成本就比较低，沟通成本也比较低，效率也变得比较高。

与此同时，我着力在新东方打造一个透明、诚信、互相信任的合作氛围。当然，这个目标不是每个人都能做到的。但是总体来说，跟别的企业相比，新东方的氛围还是比较不错的。

我还想说的是，我们常常看到有人觉得自己很坦诚、很可信、很厉害，看到别人在做的事情让自己很不舒服的时候就气愤，就直接批判别人，也许这些人说的是对的，他们对对方的批判也是对的，但是一旦说出来，捅破这层纸的话，那跟对方的关系立刻就会破裂。也就是说，如果你做事情不给人留情面的话，那别人以后做事情也不会给你留情面。所以即使你本人很诚信、很坦诚、很可信，你表达的方式依然要讲究技巧，要让人感到非常舒服。如果你是一个管理者，很坦诚，你的下属有什么错误或缺点，你不顾下属的颜面直接就把它说出来了，而且态度还不友好，甚至当着所有人的面把别人批得体无完肤，你这样做就等于不给人情面，也不给别人回旋的余地，这样的结果只会更糟糕。

我们也发现，有些管理者就是这样的人，这会导致团队人心离散。为什么这么说呢？因为你不给别人留情面，别人也不会给你留情面，你不给别人成长的空间，别人也不会给你发展的空间。所以我们在做事情的时候降低自己的做事成本，这个成本不仅仅是钱，也不仅仅是时间，而是包括很多方面。做事情轻松、能够迅速地达成目的、没有任何障碍，这就是降低做事成本。

我个人认为，降低成本的最好方法就是把自己变成一个诚信、坦诚和值得信任的人，这也是唯一的方法。你只要做到这些，就可以把精力、时间和资源用在你的事业和人生中最重要的地方，而不是耗费精力在无聊的信息上。

世界上有两种人：一种人把所有时间和精力耗费在解决自己所创造的麻烦和问题上，比如跟别人的纠葛、吵架、内讧等。而另一种人就活得非常明白，把自己的时间、精力和资源用在对自己的人生最重要的事情上面，把那些琐碎的事情想办法排除掉。而要排除琐碎的事情，最好的方法就是有一个博大、坦诚、诚恳的胸怀，这是我们每一个创业者和做事业的人，包括懂得生活的人都应该记住的最重要的原则。

资料来源：俞敏洪．我曾走在崩溃的边缘［M］．北京：中信出版社，2019.

团队训练

按照如下《诚信摆渡人》情景剧剧本，小组同学课下排练，课上演出，并进行反思和共享。

角色介绍：

坐船人（学生甲扮演），一个功成名就、自命不凡的年轻人，手中拿着折叠扇。

老艄公（学生乙扮演），一位须眉皆白、头戴草帽、手拿烟斗、神情悠闲的长者。

七个学生头戴写着各自角色的帽子，各背自己的行囊。

《诚信摆渡人》剧本

坐船人：当我经过漫长的人生跋涉，走到这个渡口的时候，我可以非常自豪地说：我这一生是成功的。我身旁有七个行囊。

健康：我是健康！

美貌：我是美貌！

权力：我是权力！

才学：我是才学！

金钱：我是金钱！

荣誉：我是荣誉！

诚信：我是诚信！

坐船人：（拍着胸脯，晃着脑袋，一副得意扬扬的神态）这些都是我经过坚持不懈的努力所得来的，它们都是我的珍宝。而现在我将带着我的七个珍宝渡过这个渡口。

旁白：渡口只有一只小船，一位须眉皆白的老艄公正坐在船头悠闲自在地吸着烟，望着远方……

坐船人：（走上前去，深鞠一躬）劳烦船家，摆渡过江多少钱？

老艄公：（转过头来，打量一番，目光停留在“诚信”的行囊上，慢慢露出笑脸）

一口价，三个铜钱，包你安全到岸！

坐船人：好！一言为定。

旁白：起初江面风平浪静，过了不久风起浪涌，小船开始上下颠簸。

老艄公：（叹了口气）唉，船小负重，客官须丢弃一个行囊，方可安渡难关。

坐船人：（面露难色）这……每一个都是我辛劳所得，我怎舍得丢弃？

老艄公：有弃有取，有失有得。

坐船人：唉，我该丢弃哪一个呢？

诚信：留下我吧，虽然你现在感觉不到，但是我是你生命中很重要的一部分，请相信我！

荣誉：留下我吧！我能让你登上人生最高领奖台。

健康：留下我你才能拥有你现在的一切！

美貌：留下我吧！我能让你举世瞩目。

权力：留下我你就有指挥和支配的权力！

才学：留下我吧！我能让你学贯中西、博古通今。

金钱：留下我吧！虽然钱不是万能的，但是没有钱是万万不能的！

坐船人：（走到“诚信”面前）好，就是你了。

诚信：不要呀，你会后悔的！

（坐船人咬紧牙关，狠下决心，把“诚信”抛进了水里。老艄公稍一愣，面露失望之色。）

旁白：过了一会儿，风平浪静。

权力和荣誉：（忽然大叫）哎呀！我没力气了。（随后跌落水中）

坐船人：（面露难色）老人家，趁着浪小，快快摇船吧！

老艄公：（瞥了一眼坐船人，停了船桨，径自坐在船头）唉，不摇了！

坐船人：老人家，你这是……

老艄公：要我摇船可以，不过要用你那一袋“金钱”来充当船费。

坐船人：你……（气得说不出话来，但四周水天茫茫，何处是岸？只得气急败坏地将“金钱”扔给老艄公）给你吧！

旁白：又行了一会儿。

老艄公：（摇头叹气）哎哟，人老身子骨不好，没力气摇船了——除非你把“健康”给我，不然……

坐船人：事到如今，我就把“健康”给你。

老艄公：（伸伸懒腰，走到坐船人身边）喂，年轻人，你好人做到底，连同那几个行囊一同给我老头儿吧！

坐船人：你……（大声嚷）当初上船时，你说三个铜钱包我到岸，可如今你却贪得无厌，一再勒索。你……你怎么如此不讲诚信？

老艄公：哈哈……“诚信”？你不早将“诚信”抛入水中了吗？与你这等不诚信的

人还讲什么诚信？快将行囊拿来，现在我可比你健壮多了！

（坐船人一愣，只得乖乖将行囊都给了老艄公。）

老艄公：我可先走一步喽！

旁白：老艄公“扑嗵”一声跳进水里，不见踪影。坐船人暗自想起被抛弃的“诚信”，后悔莫及，不禁落下泪来。老艄公突然湿淋淋地爬上船来，将“诚信”抛到坐船人身边。

老艄公：年轻人，我给你把“诚信”捞回来了，记住，从今往后，无论何时，也不能抛弃“诚信”呀！

坐船人：（惊喜不已）你是……

老艄公：（指着自己）我就是诚信。诚信才是人生真正的摆渡人啊！

旁白：坐船人上岸后，继续着自己漫长的人生。经历这次事情后，不论遇到什么艰难险阻，他始终坚守诚信，对诚信不离不弃。因为他终于明白失去诚信就会失去一切。慢慢地，权力、荣誉、才学、健康、美貌、金钱都回来了。

权力：立木悬金取信民，王遵国法统先秦。

荣誉：若非结义桃园拜，何苦单骑古堡寻。

才学：汉使流年居北海，南雁带书上苑林。

金钱：诚信是金，真理赋予了诚信，才有金子般闪闪发光。

美貌：诚信是美，心灵美才是真正的美。

健康：面容上有自尊，眼睛里有自信，行动中有把握，生命中有力量。

诚信：学习因为诚信而进步，工作因为诚信而成功，人生因为诚信而精彩，社会因为诚信而和谐。

全体：我们呼唤诚信，我们拥抱诚信，我们坚守诚信。

坐船人：你童叟无欺，一视同仁；我表里如一，诚实守信。

老艄公：你说话算话，一诺千金；我一言九鼎，一言为定。

老艄公：你君子一言，驷马难追；我张口无悔，一锤定音。

全体：我们合作共赢，人人诚信，诚信人人。

资料来源：佚名.《诚信摆渡人》小品剧本.道客巴巴，2013-01-14.

视频微课

学会解决问题

单元 13 学会解决问题

问题无处不在、无时不在，旧问题解决了，新问题又来了，这是客观规律。我们需要做的是发现问题、直面问题、分析问题和解决问题，而不是无视问题、抱怨问题、汇报问题和上交问题。这个单元我们重点学习如何解决问题，学习、工作及生活中的问题会涉及很多因素，而思维方式至关重要。一个人的思维能力越强，越容易透过现象看清本质，降低解决问题的成本，同时也更能清晰地表达自己的观点，更容易说服别人达成共识与合作。

预期成果

如果你能认真学习并实践本单元的内容，你可以获得如下学习成果：

（1）掌握三种思考问题的方式及相关工具，提升思维能力。

（2）通过提升思维能力，增强分析问题和解决问题的能力。

思考方式

“花 1 秒钟就看透事物本质的人，和花一辈子都看不清事物本质的人，注定是截然不同的命运。”一眼看透事物本质，对很多人来说难度很大，但它可以通过长时间的刻意练习而获得。吉泽准特在《解决问题的三大思考工具》一书中，给出了三种非常有效的思考方式。

一、三种思考方式

1. 批判性思考

批判性思考是一种质疑现状，从问题的本质入手，先搞清楚真正想要达到的目的，再去寻找解决方案的探索性思考。在已知的前提下思考问题的本质到底是什么，有没有更具实践性的做法，并在已知信息基础上自主确立要解决的根本问题。

2. 横向思考

横向思考会把目光集中在解决问题的多样性上，然后从中选出最优方案。使用这种思考方式时，我们会考虑各种可能性，比如：“有没有更简单的解决方法？”“如果遇到类似的案例，我该怎么做？”

3. 逻辑思考

逻辑思考是指将事物各要素有逻辑地进行分解的纵向思考方式。当面对一个巨大而复杂的问题时，我们通常会化繁为简，对问题进行切分，一步一步展开思考。

二、三种思考方式举例

“如何将9块巧克力公平地分给4个孩子？”通过这个小小的案例，可以说明什么是批判性思考、什么是横向思考、什么是逻辑思考。

有人最先想到的是每人2块，自己吃1块，这样避免了将多出的1块巧克力切分的麻烦，尤其是不规则形状的巧克力，这种思考方式是批判性思考。有人想到的是每人2块，多出的1块再切分为4等份，这种思考方式属于逻辑思考。还有人想到的是将巧克力融化成液态，放入4个杯子中平均分配，这种思考方式是横向思考。拥有这种思考方式的人经常有一些奇特的想法，思维发散能力比较强。

三、使用三种思考方式的步骤

面对问题，我们需要灵活使用三种思考方式，一般情况按如下三个步骤：

（1）利用批判性思考，从思考问题的本质开始，再去寻求解决问题的方案。

（2）利用横向思考，寻找相似案例，考虑多种可能性，从中选出最优方案。

（3）利用逻辑思考，有效分析问题，变复杂为简单，进而能够解决问题。

我们的学习、工作和生活就是不断地面对问题、解决问题的过程，当我们熟练掌握了三种思考方式之后，就可以灵活运用，相互配合，用批判性思考分析现状，用横向思考探索最好的路径，用逻辑思考对问题进行分解。只有灵活运用三种思考方式，我们才能更好地解决工作和生活中的问题。

看透本质

现实生活中，大部分人看到的只是事物的表象，却看不透事物的本质。比如，为什么华为手机成功了？很多人的第一反应是：因为华为更注重研发投入和打磨产品。为什么新东方依靠“东方甄选”可以成功“逆袭”，有人认为是因为赶上了直播带货的潮流。再比如，你觉得造纸企业有前途吗？一些人会脱口而出：人类都进入互联网时代了，造纸企业肯定穷途末路了。但你只要深入地多问一句：难道苹果和三星就不注重产品研发吗？新东方的成功靠的只是外部的机遇，不是自身的核心竞争力？为什么那些上市纸企这几年一直闷声发大财，业绩翻了好几倍？你就会发现答案完全不同。认知心理学的研究表明：很多人在分析问题时，并不是为了找到真相，而只是为了给自己一个满意的答案。那到底如何才能看透事物的本质呢？正和岛2019年4月6日在微信公众号发表的《知乎10万赞回答：真正厉害的人，是怎么分析问题的？》中谈到的富研社作者谢春霖对于“问题的本质是什么”等一系列观点、论断和事例都颇有洞见，值得参考借鉴，在此和同学们分享如下。

一、搞清楚问题到底是什么

例如，一家连锁门店的店长发现最近的问题是业绩一路下滑。

找到的原因是：这两个月团队走了2个得力干将。另外，这段时间市场上出现了一个竞争对手，同类产品，价格较低，带走一批顾客，所以业绩下滑。

采取的对策是：重新招募2个得力的销售人员，向公司争取一些商品折扣。

处理的结果是：一个月过去了，门店的销售额确实提升了，但是由于都是打折出售，算上新增的人力成本、团队的运营成本，利润竟然变为了负数。

怎么办？再降价，就会亏更多；不降价，市场就没了；裁人，团队就散了。

为什么会这样？那是因为店长只看到了“表面问题”，并没有找到“本质问题”。什么是表面问题？什么是本质问题？我们又应该如何找到本质问题呢？

先说什么是问题。比如，我问你：“你为什么这个月业绩那么差？”这不一定是个清晰明确的问题。如果说，公司给你的业绩目标是100万元，你做了50万元，那么这就是个问题。但是，如果目标是100万元，你也做了100万元，那么对公司而言，这就不是个问题。

要找到本质问题，我们得先看一下到底什么是“问题”，它是如何产生的。

“问题”应该是：期望与现状的落差部分。假设某件事的期望值是B，现状是B’，那么B’→B这个落差部分，才是真正的问题。

比如，“门店业绩一直在下滑，你下一步打算怎么办？”这个问题，其实就很模糊，怎么算下滑？目标业绩是多少？现在业绩是多少？下滑的比例是多少？过去几个月具体是什么情况？是原来做100万元，现在变成30万元？还是原来做100万元，现在下降到80万元？虽然都是业绩变差了，但这两个问题显然是不同的问题，一个是要解决70万元差额的断崖式下跌，另一个是要解决20万元差额的业绩波动，所给的解决方案当然应该不同。如果是第一个问题，那可能就需要动大手术，比如降价促销、整个团队大换血，甚至是战略调整；而如果是第二个问题，那么补充几名销售人员，再给团队打一针“鸡血”，店长带头向前冲，也许就能解决。

因此，要解决一个问题，你得先弄明白问题到底是什么，不要提出类似于“业绩那么差，我们怎么办？”这样的问题。应该是：“门店前三个月的业绩分别是100万元、110万元、105万元，而这个月变成了80万元，我们来讨论一下，下个月如何能做到115万元。”提出一个精准的问题，是你能找到正确答案的第一步，也是最重要的一步。

二、穿透表面问题寻找本质问题

如何能透过表面问题发现本质问题呢？先别盯着问题看，我们先来看一下这个（B’）是如何产生的。

比如，我们设定门店本月业绩的期望值B为100万元，同时要制定一个实现它的方法，我们假定这个方法是A，那么，理想的状态应该是：做了A，就能完成B。可现在做了A之后，并没有达到预期结果B，而是达到了B’，这就产生了B’→B的这个落差。也就是我们看到的表面问题，或者称之为症状。如图3－12所示。

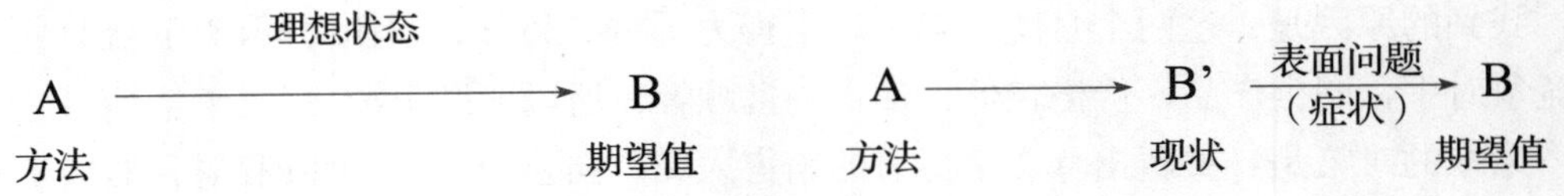

图 3－12　落差示意图

然后我们开始分析，B' 为什么会产生？结果发现有一个竞争对手降价了。这个因素，在我们当时制定 A 的时候没有考虑进去，是一个在过程中突发的变量，我们称之为 C。现状 B' 的出现和它脱不了干系。因此，B' 只是症状，而导致这个症状出现的是 A、B、C 这三个因素，它们才是更本质的问题。如图 3－13 所示。

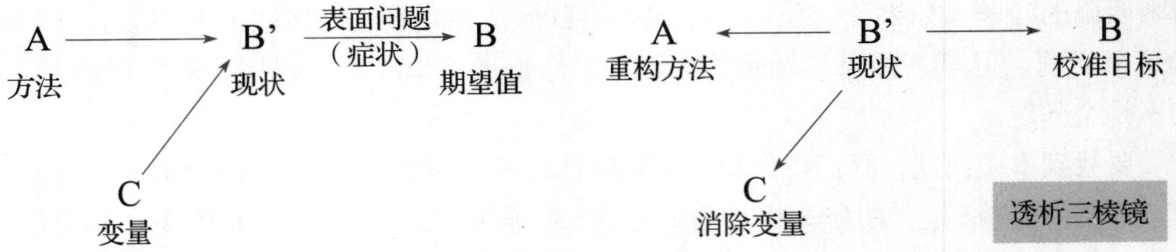

透析三棱镜

图 3－13　落差原因分析

所以，要解决这个问题，不能盯着 B' → B 看，而是要透过 B' 去看 A、B、C。学者谢春霖称之为“透析三棱镜”。下面，我们就来说一下这个三棱镜具体怎么使用。

三、透析三棱镜 B：校准目标

遇到问题，就习惯性地找原因、找解决办法，你是否想过有可能是目标本身错了呢？你得先有个合理的目标。比如，如果你的目标是“幸福”，但幸福没有标准，每个人对它的定义也不同。既然无法衡量，你也就无法知道与现状落差具体在哪，找不到落差，你甚至连问题是什么都不知道。

没有清晰的目标，你认为的问题就会永远存在，目标永远达不成，整天感觉自己不幸福，却不知道该怎么办。那如何设定一个“正确”的目标？设立目标一定要遵循 SMART 原则。

S：specific，明确的，具体的。比如刚才提到的目标，“我的目标是要幸福”本身没有错，只是办不到而已，因为幸福的定义不明确，所以不知道该做什么才能达成。那怎么办呢？你想要幸福，就一定要有所行动，因此，你可以把这个目标用清晰明确的行动指引来替代。比如：“我的目标是有一份稳定的工作，有几个很好的朋友，每周能一起去看次电影，每年去旅行一次。”

M：measurable，可衡量的。目标是否达成，需要可以被衡量。比如你说“我们的目标就是让客户满意”，那么怎么样才算满意呢？这个无法衡量。你需要加上一组数据维度，比如说“用户评分在 9.5 分以上”，这样就能衡量是否达成目标了。

A：achievable，可达到的。你不能定一个不可实现的目标，你可以先定一个可实现的小目标，如果这个目标能达成，再定一个远一些的目标，就会比较实际。不然就会因为目标距离太远，而让自己始终处在焦虑的状态，也不知道下一步该如何改善。这里要强调的一点是，目标的达成，一定是自己的力量可以控制的过程，而不能把目标达成与否寄托在他人或者你不可控的事情上。比如，目标定为“下半年能够升职”，这个你不能控制，因为决定权在领导，你可以改成“连续两个月达到团队业绩第一名”。

R：rewarding，达成后有满足感的。你需要衡量，当你达成这个目标的时候，是否能够满足你的成就感。太近、太容易实现的目标，即便达成，你也不会有愉悦感和满足感，那么这就不是一个好目标，会让你在过程中失去对它的渴求，也就没有了动力。

T：time-bound，有时间限制的。一定得有时间限制，不然任何目标都没有意义。比如“我的目标是赚 100 万元”，那是准备多久达到呢？是 1 个月、1 年、10 年，还是 50 年？不同的时间限制，会使你思考的方式、制订的计划完全不同。如果没有时间限制，这个目标就会成为一句口号，起不到任何作用。

个人练习

（1）根据 SMART 原则，确定一个学习目标。

（2）根据 SMART 原则，确定一个其他目标。

除了目标要遵循“SMART 原则”外，你还得注意区分目标和手段。我们使用方法 A 来达成目标 B，但往往在过程中把 A 本身当成了目标，这是怎么回事？就比如读书这件事，你定了一个目标：一年要读 50 本书。到了年底，终于读完 50 本书了，然后呢？你感觉好像也没学到什么，读完这 50 本书能做什么呢？为什么会这样？那是因为，读书是手段，并不是目的。除非你将读书就作为目的。

你应该问：“我们为什么需要读书？”可能是为了解决某些具体的问题；可能是为了写一篇学术论文；也可能是为了开阔视野、修身养性、滋养心灵……这样的读书，才能有效果。所以，当你遇到一个问题的时候，第一步应该先检查一下你的目标是否符合 SMART 原则，你是否把手段本身当成了目标。目标不对，则什么都不对。

四、透析三棱镜 A：重构方法

A 是你为了实现 B 所用的方法。当问题复杂时，需要一个方案，这个方案包括与之相关的人、事、物、时间、地点等。当出现现状 B’，我们会习惯性地再找一条从 B’到 B 的途径，其实这是治标不治本的方法，结果常常让同样的问题重复出现。现状 B’不会平白无故地出现，而是由原来的解决方法 A 导致的。如果不改变原有的解决方法，现状就很难改变。如何才能制定一个有效的解决问题的方法呢？下面是一个思考问题、分析问题、制定方法的基本思路：

（1）本质的核心问题是什么？（只能有一个，如果有很多，找到最重要的那个）

（2）这个问题的背景是什么？（来龙去脉、产生的原因）

（3）和现在这个问题有关的人物和因素有哪些？（记住 MECE 法则，用归纳法一一列出来。这个原则和方法后边会学到）

（4）哪些是导致这个问题的关键原因？

（5）哪些是导致这个问题的次要原因？

（6）解决这个问题有哪些方法？（用归纳法写出所有可能，用演绎法找到每种方法实施的具体步骤。这些方法后边会学到）

（7）要解决这个问题，你现在欠缺哪些条件或者资源？

（8）如何去弥补这些条件上的欠缺？

（9）你的时间规划是怎样的？先做什么，再做什么，然后做什么？

（10）最后一步：行动起来。

以上是思考问题时通常应遵循的思维方法，多运用几次之后，你会不自觉地按照这个逻辑去解决任何你遇到的问题，不仅是工作中的问题，在日常生活中遇到的任何让人不知所措的问题，都能轻松化解。

五、透析三棱镜 C：消除变量

如果 A、B 都没有问题了，B' 还是存在，那么就一定出现了变量 C。这个 C 可能是内部变量，比如，发现原定计划 A 中的某个人并不能胜任该工作，或者团队执行力比预期的要低。这个 C 也可能是外部变量，比如，你平时非常注意身体的保养，控制饮食，保持运动，可还是感冒发烧了，那就不是 A 有问题，而是有可能被病毒感染了，这个不可预料的病毒入侵，就是变量 C。

那么我们该如何找到 C 呢？任何一个"现象"背后一定有"数据"，任何"数据"的变动，背后一定有"原因"。面对一个客观问题，要避免使用"我感觉……"这样的表述方式，比如："我感觉最近用户的投诉多了"这样的反馈没有多大意义，这只是你的"观点"，不是"事实"。你要用"数据"来说明，比如："上个月我们的销量是 1 000 单，共接到 2 个投诉电话，投诉率为 2‰；这个月我们卖了 3 000 单，却接到了 20 个投诉电话，投诉率为 6.7‰，比上个月足足提高了 3 倍多，这个问题需要引起我们的重视！"有了这个数据够不够呢？还不够。你要继续挖掘更细的数据，比如：这 20 个投诉电话分别投诉了哪些内容。然后你发现，其中有 19 个投诉了产品质量问题，有 1 个投诉了物流问题。

当然你还可以继续追问下去，比如：具体是哪些方面的质量问题？占比各是多少？这些产品分别是什么时间生产的？等等。总之，把现象背后的数据分解得越细，看到的问题就会越精准。有了明确的数据，我们才能寻找"导致数据变化背后的原因"是什么。

我们可以使用"*N* 个 Why 提问法"，也就是连续追问多个"为什么"，来寻找这个数据异动背后的原因。比如：为什么这个月的次品率是上个月的 3 倍？因为最近销量突然变大，这个月开始日夜两班倒，晚上的次品率比较高。为什么晚上的次品率比较高？因为晚上品控把关不严。为什么晚上品控把关不严？因为工人们晚上都在偷偷看手机。为什么工人们晚上会偷偷看手机？因为最近正好在举办世界杯。原来，是“世界杯”这个外因，导致了产品质量的下降。然后怎么办？打电话给国际足联，让他们把世界杯取消？发现根本原因后，你要把之后的改善行动落实在“自己可以改变”的事情上，你无法让世界杯取消，却可以让工人们不能携带手机进入车间，这样问题就能解决了。

思维导图

如何培养横向思维呢？方法有很多，我们在创新创业教育课程中会专门学到。这里只介绍一种工具，即思维导图。它是表达发散性思维的有效图形思维工具，简单又很有效，是一种革命性的思维工具。思维导图运用图文并重的技巧，把各级主题的关系用相互隶属与相关的层级表现出来，把主题关键词与图像、颜色等建立记忆链接。思维导图充分运用左右脑的机能，利用记忆、阅读、思维的规律，协助人们在科学与艺术、逻辑与想象之间平衡发展，从而开启人类大脑的无限潜能。思维导图有很多形式，图 3－14 示意的思维导图只是其中一种。

在分析问题和解决问题的过程中，思维导图可以帮助我们做什么呢？参照木棉在 2016 年月 4 日发表的《思维导图作用——理清思路》，我们给出思维导图的以下四个主要用途：

一、帮助我们梳理思路

理清思路是非常重要的，无论是讲话、写文章，还是思考、汇报工作等，都需要思路清晰，这样才能提高效率。思维导图是个很不错的图式工具，它的分支及层次可以很好地帮助我们进行思路的梳理。

二、帮助我们抓住要点、关键和本质

思维导图是用关键词来做笔记的，所以为了抓住关键词，我们会不断总结、归纳、思考，最终把关键词提取出来。这是思维导图这个学习工具的一个关键。

三、帮助我们发散思考和深层次系统思考

思维导图的结构是发散的，所以思维导图可以帮助我们进行发散思考。人常常是“懒惰”的，有了一个方法就不想再去思考其他方法，但往往其他方法更加有效。所以，有个可以引导我们进行发散思考的工具就很有必要了，思维导图正是这样的工具。特别是面对复杂事情的时候，因为思考和记忆是同时进行的，你要一边思考一边记忆，所以很多人为了提高思考效率，会把思考到的重点标在纸上，这样能够进行深层次系统思考。

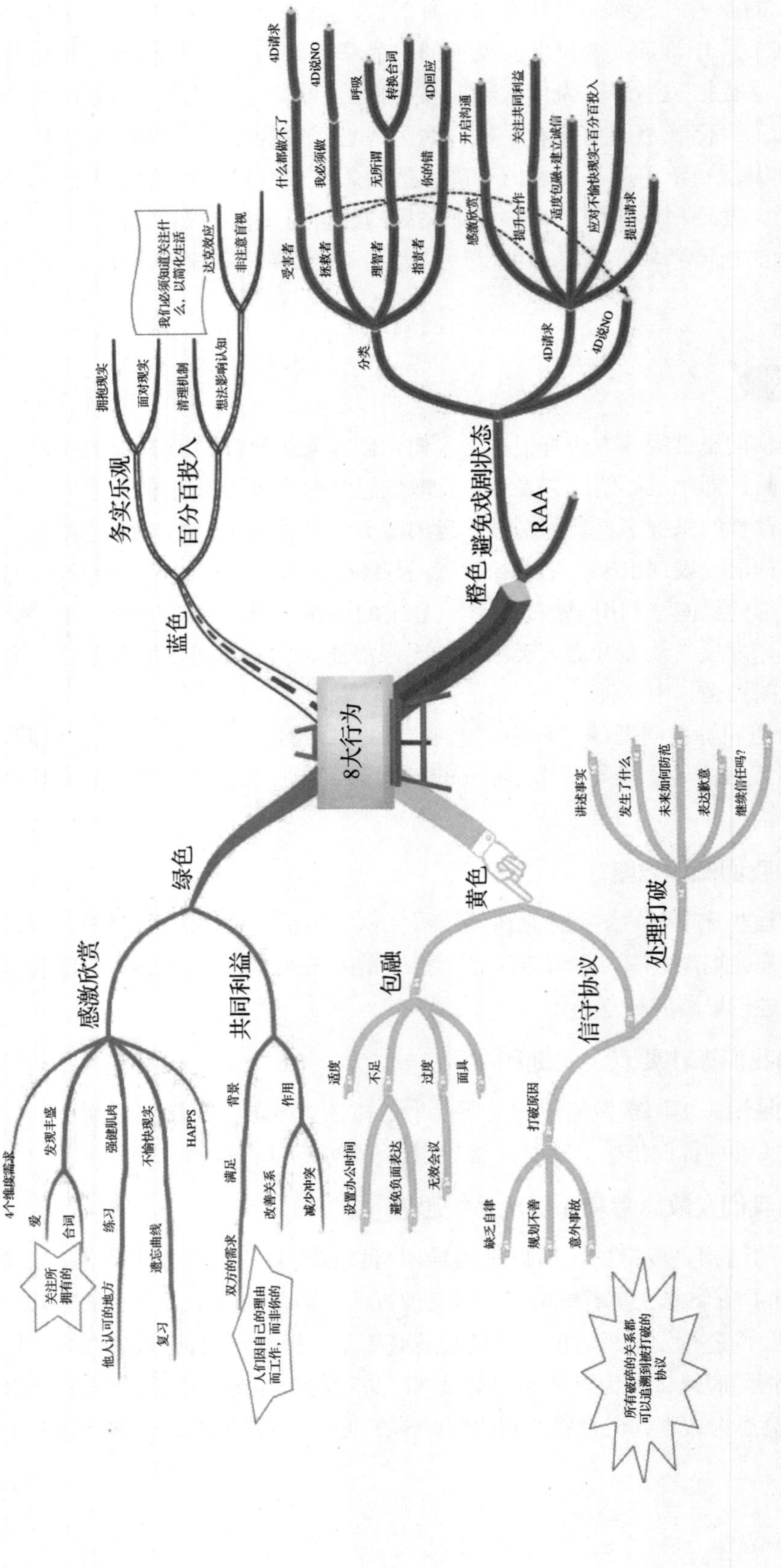
8大行为
蓝色
务实乐观
拥抱现实
面对现实
百分百投入
清理机制
想法影响认知
我们必须知道关注什么，以简化生活
达克效应
非注意盲视
橙色 避免戏剧状态
RAA
分类
受害者
什么都做不了
4D请求
拯救者
我必须做
4D说NO
理智者
无所谓
呼吸
转换台词
指责者
你的错
4D回应
感激欣赏
开启沟通
提升合作
关注共同利益
适度包融+建立诚信
4D请求
应对不愉快现实+百分百投入
4D说NO
提出请求
绿色
感激欣赏
4个维度需求
发现丰盛
爱
台词
关注所拥有的
强健肌肉
练习
他人认可的地方
不愉快现实
遗忘曲线
复习
HAPPS
共同利益
背景
满足
双方的需求
人们因自己的理由而工作，而非你的
作用
改善关系
减少冲突
黄色
包融
适度
不足
设置办公时间
避免负面表达
过度
无效会议
面具
信守协议
打破原因
缺乏自律
规划不善
意外事故
所有破碎的关系都可以追溯到被打破的协议
处理打破
讲述事实
发生了什么
未来如何防范
表达歉意
继续信任吗？

图 3-14 思维导图示意

四、帮助我们进行图式思考

思维导图本身就是一张图，同时思维导图也鼓励我们尽量用图像、图标、图形、符号等来做笔记。使用这些图可以启动右脑，锻炼我们的图像思维能力。

团队练习

（1）上网查找相关资料，小组共同学习思维导图的种类、画法。

（2）选择学习或生活中的一个问题，讨论可能的解决方案。

（3）用思维导图全面展现小组解决问题的思路与策略。

前面我们共同学习了如何培养批判性思考和横向思考能力，那逻辑思考能力应该如何培养呢？下面介绍 MECE 分析法以及归纳和演绎。

MECE 分析法

MECE 是“mutually exclusive，collectively exhaustive”的简写，中文意思是“相互独立，完全穷尽”。也就是对于一个较为复杂的问题，分析其相关因素，能够做到不重叠、不遗漏地分类，而且能够借此有效把握问题的核心，并解决问题的方法。

怎么理解“相互独立”呢？比如世界上有两种人，男人和女人，男人和女人就是相互独立。如果我问你，公司的员工年龄结构是如何划分的，你回答说有 20 ～ 25 岁、24 ～ 30 岁、28 ～ 35 岁，这种划分方法就不是相互独立，因为 20 ～ 25 岁和 24 ～ 30 岁之间有重复、有叠加。怎么理解“完全穷尽”呢？例如，一周由哪几天组成？你回答说由周一、周二、周三、周四、周五、周六、周日组成，这就是完全穷尽。如果我问你，一年由几个季节组成，你回答说由春季、夏季、秋季组成，遗漏了冬季，这样就不能称为完全穷尽。

“相互独立，完全穷尽”是一个非常有效的分析方法，你用这种方法去分析身边的事物，去分解工作中的目标，去解决相关的问题，就会发现自己的逻辑非常严谨，思维非常缜密。

通常运用 MECE 都是从一个最高层的问题开始，逐层向下进行分解。首先列出你亟待解决的问题，然后将问题拆分成子问题，并保证它们之间互不重叠和干扰。同时保证你把能够想到的子问题全部列了出来。实际运用中你只用不停问自己两个问题：

（1）我是不是把所有的可能因素都考虑到了？有没有遗漏的？如果有，再去找。

（2）这些因素之间有没有互相重叠的部分？如果有，进行去重。

参照张良计于 2016 年 3 月 3 日在微信公众号发表的《究竟是什么决定了你的职场上限？》中的内容，举个例子，你现在遇到的问题是“我该不该跳槽？”，那么对这个问题的分解可以如图 3－15 所示。

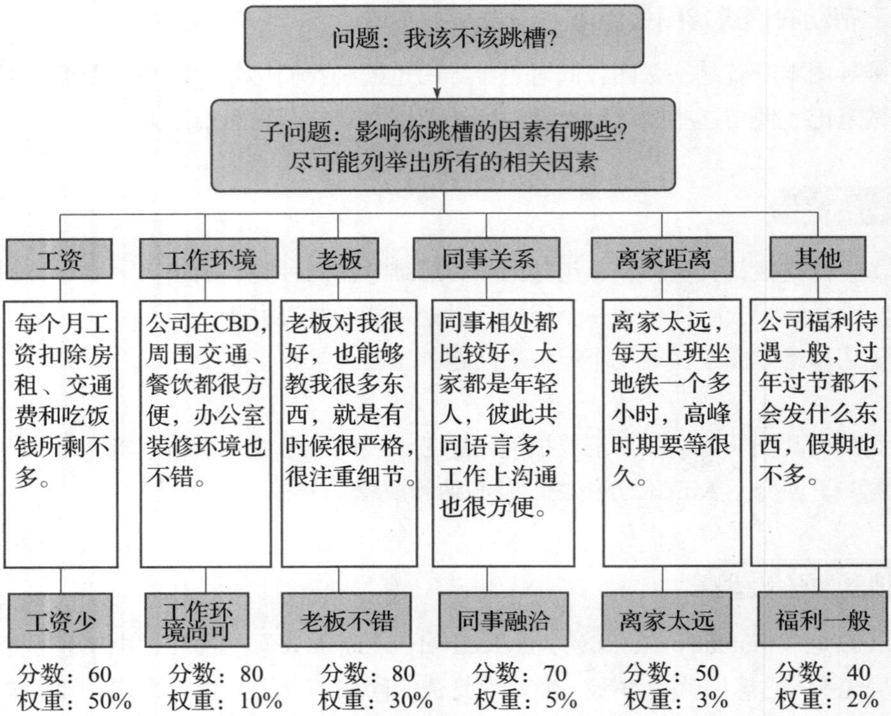

每一个因素按满分 100 计算

图 3－15　跳槽问题分析图

根据图 3－15 中各因素的分数和权重，可计算得出对工作的整体评价，即 $60\times50\%+80\times10\%+80\times30\%+70\times5\%+50\times3\%+40\times2\%=75$ 分。至于该不该跳槽，取决于你对工作的整体评价要达到多少分，你认为关键的因素如“工资”要达到多少分。

归纳和演绎

归纳和演绎是逻辑思考的两个具体方法，简单通俗来说：

归纳，是把具备某种相同属性的事物一一列举出来，然后寻找共同点。也就是说，归纳是从个别事实中概括出一般结论的思考方法。

演绎，是把互相之间形成影响的因素，按照事物因果顺序、时间先后顺序、重要程度顺序排列出来，再寻找突破口。演绎是从已知的一般性或普遍性的原理出发，推论出个别的或特殊的结论的一种思考方法。

如：天下乌鸦一般黑。这是归纳（无论每只乌鸦有什么不同，相同的都是“黑”）。

又如：没有调查就没有发言权（大前提），你没有调查（小前提），你还是别忙着发表意见吧（结论）。这是演绎。

工作和学习中所有的问题，都可以用归纳或者演绎的形式进行拆分。归纳、演绎和前面提到的 MECE 分析法经常搭配使用，能把复杂的问题分解成多种单一的因素，这个过程犹如抽丝剥茧，将一团乱麻理得条条顺顺。

应用举例：

张良计于2016年3月3日在微信公众号发表的《究竟是什么决定了你的职场上限？》中给出了一个这样的例子：你现在是一名助理，刚刚老板告诉你需要帮她订周日的机票飞往北京，可是你发现周日的机票全部卖光了。此时你手上还有三封邮件没有发，下午还有一个会议要参加。

（1）核心问题是什么？（只能有一个）

老板周日要去北京，可是当天航班机票都卖光了。

（2）这个问题的背景是什么？（来龙去脉、历史原因）

下周一公司在北京将有一场重要的宣传活动，因此老板必须在周日之前赶到。另外，周六早上老板有一个会议，下午就没事了。因此老板也可以周六下午前往机场。

（3）和现在这个问题有关的人物和因素有哪些？（记住MECE法则，用归纳法列出来）

你是老板唯一的助理，这个事情只有你一个人负责。老板要坐飞机，因此关键因素是各大航空公司周六飞北京的航班时刻表以及剩余座位信息。

（4）哪些是导致这个问题的关键原因？

你得知这个事情的时间太晚，错过了最佳订票时间。

（5）哪些是次要原因？

最近是旅游旺季，周末前往北京的人很多，导致航班紧张。但是改期去是不可能的。

（6）解决这个问题有哪些方法？（用归纳法写出所有可能，用演绎法找到每种方法实施的具体步骤）

1）委托自己在旅行社的朋友帮忙，搜寻周日航班尾票，并将起飞和降落时间等信息记录下来。

2）如果旅行社也没有周日的票，或周日机票的时间、座位不好，就要订周六的票。将周六飞往北京的航班剩余座位信息做成一张统计表，包括起飞和降落时间、座舱等级、机场信息、机票价格。

3）如果老板不愿意提前一天到北京，那么改去搜寻高铁的时刻表，同样将车次、时间、火车站等信息做记录。

（7）解决这个问题，你现在欠缺哪些条件或者资源？

时间。因为错过最佳订票时间，所以需要尽快在网上搜寻剩余的航班信息。你手上还有其他非常紧急的事情，一个人忙不过来，需要人手帮忙，否则周六的机票也可能订不上。

（8）如何去弥补这些条件上的欠缺？

叫同组的同事或者实习生一起帮忙，告诉他们事情的紧迫性，请暂时手上空闲的人帮你一起搜寻，然后你做信息汇总。

（9）你的时间规划是怎样的？先做什么，再做什么，然后做什么？

今天是周四，早上你还需要发送三封紧急的邮件，下午两点之前你有一个紧急会议要参加。三点以后到下班前你都有时间。因此现在先委托同事帮忙搜寻航班信息，三点以后你来继续做接下来的工作以及汇总。

（10）最后一步，记住，当你信心满满地把你的解决方案呈现给老板时，绝不能是“老板，我给您订周六晚上8点的票吧”这样一句话，如果你这么说，估计你这个助理干不了多久。

聪明的助理首先会把之前搜集好的信息做成一张简单清楚的表格，将所有航班的起飞时间、机场、航空公司等全部纳入其中，并且还有高铁作为备选方案。

当你把这个表格呈现给老板的时候会说：“老板，根据查询结果，我觉得最适合您周末去北京的时间是周六下午3点半。因为周六早上您有一个重要会议，会议结束之后赶往机场刚好能赶上飞机，降落北京之后您到达酒店的时间刚好能赶上晚饭。这个航班的航空公司也是您之前经常选择的，相信他们的服务您也会满意。如果您不想提前一天到北京，我还准备了备选方案，如果您不介意坐高铁的话……”

不要以为给老板订机票很简单，做好了也需要下一番功夫，更别提工作中比这复杂得多的问题了。但万变不离其宗，当你在日常学习和工作中有意识培养自己这样一套思考问题的逻辑方法以后，久而久之会形成习惯，以后再遇到问题就能很高效地去分析和解决了。

强有力问题

下边我们介绍一个简单易行的工具，叫“强有力问题”。它能帮助我们通过提出“强有力问题”，启发引导自己找到解决问题的方法或者激发自身的动力，为自己赋能。

比如有同学说：“老师，我不想学习就去兼职，兼职后发现工作更难，我都不知道怎么办了！”那我作为老师知道怎么办吗？用告知型的教育，他能接受吗？真的能解决问题吗？

所以我用开放式、强有力问题来提问，启发引导这个同学自己找到解决问题的路径和方法。我会问他：“学习是你不想要的，工作也是你不想要的，是吗？你都18岁了，你到底想要的是什么呢？”

再比如，学生说不喜欢他实习门店的店长，想申请调店实习。我会问他：“你调到其他门店，就一定会遇到自己喜欢的店长吗？如果店长是你喜欢的，同事是你不喜欢的，新的门店所处商业环境不佳，压力更大，你怎么办呢？哪个店长没有问题呢？问题哪都有，矛盾一直在，你想调店，是因为遇到问题想逃避，还是真的付出了很多努力，依然解决不了呢？”一连串的问题问完后，这个学生答应再努力试试，让自己从内心百分之百接纳这个店长后看看情况是否会好转。

还记得我们在情绪管理ABC这个工具的学习中讲过的一个案例吗？班长说：“老师，我们班的班风不是一开始就这么差的，是因为老师和学生干部看不起我们，才会这样的。”

我当时就问他："发生了什么事，会让你们有这样的感觉呢？"

他说："迎新晚会我们班第一个集合好，学生干部和辅导员让我们最后一个进场。"

我继续问他："第一个集合好、最后一个进场，这是事实。你们感觉是老师和学生干部看不起你们，这是事实，还是想象呢？你们去找老师了解一下，入场顺序是怎么定的。"

其实很多问题，不是都需要坐下来谈半天才能解决，而是"工欲善其事，必先利其器"，只要我们掌握了有效的工具，几句话就可能解决大问题。

强有力问题，往往是开放式问题，它能鼓励人们去深入思考，可以自由而开放地回应问题。通过不断地、有目的地留意那些打开思路的方法，开放式问题会在各个方面创造出让你自我觉察的状态，这就是开放式、强有力问题的力量。

开放式问题可以让你放松下来，深入内在，聆听自己，清晰自己的看法。它会带你离开限制性的、非此即彼的思维循环，离开评判和局限。这样，你就开始关注自己的深层次思考，发现创造性的想法，燃起学习和灵感之火。

开放式问题还展示了对人的尊重，因为开放式问题带着这样的期待：每个人都有能力找到自己的答案。常常是只提问问题，我们就能靠自己慢慢找到了答案，任何一个问题常常是提问到 100 个问题的时候，问题就不再是问题了。也许你会觉得这样有些慢，但常常是"慢就是快"，因为我们学会了思考和解决问题的方法。

案例启迪

下边再看一个案例，是我引导一个学生来解决他不喜欢自己的专业这个问题。

学生：老师，我不喜欢我现在的市场营销专业，我想换专业。

老师：老师很理解你的心情，不喜欢的专业学起来很没劲，是吧？

学生：嗯，是的，真的很没劲。

老师：那老师和你一起探讨几个问题好吗？

学生：好的。

老师：你为什么不喜欢市场营销这个专业？

学生：感觉这个专业需要能说会道，我不擅长。

老师：那你知道自己喜欢哪个专业吗？

学生：感觉去学计算机这类的专业可能比较适合我。

老师：那你知道学计算机这类专业会存在什么困难吗？

学生：起码不用像市场营销专业那样总是与人打交道吧。

老师：你觉得自己擅长学计算机类的专业吗？

学生：老师，我也不知道我是不是擅长，我只知道我不擅长什么。

老师：如果你真的转到了计算机这类专业，发现自己还是不擅长怎么办呢？

学生：（很难受，无语）

老师：你再想想，是自己真的不喜欢、不擅长，还是遇到了困难、问题想逃避？能否告诉老师你曾经做过什么努力，尝试去挑战自己、发挥潜能？

学生：我确实没有努力去挑战自己，但我确信我不适合市场营销专业。

老师：那好，你确信自己适合计算机类的专业吗？

学生：嗯，也不确信。

老师：那你觉得自己在换专业前还应该做些什么，将来才不至于后悔呢？

学生：老师，我知道了，我抽空要去听听计算机类专业的课，再找这个专业中认识的同学聊聊，然后再慎重决定，不能再像当初选市场营销这个专业时那么盲目了。谢谢老师！

看完这个案例，你是否觉得"强有力问题"是一个强有力的工具呢？通过问问题，可以让人们自己找到解决问题的答案。

个人训练

反思一个你曾经难以解决或解决不好的问题，用本单元学过的分析与解决问题的思考方式和工具进行复盘，看看你有什么发现。能否将这次经历沉淀成你的人生经验，请用文字或图形进行总结。

视频微课

坚持细节致胜

单元 14 坚持细节致胜

这个单元要学习的是八个行为模式中的最后一个——“坚持细节致胜”。在“做事”方面，我们学会了“坚持要事第一”“100% 全力以赴”“努力解决问题”，最终决定成败的就是“细节”了。在“对人”方面，我们学会了“表达感激欣赏”“关注共同利益”“适度包融他人”“严格信守协议”，最终需要坚守的也是“细节”。这个单元是让我们的思想和行为从细节上去践行、去坚守前边所学的内容。在这里，我们用了“致胜”而不是“制胜”，想表达的是，有了细节不一定能成功，但是细节是导致成功的必不可少的关键因素。

预期成果

如果你能认真学习并实践本单元的内容，你可以获得如下学习成果：

（1）在做事方面，坚持做精、做细、做实，培养工匠精神，敬业乐业。

（2）在做人方面，坚持细心、用心、暖心，培养道德情操，仁爱友善。

（3）运用改变方程式这个工具，学以致用，不断改进完善自己。

据说世界上“寿命”超过 200 年的企业，日本有 3 146 家，为全球最多，德国有 837 家，荷兰有 222 家，法国有 196 家。为什么这些“长寿”的企业扎堆出现在这些国家？是一种偶然吗？它们“长寿”的秘诀是什么呢？研究显示：它们都在传承着一种精神——工匠精神。那到底什么是工匠精神呢？

工匠精神

有人说：工匠精神是一种信仰。

有人说：工匠精神是一种涅槃。

有人说：工匠精神是一种手艺。

有人说：工匠精神是一种坚持。

有人说：工匠精神是一种热爱。

你认为什么是工匠精神呢？

我的观点是：在“要事第一”的前提下，坚持细节致胜，将一份有价值的工作做到极致，并能坚持，且从中获得满足与快乐。

工匠精神并不是舶来品，《庄子》中记载了“庖丁解牛”的故事。庖丁给梁惠王宰牛，他的解牛动作已经达到了一种艺术的境界——“进乎技矣”。“手之所触，肩之所依，足之所履，膝之所踦”，没有不和音律的，已经完全合乎舞蹈与音乐的节奏。

梁惠王问他解牛的技术怎么竟会高超到这种程度，庖丁回答说，他是凭借精神与牛的接触，依照牛体本来的每一个细节构建，而不用眼睛去看，就能用很薄的刀刃插入有空隙的骨节。十九年了，他的刀刃还像刚从磨刀石上磨出来的一样锋利。“庖丁解牛”的故事告诉人们一个道理，做任何事要功到、心到、神到，才能达到登峰造极、出神入化的境界。

再看故宫博物院的工匠精神，由一代代故宫人不断丰富、传承，让古老的紫禁城、年轻的博物院日益焕发生机、永葆活力、历久弥坚。比如“样式雷”家族，故宫大部分古建筑的艺术结构，都濡染有“样式雷”建筑世家的心血。这个雷姓家族前后八代，延续 200 多年，主持清代皇家建筑设计事务。像这样一个传承不辍的优秀建筑世家，设计出规模如此浩大、类型如此众多、技艺如此卓绝的不朽杰作，不但在中国，就是在世界建筑史上，都是无与伦比的奇迹。

工匠精神不是口号，它存在于每一个人身上、心中。工匠精神包括而不局限于以下信念：热爱自己的工作，绝无高低贵贱之虑；每临工作现场，必有庄敬之意；长期探寻此业之精髓，力求达到更高之境界；产品和服务讲究细节、追求极致，质量是生命也是道德和人品；以业为生，但不为钱而放弃标准；一旦结识高手，必敬慕之，学习之；祈望自己的所为对后人的价值超出价格，作品的存续时间能比自己的寿命更长。

课堂分享

（1）你最看重工匠精神的哪个方面？你有工匠精神吗？如果有，是什么？

（2）请分享你个人最用心、最投入、最能体现工匠精神的一个事例。

团队作业

（1）小组课下查阅相关资料，找出一个你们认为最具工匠精神的典型案例，可以是一个企业、一个人，也可以是一件传世珍品、一门手艺、一种工作状态。

（2）小组成员合作制成一个展示上述案例的视频。

（3）将各组完成的视频在全班分享，互相点评。

课堂辩论

辩题：你如何看待“斜杠青年”和“一生只做一件事”？“斜杠青年”能否具备“工匠精神”？

正方——探索自我，“斜”出多样人生；反方——专注坚持，一生只做一件事。

说明：“斜杠青年”指的是不满足“专一职业”，而选择拥有多重职业和身份的多元生活人群。有调查显示，目前全国“斜杠青年”规模已突破 8 000 万人，高学历青年成为“斜杠”领跑人群。而老一辈的人更强调专注，常常认为要想成功，一生就只能做一件事。

关于细节

真正的“工匠精神”是一个神圣而高远的境界，如何落地、从何做起是我们要解决的问题。老子曾说：“天下难事，必作于易；天下大事，必作于细。”这句话的精髓就是告诫人们：想成就一番大事业，必须从简单的、容易的小事情做起，不可好高骛远。细节，如同水滴，坚持不懈，或可水滴石穿，或可汇聚江海；细节，如同沙粒，坚持不懈，或可飘扬万里，或可积沙成丘。这就是细节的魅力！所以我们培养工匠精神，选择的是从“坚持细节致胜”这个行为模式做起。

细节是平凡的、具体的、零散的，如一句话、一个动作、一个会面……细节很小，容易被人们忽视，但它的作用不可估量。有些细节会深深地印在我们的脑海中，留下终生难忘的印象；有些细节会改变事物的发展方向，使人们的命运发生转变。对个人来说，细节体现着素质；对组织来说，细节代表着形象；对事业来说，细节决定着成败。

我们每日接触的大都是一些小事、琐事和平凡事，问题的关键是我们能不能做到“小中见大”“细中见精”“平凡中见伟大”。所以，不论什么样的职业、什么样的岗位，都要重视小事，关注细节，把小事做细、做透，细中见精。这就是细节的实质精髓：细节实际上是一种长期的准备，是一种稳健的积累，只有这种长期准备和稳健积累才会具备成功的机遇，关注细节是一种习惯，做好细节是一种智慧。

案例启迪

案例 1　因为一枚钉子失去一个国家

国王查理三世和亨利伯爵准备拼死一战，这场战斗将决定谁统治英格兰。战斗前的当天早上，查理派一个马夫给自己最喜欢的战马钉上铁掌。

“快点给它钉掌，”马夫对铁匠说，“国王希望骑着它打头阵。”

“你得等等，”铁匠回答，“我前几天给国王全军的马都钉了掌，现在我得找点儿铁片来。”

“我等不及了，”马夫不耐烦地叫道，“敌人正在推进，我们必须在战场上迎击敌兵，有什么你就用什么吧。”

铁匠从一根铁条上弄下 4 个马掌，把它们砸平、整形，固定在马蹄上，然后开始钉钉子。钉了 3 个马掌后，他发现没有钉子来钉第 4 个马掌了。

“你再等一会儿，我需要一点儿时间砸出几枚钉子。”铁匠说。

“我告诉过你我等不及了，”马夫急切地说，“我听见军号了，你能不能凑合凑合？”

“我能把马掌钉上，但是不能像其他几个那么牢靠。”

“能不能挂住？”马夫问。

“应该能，”铁匠回答，“但我没有把握。”

“好吧，就这样，”马夫叫道，“快点，要不然国王会怪罪到咱们俩头上的。”

两军交锋，查理就在军队的阵中，他冲锋陷阵，鞭策士兵迎战敌人。“冲啊，冲啊！”他喊着，率领部队冲向敌阵。

远远的，他看见战场另一头几个自己的士兵退却了。如果别人看见他们这样，也会后退的，所以查理策马扬鞭冲向那个缺口，召唤士兵调头战斗。

他还没走到一半，一只马掌掉了，战马跌翻在地，查理也被掀在地上。

查理还没有抓住缰绳，惊恐的战马就跳起来逃走了。查理环顾四周，他的士兵们纷纷转身撤退，亨利的军队包围了上来。

他没有马骑了，他的军队已经溃退了，士兵们自顾不暇。不一会儿，亨利的士兵俘获了查理，战斗结束了。

他在空中挥舞宝剑，“马！”他喊道，“一匹马，我的国家倾覆就因为这一匹马！”

从那时起，人们就说：少了一枚铁钉，丢了一只马掌；少了一只马掌，丢了一匹战马；少了一匹战马，打败了一场战役；打败了一场战役，失去了一个国家。

资料来源：佚名．细节决定成败：一枚钉子失去一个国家．江苏社会科学普及公众号，2017-08-22.

案例 2　一个矿泉水瓶盖有几个齿?

虽然我们经常喝矿泉水，但你不会在意，刚刚拧开的那瓶矿泉水，瓶盖上有几个齿。如果我拿这个问题考你，你一定会嗤之以鼻，因为这个问题太无厘头了。

一家电视台做了一期人物访谈，嘉宾是宗庆后。宗庆后曾经做过 15 年的农场农民，栽过秧，晒过盐，采过茶，烧过砖，蹬着三轮车卖过冰棒……42 岁才开始创业，在短短 20 年时间里，他创造了一个商业奇迹，将一个连他在内只有三名员工的校办企业，打造成了中国饮料业的“巨无霸”。

关于他的创业、关于娃哈哈团队、关于民族品牌铸造……在问了若干个大家感兴趣的问题后，主持人忽然从身后拿出了一瓶娃哈哈矿泉水，考了宗庆后三个问题。

第一个问题：“这瓶娃哈哈矿泉水的瓶口有几圈螺纹？”

“四圈。”宗庆后想都没想回答道。主持人数了数，果然是四圈。

第二个问题：“矿泉水的瓶身有几道螺纹？”

“八道。”宗庆后还是不假思索地一口答出。主持人数了数，只有六道。宗庆后笑着告诉她，上面还有两道。

两个问题都没有难倒宗庆后，主持人不甘心。她拧开矿泉水瓶，看着手中的瓶盖，沉吟了片刻，提了第三个问题：“你能告诉我们，这个瓶盖上有几个齿吗？”

观众都诧异地看着主持人，不知道她葫芦里卖的是什么药。很多人赶到录制现场，就是为了一睹企业家的风采，有的人还准备了很多问题向宗庆后现场讨教。可是，主持人竟将宝贵的时间，拿来问这样一个无聊的问题。

宗庆后微笑地看着主持人，说：“你观察得很仔细，问题很刁钻。我告诉你，一个普通的矿泉水瓶盖上，一般有 18 个齿。”

主持人不相信地瞪大了眼睛：“这个你也知道？我来数数。”主持人数了一遍，真是 18 个。又数了一遍，还是 18 个。主持人站起来，做最后的节目总结：“关于财富的神话，总是让人充满好奇。一个身家 170 多亿元的企业家，管理着几十家公司和两万多名员工，开发生产了几十个品种的饮料产品，每日需要决断处理的事务何其繁杂。可是，他连他的矿泉水瓶盖上有几个齿这么细节的问题，都了如指掌。也许我们可以从中看到，他是如何一步一步走向成功的。”

观众恍然大悟，场上响起热烈的掌声。

资料来源：佚名 . 细节决定成败的经典例子：宗庆后——一个矿泉水瓶盖有几个齿？. 睿成企业服务平台公众号，2017-07-06.

案例 3　用细节超越顾客预期

小林是我校现代学徒制班的一名学生，在学徒期间用了 8 个月的时间就成功做上了一家百果园门店的店长。问他的主要经验是什么，他说：“用细节超越顾客期望。如果我们仅仅是为了满足顾客期望显然是不够的，必须超越顾客期望才能留住顾客。只有做到提供的比承诺的更好，才能让顾客收获意外惊喜。”

小林所在的店是社区店，大部分顾客都是住在小区里的居民，有时候顾客有需要干洗的衣服，小林派送水果时就顺便帮顾客把衣服拿下来送去干洗店，洗好再帮顾客送回家去。这不也是对顾客的一种增值服务吗？很多顾客电话或线上买水果时都会顺便叫他帮忙买些零食之类的东西，他都会代劳。看到顾客买了很多菜拿不了时，他会主动帮助顾客送回家。

小林还和我们讲了一个这样的故事：“曾经有一位顾客打电话来买了一百多块钱的水果，接下来连换了 2 次水果。第一次说这个果品买错了，儿子不吃，让我上门去换。我二话没说，按照顾客的要求，上门帮他换了他想要的水果。回来后不到 30 分钟，那位顾客又打电话来，说有一个水果口感不好，让我回去帮他重新换掉。我又一次上门去帮他换，临走时，看到他门口的垃圾桶快满了，就和他说：‘我帮你把垃圾顺手带下去吧。’我以为这只是举手之劳，没想到那位顾客晚上竟然上门道谢，说：‘我给你们添了很多麻烦，你们的服务真的让我非常感动，我以后绝对会是百果园最忠实的顾客。’后来这位顾客成为我们门店的大客户，他公司用于接待和员工福利的水果全都交给我们门店采购。”

共同思考

细节决定成败，那什么决定细节呢？细节只是细心与否的问题吗？对细节重视与否是由一个人的性格决定的吗？

有些细节需要细心，例如绣花、校对。但是，真正想把“细节”提升到“决定成败”的层面上，只凭细心就远远不够了。决定细节的不只是细心，对于我们常人而言，真正细节之间的较量，是一种观念、责任之间的较量，而这种观念、责任之间的较量，又来自心理期望值之间的较量。你做的事，超越了对方的心理期望值，对方就会觉得你很细心、很用心、很精心、很暖心。所以，想用细节打动人，你就必须超越对方的心理期待，多想一步，多做一步，才能让对方感到意外的惊喜，只有这样，你的细节才能决定你的成败！

关于教养

俗话说，最贵不过教养。很多人可能都会问这样一个问题：“教养是什么？”

有人说，教养就是让别人舒服，自己也不憋屈。

有人说，教养是不占别人便宜，为别人着想的善良。

有人说，教养是体谅他人的不易。

他们说得都对，我个人感觉陈丹青说得更精辟：“教养就是细节。”

与人相处，最重要的就是要有令人舒服的细节，而最容易暴露出来的就是教养的问题。教养，就是会在细节里“出卖”你的东西。教养不是道理，是刻入每个人骨髓的不经意。

作家蔡澜曾讲过这么一个故事：有的公司聘请职员，最后的面试在餐厅中进行。面试官故意迟到，看应聘者是不是一坐下来就先点菜而不等别人。菜上了，看应聘者拿筷子，姿势正不正确倒没太大关系，主要是看应聘者夹菜时有没有乱翻之后才夹起一块。吃东西时，啧啧有声，更是个大忌。

有些时候，不必从餐桌看到，连面也不必见，听你的电话就能知道。当你说“等一等！”时，对方已皱眉头，为什么不会说“请等一下”？这个“请”字，难道那么难说出口？其实不是难说出口，只是你习惯了不用“请”，当你不刻意注重礼貌的时候，你的教养就会在这些不经意的细节上一览无余。

而一个有教养的人，他的不经意应该是怎么样的呢？

别人给你倒水时，不是干看着，而是用手扶一下杯子；吃完饭退席时说“我吃完了，大家慢用”；给人递东西时一定用双手；最后一个进门时随手关门；擦桌子时，往自己的方向抹……

教养说起来很大，但做起来其实都是细节小事。真正的教养是不需言说的，因为它是一种高贵人格的自然流露。

个人练习

下面有 60 个“细节体现教养”的行为习惯，请你一一对照自己的行为，如果你做到了就在序号前打“√”，如果没做到就在序号前打“×”。

____（1）日常说话时平静淡定，不尖声大笑，不斜眼看人。

____（2）与人目光接触时浅浅微笑，看人时眼神不飘忽，不上下打量别人。

____（3）在公共场合，无论站立还是坐着均不抖腿。

____（4）打哈欠、打喷嚏时遮住嘴巴。

____（5）和女士及长辈走在一起时，主动走在靠近车道的一侧。

____（6）主动为女士和长辈提拿行李。

____（7）自己力所能及的事情自己做，不使唤别人。

____（8）与人同行时，在对方有需要的时候适时递上纸巾。

____（9）别人睡觉时，做事蹑手蹑脚，尽量不发出声音。

____（10）随手关门时避免弄出很大的撞击声。

____（11）进出门的时候给后面的人留门并且点头或微笑示意。

____（12）电梯超载的时候主动退出，哪怕你不是最后一个上来的。

____（13）在公交、地铁或其他需要打卡的地方，直接拿出卡来打卡，不要拿着包在打卡机上蹭。

____（14）坐地铁不抢位置，不吃东西。

____（15）乘扶手电梯时，不和同行的人并排站，主动一上一下靠一侧站，把另一侧留给着急赶路的人。

____（16）坐地铁、公交的时候，主动站到车厢内部，不要堵住车门。

____（17）进电梯时，如果人多，尽量往里站，面向电梯门，方便他人上下，也避免与他人面对面的尴尬，同时能看清楚楼层。

____（18）在公共场合移动椅子时把椅子抬起，不直接拖椅子弄出很大响声。

____（19）在演讲的会堂、电影院等场合，起身时手扶座椅，免得座椅弹回打扰到其他人，走出时尽量弯下腰，不遮挡观众视线。

____（20）不在拥挤的通道忽然停下来，注意给别人让道，不挡别人的道。

____（21）在人多的地方背着双肩背包时，注意背包不碰到别人。

____（22）男士与女士或晚辈与长辈约会吃饭时，男士和晚辈主动为对方拉开椅子。

____（23）点菜时尊重别人的口味，优先让别人点菜。

____（24）吃饭的时候有人迟到要主动起身微笑示意。

____（25）吃饭的时候把筷子架在碗上，或者架在筷子架上，不直接放在桌子上。

____（26）吃饭不发出餐具和碗碟刮擦的声音，夹菜时不挑拣，筷子碰到的菜就要夹走。

____（27）长辈没开始动筷子，晚辈不能开始吃。

____（28）转动餐桌上的转盘时，先看一下有没有人正在夹菜或者准备夹菜。

____（29）嘴巴里面有东西的时候吃完了再跟别人说话。

____（30）不边走边吃（喝）东西。

____（31）用吸管喝东西时，避免发出大的声响。

____（32）和家人、朋友聚餐时多多沟通，不玩手机。

____（33）敬酒碰杯时，尽量让自己的杯沿低于对方的杯沿。

____（34）在食堂吃完饭把餐盘送回时跟工作人员说“谢谢”或者“辛苦了”。

____（35）女士妆容得体，头发无头屑，不喷香味过于浓重的香水。

____（36）女士穿短裙坐下的时候用手拢一下裙摆。

____（37）女士穿裙子上楼梯的时候，男士尽量走在女士前面。

____（38）女士长发的话，避免在人群中甩头发，不要将头发甩到后面人的脸上。

____（39）洗完手不四处甩手，特别是边上还有其他人的时候。

____（40）女士穿细高跟鞋往后退的时候先往后看一下再轻轻地后退，避免踩到别人。

____（41）女士不穿太过暴露的衣服，如果衣领宽松，弯腰或俯首时用手轻轻挡住胸前。

____（42）丝袜被钩破及时替换，不穿破丝袜。

____（43）不在公众场合补妆。

____（44）外出着装不一定要很新，但一定要整齐。

____（45）做客时不要随便坐在主人的床上。

____（46）早上到公司，不管熟悉与否，主动跟大家说“早上好”。

____（47）尊重别人，不对别人的生活和选择评头论足。

____（48）介绍某人或需要指人指物的时候伸直五指而不是用食指。

____（49）接到陌生电话的时候除了说“喂”，尽量在后面加上句“你好”。

____（50）参加集体活动时主动合群，跟着大部队走，不要太挑剔。

____（51）避免迟到，一般提前五分钟到达。

____（52）不开不合时宜的玩笑。

____（53）拒绝他人表白时要表达感激，不示高傲，不以他人的追求为谈资炫耀。

____（54）坐进轿车内的时候不要头先进，应该臀部先坐进去。

____（55）上车的时候，特别是上别人的车的时候先把自己鞋上的泥抖干净。

____（56）晚上开车时，遇到对面有行人、自行车或者其他车别打远光灯。

____（57）开车到水洼处绕行或者减速，避免把水溅到旁边的车或者行人身上。

____（58）开完会后把空矿泉水瓶带走。

____（59）对所有为你服务的人员有礼貌，接受服务后说“谢谢”。

____（60）不管你是卖家还是买家，在买卖交易完成时，记得先致谢。

请问：你有几项还没做到？你是否愿意从细节小处做起去提升自己的修为，做一个有着较高素养和情操的大学生？

资料来源：佚名．生活中 100 种实用的优雅小动作．西安外国语大学公众号，2015-03-06.

工具学习

前边我们已经学习了很多改变心智与行为模式的工具，运用这些工具，你的心智与行为模式是否发生了令人欣喜的变化？如果你还没来得及全面深入地去运用前边介绍的工具，或运用效果不好，最后看看“改变方程式”这个工具是否能帮到你。

这个工具本来是用于组织变革的一个公式，我对这个公式稍加简化，将其用在我们个人的转变上，通过实践，我发现这是一个有效改善心智与行为模式的工具。这个公式是：

$$D \times V \times FS > 0$$

这个公式说明一个人要发生改变，需有三个必要因素：

D（dissatisfaction）代表对当前状况的不满。为了扩展这个公式，你也可以把它看作是当前状态和渴望状态间的差距。

V（vision）代表对未来愿景的期望，也就是可能性。它以自己的价值观为基础，也就是你觉得这事很重要，你才有意愿去期待。

FS（first step）代表迈向愿景的积极的第一步。

用改变方程式促进个人的转变，就是要三个因素一定要大于零。因为，不管其他数值有多高，基本的数学原理是 $X \times 0 = 0$。所以，任何一个因素等于零，就不可能有行动或促使改变的可能。只有三个因素非常强大时，结果才会最大。

改变常常意味着要放弃多年的习惯，改变也常常意味着要走出舒适圈，所以改变不是一件容易的事。如果在改变时遇到困难，首先要做的就是查看一下哪个因素数值太低。

下面是你要克服改变阻力必须要培养的能力：

一是对现状的不满和改变现状的决心，也就是要有足够的不满足于现状的进取心。

二是清晰的、无法抗拒的、以自己核心价值观为基础的改变后的愿景。问问自己，是否真的想要、很想要、一定要。

三是愿意迈出明确、可行的第一步。万事开头难，有了成功的第一步，行而不辍，未来可期。

案例启迪

下边我先举一个例子，是妈妈帮上小学的女儿改变上学迟到的案例。

有个小朋友叫乐乐，上小学四年级。有一段时间，乐乐常常上学迟到。老师给乐乐妈妈打电话沟通此事，于是就有了妈妈和乐乐下面的谈话，谈话过程用的就是“改变方程式”这个工具。

第一步，要让孩子对现状产生强烈不满，才有改变的动力。

妈妈：乐乐，老师打来电话说你上学有三次迟到，如果你老是迟到，你感觉有什么不好吗？

乐乐：当然不好了。这几天我都被学校门口的值日生登记名字，然后进到教室所有人都看着我，我是低着头很不好意思地走到座位上的。

妈妈：那老师有没有找你谈话呢？

乐乐：有啊，老师让我写检讨，要写400字，好难写啊！

妈妈：如果你一直不改，一直都迟到，你觉得过了一个学期，你会变成什么样？你喜欢那个样子吗？

乐乐：那可不行，那我就不想去上学了，太悲摧了！

第一步解决了乐乐对现状持续下去会非常不满这个问题。

第二步：放大成功愿景，让孩子对改变后的结果充满期待，这样才愿意去改。

妈妈：假如妈妈帮助你现在就开始改变，以后都能准时上学，你觉得这样对你会有什么好处呢？

乐乐：那好处很多啊！我可以早点到学校，可以慢慢在路上走而不用跑，到学校后我不用写检讨书。

妈妈：假如你一直坚持下去，一个学期你都准时上学，你会变成什么样子呢？

乐乐：那我就是一个守纪律的好学生，老师也会常常表扬我，我还有可能当选班干部呢。

妈妈：哦？你想当什么班干部呀？

乐乐：我想当宣传委员，我最喜欢出黑板报啦！

妈妈：真好，那你要坚持下来，一直做到准时上学！

完成第二步，乐乐对改变现状就有了很强烈的憧憬。

第三步：从“一小步”开始改变，这样才能可持续。

这里一定要注意的，就是行动计划要切合实际，要从一小步开始，千万不能使行动太具挑战性。因为如果挑战太大，孩子做不到，就会产生畏难情绪，改变就不能持续发生了。一小步一小步地去做，孩子更容易做到，也就会产生信心。同时，当人们付出越多时，就越不舍得放弃。

妈妈：那如果我们从明天开始就做到准时上学，你打算如何开始？

乐乐：没问题，我明天7点就出门！

妈妈：你平时总会磨蹭到7点40分才出门，其实7点半出门，路上不磨蹭，就不会迟到。如果7点出门，有点太早了，太具挑战性了。你给自己设一个容易实现的时间好吗？

乐乐：那就7点20分吧。

妈妈：嗯，这个靠谱。那我们就这样定了。那你现在保证准时到学校的决心有几分啊？ 1分到10分，打个分吧。

乐乐：9分。

妈妈：那如果妈妈支持你一下，你需要什么样的帮助，就可以有10分的决心了？

乐乐：每天出门的时候，记得给我一个大大的拥抱！

妈妈：好的，妈妈一定做到！

从那以后，乐乐真的坚持准时出门。当然，每天出门的时候，妈妈都不会忘记给她一个大大的拥抱。

资料来源：何巧 . 改变的方程式，帮助孩子真正改变 . 大树品格公众号，2016-03-19.

上边我们举的是一个小学生的案例，现在回到我们大学生，你会感觉问题远比这复杂，改变远比这困难。主要问题是什么呢？

我感觉主要问题有三个：一是，有不少同学对现状没有不满，上大学后，没有了高考的压力，也暂时没有找工作的压力，每天衣食无忧，感觉大学是人生很美妙的一段时光。二是，有不少同学对现状不满，但他们不满的是外界环境，没能做到“行有不得，反求诸己”。他们没有能力改变环境，也没有产生改变自己的动力。三是，有不少同学的确想改变自己，但由于多年养成的习惯，积重难返，改变起来的确很困难。

所以若想有效运用这个工具，还必须与前边我们学过的其他工具结合起来。比如配合 AMBR 焦点管理来运用改变方程式，效果会更好。

我们可以调整自己的视角，拓展思维的广度，想想如果一直不改变，三年后会怎么样。也可以与“平衡轮”这个工具一起来用，想一想如果三年后你的家人会因你而改变，那么是因为你现在做了什么。

我们还可用系统的视角、摄像头的视角、换位的视角去思考，“行有不得，反求诸己”。

我们学过的成果框架，如“遇负必转正”“自身要可控”等，都可以与改变方程式一起运用，最终一定要将改变落实到自己的身上。

教师辅导

下边分享一个我辅导过的学生案例。有个学生上大学后，每天晚上玩游戏到很晚，第二天上课经常睡觉。下课后，我和他进行了如下的沟通：

老师：小林，进入大学 2 个月了，你对自己的状态感觉如何，还满意吗？每天感觉过得很充实吗？

小林：我不太满意，可我管不住自己，每天晚上就是想玩游戏。

老师：看来你还是想改变，只是管不住自己，对吧？

小林：老师，是的。

接下来，我首先是运用改变方程式这个工具，进行第一步：让小林对现状产生更大的不满。

老师：我问你几个问题，你可以不用回答我，你自己思考就行：

第一，试想如果你管不住自己，就这样玩上三年，每天上课都是昏昏沉沉，三年后你是否可以毕业？好不容易考上大学，就这样度过，你是否甘心？

第二，你想改，但管不住自己，那你感觉是现在就开始改更容易，还是玩了一两年后再改更容易呢？如果越陷越深，有一天想起来再改，是否会更难呢？

第三，如果你真改不了，就这样过三年，你感觉你爸妈会是什么心情？你觉得对得起他们吗？

三个问题问完后，我明显地感觉到，他对现状的不满与惭愧都写在了脸上，且不断放大。

我继续问，是想让他放大改变成功后的愿景，让他对改变后的愿景产生向往。

老师：我再请你思考三个问题：

第一，如果你能改变，你每天的学习和生活状态会有什么不同？

第二，如果你不这样沉迷于玩游戏，你可以用这个时间去做哪些更有意义的事？如果你坚持三年去做这些更有意义的事，毕业时你会是什么样？

第三，如果你爸妈看到你的变化，知道你不再沉迷于玩游戏，而是每天充实地学习和生活，他们会是什么感觉？

问到这里，我已经看出了他内心渴望改变的意愿了，就和他说，不要指望一步到位，从一小步开始改变，今晚少玩半个小时，他同意了。后来，他和宿舍同学达成了一个“行动改变联盟”，每天进步一点点，一学期下来，他真的发生了很大的改变。

课堂练习

（1）两个人组成一组，每人找一个自己想改变的问题。

（2）一人先将自己的问题说给另一人，另一人运用改变方程式对其做一次如上述案例那样的辅导，促进其改变，时间为 10 分钟。

（3）两人交换角色进行练习。

（4）全班共同分享典型案例以及同学们各自的觉察。

阅读材料

8 个细节告诉你，身边的人谁最靠谱

如果让你用一个词来高度评价一个人，你会用哪个词？过去我们夸一个人常用的词是“能力强”“聪明”“勤奋”“自律”“努力”……但渐渐地，夸一个人“靠谱”，成了最高级的评价。

以下这 8 个细节告诉你，身边的人谁最靠谱。

一、收到会回复

生活中经常会遇到这样一种人：你通知工作，他迟迟不回复，导致你不知道任务是否传达成功；你找对方咨询一个事情，他仿佛没看见你的信息，而下次他找你时就假装什么事情都没发生过一般。

收到回复，看似是一件很小的事情，但是能从细节之处体现一个人是否靠谱。一个会认真回复他人信息的人，通常是一个有责任心、有礼貌、很靠谱的人。

二、不占小便宜

爱占小便宜的人喜欢顺手牵羊，锱铢必较，吃不得眼前亏。一时看来，确实获得了一些小利益和实惠，但最后可能因而失去了做人的诚信与尊严，时间长了就没有人再愿意跟他交往了。

真正靠谱的人，永远不会为了一些蝇头小利投机钻营，更不会处处算计。他们喜欢慷慨地帮助别人，不问回报。他们深刻懂得，自己想要的东西，自己努力获得才算数。

三、守时

守时，代表了对约定的重视，对时间的珍视。靠谱之人，首先会守时。他们会把自己的生活和工作按照时间表安排得井井有条，不会白白浪费自己和他人的时间。一个总迟到的人，会把他人对自己的信任一点点消磨耗尽。因为他不仅消耗了别人的时间成本，耽误了事情的进程，还让别人感到他随心所欲，不讲原则，缺乏契约意识，随之把他列入“不靠谱”之列。

四、说到做到

当问及一个人是否靠谱的细节时，大家提到最多的一定是“说到做到”。答应别人的事情，就一定要做到，否则就会损耗别人对你的信任。对他人的承诺也一定要兑现。当你答应了别人的请求时，就意味着你身上多了一份责任，一份来自对方的殷切期盼。答应自己的事情也一定要做到。很多计划已久的事情，总是被自己找各种借口拖延下去，这其实是一种对自己不负责任的行为。

诺不轻许，故我不负人。不管是对自己还是对他人，做承诺之前，一定要考虑清楚，是否能给出承诺。若不能，坦诚地解释原因，然后拒绝；如果答应了，无论过程有多困难，也一定要兑现。

五、不吹嘘

孔子说，“君子讷于言而敏于行”。意思就是，君子说话谨慎，行动敏捷。再换句话说，就是嘴上不吹嘘，踏实做好自己的事情。靠谱的人，低调、诚恳，靠自己的才能和努力，兢兢业业、脚踏实地来获取事业上的成功，收获威信和他人的信任，从来不会吹嘘自己有多厉害。

而喜好吹嘘的人，刚开始接触时，可能容易让人觉得他无所不能，对他有好感，但几番接触下来，尤其是遇到实实在在的问题时，他的行为或者做事的效果与他之前夸下的海口严重偏离。踏踏实实做人、实实在在做事，有多大的能力说多大的事儿，这样的人才经得起时间的考验。

六、情绪稳定

情绪稳定，不仅是一种高情商的表现，更是一种靠谱的能力。在心理学家看来，人在愤怒的时候容易出现“意识狭窄”现象，会死盯着负面信息不放，并将其无限放大。

一个情绪不稳定的人，在心情不好的时候，会习惯性耷拉着一张脸，甚至迁怒于身边的人。

还有些人，情绪不稳定的时候，满脑子想着不开心的事情，工作很难集中精力，不仅耽误自己的工作，也影响整个团队的进程。

每个人都会有心情不好的时候，但靠谱的人不会放任自己沉溺在或悲或怒的情绪里，而是会想办法消化负能量，以一种积极向上的态度对待工作，面对身边的人。

七、有底线

《孟子》中说："人有不为也，而后可以有为。"靠谱的人，心里都有一条红线，知道哪些事能做、哪些事坚决不能做。他们审时度势，克制贪欲，有所取舍，懂得权衡，不会逞一时之快或只顾眼前小利。

无底线之人，他们常常看见小利就红了眼，不择手段来获得想要的一切。殊不知，过犹不及，最终他们不仅伤及无辜、失了人心，而且也赔上了自己的前程。

八、执行力强

前面提到的，可以说是靠谱之人的软实力，而有较强的执行力，能够处理复杂的事务，则是靠谱之人的硬实力。靠谱的人，有能力，有担当，不拖别人的后腿，与之相交，省心又省力。靠谱的人，不仅能完美地处理好别人交办的事情，还能根据需求主动去找事情做。别人在你身上看到了确定性，也看到了惊喜，因此产生了信任。

做一个靠谱的青年，当困难来临的时候，希望你有足够的底气和能力对周围的人说："别担心，有我。"

资料来源：佚名．身边的人谁最靠谱？以下几个细节告诉你．平凡的企业家公众号，2022-03-06.

单元训练

"当你的才华还撑不起你的雄心时，你就应该静下心来学习；当你的能力还驾驭不了你的目标时，你就应该沉下心来历练。"愿我们每个人都能带着一颗"匠人之心"，不慌不忙地去打磨自己——这件世界上独一无二的艺术品。

请完成一件极具"匠人之心"的事情，你可从小事做起，例如：

（1）化一个精致的妆容。

（2）做一个精美的手工作品。

（3）录一首优美动听的歌。

（4）拍一张极美的风景照片。

（5）做一次极致的卫生。

（6）设计一次极为用心的服务。

（7）表达一次极为用情的心声。

（8）写一篇极佳的推文。

第四部分

附录

这部分为同学们附上了四个学习拓展内容：一是心智工具箱速查表，能帮助大家迅速找到所需的工具，便于学习和使用。二是我的同事郭全美老师从相关书籍上摘录的“书香一品”，在学习使用心智工具箱之余，用书香滋养生命。三是你们的师兄师姐在学完了这门课程后的心得与感悟，相信这部分内容一定会带给你们进一步的觉察与收获。四是“学习成果——学生成长记录”，包含 20 张记录表，可以让大家在每周的课程学习后，记录下自己在认知、情感与行动三个方面的变化，让心智成长可以看得见。

附录1 心智工具箱速查表

工具序号	工具名称	所属单元	所在页码
工具 1	4D 天性	单元 3	23
工具 2	4D 沟通公式	单元 3	30
工具 3	黄金圈法则	单元 4	40
工具 4	AMBR 焦点管理	单元 4	44
工具 5	多元视角	单元 4	47
工具 6	逻辑层次图	单元 4	51
工具 7	语言负转正	单元 5	57
工具 8	成果框架	单元 5	65
工具 9	情绪管理 ABC	单元 6	75
工具 10	与人共情	单元 6	81
工具 11	表达感激 HAPPS	单元 7	92
工具 12	四维思考法	单元 8	101
工具 13	时间管理矩阵	单元 9	110
工具 14	刻度尺	单元 10	120
工具 15	平衡轮	单元 10	122
工具 16	建立诚信 4 步法	单元 12	141
工具 17	三种思考方式	单元 13	147
工具 18	MECE 分析法	单元 13	155
工具 19	强有力问题	单元 13	158
工具 20	改变方程式	单元 14	168

附录 2　“书香一品”

2018 年 11 月 1 日，管理学院教师发展中心成立小而美公益读书会，书童团的同学们每天清晨轮流在近五百人的读书会俱乐部群里分享读书摘录，我们把这些摘录的句子叫“书香一品”。寒来暑往，从未间断，每每有某个句段的文字让群里的一些人产生共鸣时，这些学生或毕业生就会自发地在群里送出几朵玫瑰，以示感谢和赞美！

2019 年岁末，我重新整理汇编了读书摘录，并应阚雅玲老师邀请，从中选出 100 条经典语句，放置于她的《心智与行为模式提升》一书中。这些读书笔记，在浩如烟海的人文经典中不过是沧海一粟，希望这“一粟”能引导一些同学爱上阅读，特别是爱上高质量的人文阅读。

涓涓细流，日积月累，假以时日，或许会发现，你的思想变得更敏锐、心地变得更善良、品行变得更温厚、意志变得更坚韧、心智变得更成熟了。更重要的是，高质量的人文阅读能让人变得更加达观，这种人生境界，能让我们既有乐观主义的向阳心态，又有悲观主义的深思情怀，我们对人生命运也有了更好的掌控。

1. 我们要知道自己要什么。一是应该要什么，人生中什么是最重要的、宝贵的、真正值得争取的。这就是正确的价值观。二是能够要什么，自己的兴趣和能力在什么地方，做什么事最适合于自己的性情和禀赋。这就是准确的自我认识。有了这两条，内心就会宁静，行动就会从容。

2. 大事有主见，小事能超脱，心态自然会好。相反，倘若价值观错误或动摇，大小事都纠结，心态怎么好得了？

3. 人生不较劲。第一，不和自己较劲，对自己要随性。你要认清自己的禀赋和性情，在人世间找到最适合自己的位置，不和别人攀比。第二，不和他人较劲，对他人要随缘。你要明白人与人之间有没有缘，以及缘的深浅是无法强求的，在每个具体情境中做到大致心中有数，不对任何人强求。第三，不和命运较劲。你要记住人无法支配自己的命运，但可支配自己对命运的态度，坦然面对生命中的各种境遇。

4. 只把物质的快乐视为幸福，只在物质的层面上和人比快乐，这样的人必定永远劳心劳力，无幸福可言。

5. 钱是好东西，但不是最好的东西。所以，第一，不能为这个好东西把最好的东西丢掉了；第二，只要不丢掉最好的东西，这个好东西越多越好。最好的东西是什么？就是生命的单纯和灵魂的高贵。

6. 人生应该力求两个简单：物质生活的简单，人际关系的简单。有了这两个简单，心灵就拥有了广阔的空间和美好的宁静。现代人却在两个方面都复杂，物质生活上是对财富的无穷追逐，人际关系上是利益的不尽纠葛，两者几乎占满了生活的全部空间，而人世间的大部分烦恼就源自这两种复杂。

7. 节俭，不是吝啬。一个在物质生活上节俭的人，完全可能在援助他人时慷慨。

8. 哲学就是让你从这个局部中跳出来，看一看人生的全景，想一想人生的大道理。大道理之一，是人生中究竟什么是重要的，什么是不重要的。这就是价值观。有了正确的价值观，就会有好的心态。你再回到局部里去的时候，对于重要的东西，你就能看得准、抓得住，对于不重要的东西，你就会看得开、放得下了。你仍然在过着具体的日子，做些具体的事情，但心态不一样了，境界也不一样了。

9. 好的友谊包含三个因素：默契、欣赏、宽容。

10. 爱情、亲情、友情，是生命中的无价之宝，你要珍惜。为相遇而感恩，爱就在你的心中。为爱而感恩，幸福就在你的心中。

11. 有一种人，无论在私人聚会，还是在公共场合，对任何话题都能滔滔不绝，仿佛无所不知，可是你听了会这么想：他虽然见多识广，但毫无见识。唯有智慧才能赋予知识以生命，使之成为见识。换句话说，智慧是光源，而知识是被照亮的东西。没有智慧，知识只是散落在黑暗中的碎片，散落了一地也白搭。

12. 读那些所谓“无用的书”，那些哲学、艺术、人文方面的书籍，使你拥有智慧、丰富的心灵生活，拥有一个强健的灵魂，因此也就改变了你与外在的关系，从而在精神上立于不败之地。

13. 不和时间赛跑。管它时间走得多快，慢慢走，按照自己觉得舒服的节奏走，静心做事情，安心过日子，欣赏沿途的风景。不与时间争分夺秒，不让人生成为争分夺秒的战场，这反而使得每一个当下都完好无损。

14. 幸福是相对的，现实的人生必然包容痛苦和不幸。因此，承受苦难乃是寻求幸福之人必须具备的素质。人生有三个基本的觉醒：生命的觉醒，自我的觉醒，灵魂的觉醒。

15. 人生中有顺境也有逆境，有幸福也有苦难。哲学的智慧能帮助你站在高处，俯视自己的遭遇，顺境不骄，逆境不悲。创造幸福和承受苦难是同一种能力。在这种能力中有高贵在言说。

16. 你要记住，不论时日长短，凡真爱都是财富，既丰富了你的经历，也丰富了你的心灵。曾经相爱就是恩，你不可为爱的离去而怨恨。如果你确实看清了那不是爱，而是欺骗，也不要怨，而应该蔑视。

17. 爱是心的能力，一个人必须有健康的心，才能爱。心的健康，第一是善良，有同情心，冷漠的心没有爱生长的温度；第二是宽广，有包容心，狭窄的心没有爱生长的空间。

18. 人生有两个朋友不可缺，一个是你自己，一个是活在好书里的那些伟大灵魂。

有了这两个朋友，你会发现你是多么强大而富有。

19. 看一个学生的心智素质好不好，我就看他是否具备了两种能力：一是快乐学习的能力，二是自主学习的能力。简言之，就是喜欢学习和善于自学。

20. 一个爱读书、会读书的学生，即使功课稍差，他将来的作为也定能超过那种功课全优但毫无自主阅读兴趣的学生。同样，衡量一所学校的教育水准，也要看是否有浓厚的阅读风气，爱读书、会读书的学生占的比重有多大。

21. 人的高贵在于拥有思考真的头脑、体验美的心灵、追求善的灵魂。人生有了精神目标，卑微者就能成为人性意义上的高贵者。

22. 看一个人有没有文化，不需问他的学历，只需看他待人接物的态度、做事的作风。一个没有教养的人，不论他学历多高，都不能认为他有文化。教养是融为血肉的文化，它似乎无迹可寻，却又无时无刻不表现出来。

23. 一个人不应该全心致力于去改变自己的性格，最好的办法是扬长避短，把长处发扬到极致，短处就不足为害了。

24. 一个人简单就会显得年轻，一世故就会显老。

25. 大智者必谦和，大善者必宽容，大骄傲者往往谦逊平和。有巨大成就感的人，必定也有包容万物、宽待众生的胸怀。小智者咄咄逼人，小善者斤斤计较，小骄傲者才露出不可一世的傲慢脸相。

26. 所谓成功是指把自己真正喜欢的事情做好，其前提是首先要有自己真正的爱好，即自己的真性情，舍此便是名利场上的生意经。而幸福则主要是一种内心体验，是心灵对于生命意义的强烈感受，因而也是以心灵的感受力为前提的。所以，比成功和幸福都更重要的是，一个人必须有一个真实的自我、一个饱满的灵魂，它决定了一个人争取成功和体验幸福的能力。

27. 人生之大趣，第一源自生命，第二源自灵魂。一个人只要热爱生命，善于品味生命固有的乐趣，同时又关注灵魂，善于同人类历史上伟大的灵魂交往，即使在一个无趣的环境，他仍然可以生活得有趣。

28. 自爱者才能爱人，富裕者才能馈赠。给人以生命欢乐的人，必是自己充满生命欢乐的人。

29. 高贵者的特点是极其尊重他人。

30. 成熟了，却不世故，依然有一颗童心；成功了，却不虚荣，依然有一颗平常心。兼此二者之心，称为慧心。

31. 一个人若能做自己喜欢做的事，并且靠这件事养活自己，又能和自己喜欢的人在一起，并且使他们也感到快乐，即可称幸福。

32. 有的人一生连遭不幸，却未尝体验过真正的悲剧情感。相反，表面上一帆风顺的人也可能经历巨大的内心悲剧。

33. 一个人要拥有内在的丰富，有自己的真性情和真兴趣，有自己真正喜欢做的事。

34. 怎么确定一个职业是否适合于自己呢？应该具备三个条件：第一，有强烈的兴趣，甚至到了不给钱也一定要干的程度；第二，有明晰的意义感，确信自己的生命价值借此得到了实现；第三，能够靠它养活自己。

35. 只有你走进了书籍的宝库，品尝到了与书中优秀灵魂交谈的快乐，你才能知道不读好书是多么大的损失。世上一切真正的好东西都是如此，你必须亲自去品尝，才会知道它们在人生中具有不可替代的价值。

36. 一个人倘若能够通过读书、思考、艺术、写作等充分领略心灵的快乐，形成一个丰富的内心世界，他就拥有了一个永不枯竭的快乐源泉。这个源泉将泽被他的整个人生，即使在艰难困苦之中，仍拥有人类最高级的快乐。

37. 人生最好的境界是丰富的安静。一个人认清了他在这世界上要做的事情，并且在认真地做着这些事情，他就会获得一种内在的平静和充实。

38. 一个人不论伟大还是平凡，只要他顺应自己的天性，找到了自己真正喜欢做的事，并且一心把自己喜欢做的事做得尽善尽美，他在这个世界上就有了牢不可破的家园。于是，他不但会有足够的勇气去承受外界的压力，而且会有足够的清醒来面对形形色色的诱惑。我们当然没有理由怀疑，这样的一个人必能获得生活的充实和心灵的宁静。

39. 我们不妨去追求最好——最好的生活，最好的职业，最好的婚姻，最好的友谊，等等。但是，能否得到最好，取决于许多因素，不是光靠努力就能成功的。因此，如果我们尽了力，结果得到的不是最好，而是次好、次次好，我们也应该坦然地接受。在人生中需要妥协。不肯妥协，和自己过不去，其实是一种痴愚。

40. 世上有一些东西，是你自己支配不了的，比如运气和机会、舆论和毁誉，那就不去管它们，顺其自然吧。世上有一些东西，是你自己可以支配的，比如兴趣和志向、处世和做人，那就在这些方面好好地努力，至于努力的结果是什么，也顺其自然吧。

41. 一个有人格尊严的人，必定懂得尊重一切有尊严的人格。同样，如果你侮辱了一个人，就等于侮辱了一切人，也侮辱了你自己。

42. 凡是顶着友谊名义的利益之交，最后没有不破裂的，到头来还互相指责对方不够朋友，为友谊的脆弱大表义愤。其实，关友谊什么事呢？所谓友谊一开始就是利益的面具和工具罢了。今天人们给了它一个恰当的名称，叫“感情投资”。

43. 一个不爱自己的人，既不会是一个可爱的人，也不可能真正爱别人。他把对自己的怨恨带到别人那里去，就算他是去行善的，他的怨恨仍会在他的每一件善行里显露出来，对人造成损伤。

44. 对于忙，始终要有一种警惕。第一要忙得愉快，只为自己真正喜欢的事忙；第二要忙得有分寸，不论做多么喜欢的事也不让自己忙昏了头。其实，正是做自己喜欢的事，更应该从容。心灵是清明而活泼的，才会把事情做好，也才能享受做事的快乐。

45. 世上有一样东西，比任何别的东西都更忠诚于你，那就是你的经历。你生命中的日子，你在其中遇到的人和事，你因此产生的悲欢、感受和思考，这一切仅仅属于你，不可能转让给任何别人，哪怕是你最亲近的人。这是你最珍贵的财富，而只要你珍惜，也会是你最可靠的财富，无人能够夺走。

46. 做人要讲道德，做事要讲效率。讲道德是为了对得起自己的良心，讲效率是为了对得起自己的生命。

47. 爱一个人的最好的方式是：把他当作独立的个人尊重他，把他当作最亲的亲人心疼他。

48. 不要以成败论人生，也不要以成败论爱情。现实中有的爱情是失败的，有的败于难成眷属的无奈，有的败于终成眷属的厌倦。说到底，爱情是超越于成败的。爱情是人生最美丽的梦，你能说你做了一个成功的梦或失败的梦吗？

49. 爱情不论短暂或长久，都是美好的。甚至陌生异性之间毫无结果的好感，定睛的一瞥，朦胧的激动，莫名的惆怅，也是美好的。因为，能够感受这一切的那颗心毕竟是年轻的。

50. 美德的真正源泉是智慧，即一种开阔的人生觉悟。德行如果不是从智慧流出，而是单凭修养造就，便至少是盲目的，很可能还是功利的和伪善的。

51. 弹性是人格魅力的标志之一，有弹性的人，性格柔韧，伸缩自如。他善于妥协，也善于在妥协中巧妙地坚持。他不固执己见，但在不固执中自有一种主见。弹性的反面是僵硬或软弱。和僵硬的人相处，累。和软弱的人相处，也累。

52. 人活在世上，难免遭遇痛苦，大至亲人亡故、爱侣别离，小至钱财损失、朋友反目。这类事一旦发生，第一要接受它，在心理上承认和接受事实。你拼命抗拒，只是和自己过不去，事情本身不会改变。第二要放下，不把它存在心上。你总存在心上，仍是和自己过不去，加剧了事情对你的损害。

53. 钱是好东西，最大好处是可以使你在钱面前获得自由。所以，即使对于一个不贪钱的人来说，有钱也是好事。但是，倘若有了钱仍贪钱，因而受钱支配，有钱的最大好处就荡然无存了。

54. 人要做成一点事情，第一靠热情，第二靠毅力，我在各领域有作为的人身上都发现了这两种品质。首先要有热情，对所做之事真正喜欢，但单有热情还不够，因为即使是喜欢做的事，只要足够大，必包含艰难和枯燥，没有毅力就坚持不下去。何况人生之中，人还经常要面对不喜欢但必须做的事，那就完全要靠毅力了。

55. 你做一项工作，只是为了谋生，对它并不喜欢，这项工作就只是你的职业。你做一项工作，只是因为喜欢，并不在乎它能否带来利益，这项工作就是你的事业。最理想的情形是，事业和职业一致，做喜欢的事并能以之谋生。其次好的是，二者分离，业余做喜欢的事。最糟糕的是，根本没有自己真正喜欢做的事。

56. 独处是人生中的美好时刻和美好体验，虽然有些寂寞，寂寞中却又有一种充实。

57. 独处是灵魂生长的必要空间，在独处时，我们从别人和事务中抽身出来，回到了自己。这时候，我们独自面对自己，开始了与自己的心灵的对话。

58. 天赋、才能、眼光、魄力，这一切都还不是伟大，必须加上真实，才成其伟大。真实是一切伟人的共同特征，它源自对人性的真切了解，并由此产生一种面对自己、面对他人的诚实和坦然。精神上的伟人必定是坦诚的，他们足够富有，无须隐瞒自己的欠缺，也足够自尊，不屑于用做秀、演戏、不懂装懂来伪装自己。

59. 如果你的灵魂平庸，这平庸会反映在脸蛋上，把漂亮现形为粗俗。如果你的灵魂优秀，这优秀也会反映在脸蛋上，把丑陋修正成独特。

60. 做成大事的人，往往做小事也认真，而做小事不认真的人，往往也做不成大事。认真本身就是一种素质，一个人要有所作为，就必须具备这种素质。

61. 人活在世上，必须有好奇心，有自己的兴趣之所在，有真正喜欢做的事情，才会活得有意思，你也才会觉得他有意思。一个对什么都没有兴趣的人，他的生活是无趣的，你和他相处也是无趣的。

62. 奢华不但不能提高生活质量，往往还会降低生活质量，使人耽于物质享受，远离精神生活。只有在那些精神素质极好的人身上，才不会发生这种情况。一个人在巨富之后仍乐于过简朴生活，正证明了灵魂的高贵，能够从精神生活中获得更大的快乐。

63. 一个人在处世和做事时必须具备基本的自信，否则绝无奋斗的勇气和成功的希望。但是，倘若一个人从来不曾有过自卑的时候，则他的奋斗是比较平庸的，他的成功是比较渺小的。

64. 一个人不可能有许多朋友。所谓朋友遍天下，不是一种诗意的夸张，便是一种浅薄的自负。热衷于社交的人往往自诩朋友众多，其实他们心里明白，社交场上的主宰并不是友谊，而是利益。真正的友谊是不喧嚣的。

65. 人们往往把交往看作一种能力，却忽略了独处也是一种能力，并且在一定意义上是比交往更为重要的一种能力。如果说不擅交际是一种性格的弱点，那么，不耐孤独就简直是一种灵魂的缺陷了。

66. 读书的收获有两种：一是通过读书知道了自己原来没有的东西，这样收获到的东西叫知识。二是通过读书发现了自己原来已经有但没有意识到的东西，这些东西是自己感悟到的，但好像一直沉睡着，现在被唤醒了、激活了，因此获得了生长、开花、结果的机会，这样收获到的东西，称为智慧。

67. 真正富有人道精神的人，所拥有的不是浅薄的仁慈，也不是空洞的博爱，而是一种内在的精神上的丰富。因为丰富，所以能体验一切人间悲欢。也因为丰富，所以对情感的敏锐感应不会流于病态纤巧。他细腻而不柔弱，有力而不冷漠，有一颗博大至深的心灵。

68. 爱情是人生的珍宝，当我们用婚姻这只船运载爱情的珍宝时，我们的使命是尽量绕开暗礁，躲开风浪，安全到达目的地。谁若故意迎着风浪上，固然可以获得冒险的乐趣，但也说明了他对船中的珍宝并不爱惜。

69. 从一个人教育孩子的方式，最能看出这个人自己的人生态度。那种逼迫孩子参加各种竞争的家长，自己在生活中往往也急功近利。相反，一个淡泊名利的人，必定也愿意孩子顺应天性愉快地成长。

70. 心灵需要休息和复原，独处便是心灵的休养方式。当心灵因充分休息而饱满，又因久不活动而饥渴时，它能最敏锐地品味新的印象。

71. 创造力是在强烈的兴趣推动下的持久的努力。其中最重要的因素，第一是兴趣，第二是良好的工作习惯。通俗地说，就是第一要有自己真正喜欢做的事，第二能够全神贯注又持之以恒地把它做好。在这个过程中，人的各种智力品质，包括好奇心、思维能力、想象力、直觉等，都会被调动起来，为创造做出贡献。

72. 匠人精神说到底，就是“认真”二字。这个认真体现在工艺上，是手的认真。手是受灵魂和头脑支配的，手的认真，前提是灵魂认真和头脑认真。哲学的用处，就是让你具备这两种认真。第一灵魂认真，要寻求人生的意义，追求善。第二头脑认真，要独立思考，追求真。有这两种认真，手才会认真，做出的作品才会美。

73. 在今天的时代，匠人精神具有特殊意义。今天时代的特点，第一是快节奏，人们生活得匆忙而喧闹，匠人相反，安静而有定力，是健康生活的模范。第二是互联网“一统天下”，人们越来越生活在虚拟世界里，匠人相反，手工制作的过程和作品都是可触摸、有人情味的，从而使得世界也可触摸和有人情味。

74. 只要努力，努力，再努力，你自己也可以做自己的贵人。

75. 凡是涉及别人的言论，应该三缄其口，慎之又慎。

76. 牙齿是硬的，舌头是软的，到了人生的最后，牙齿掉光了，舌头却不会掉，所以柔软，人生才能长久，硬反而吃亏。

77. 一个人能忍受多少屈辱，就能有多少成就。忍，是天地间最尊贵的包容雅量；忍，是宇宙中最伟大的和平动力。

78. 最好的管理，就是自己管好自己；最坏的管理，就是自己言行不一。

79. 会利用零碎时间的人，如同善于储蓄者，久而久之，积少成多，便是一份额外的收入。零碎时间，一样可以成就很多事业。

80. 能不计较小事，便能减少心灵上的负荷。能不听人闲话，就能避免不必要的争端。

81. 顺境要收心，逆境要放心。越是在逆境中，越不能着急、焦虑、冲动，越应少想负面的事、多想好的一面，令心平静下来，踏踏实实反省、规划、落实。

82. “生气”是一种思维习惯。要改掉一个坏习惯，最好的办法莫过于培养一个好习惯。在平常的生活中，要多练习去看一个人的优点和付出，增长自己的感激之心，慢慢就能屏蔽生气的心。

83. 焦虑是比较带来的。自己越是没有什么，越是会去看别人有什么，截取彼此生命中的两个部分摆在一起，于是看不见自己拥有的，也看不见别人苦恼的那一面。

84. 自信是相信自己可以，傲慢是觉得他人不行。人要有自信，但不应傲慢。

85. 人不要与别人去比较。人生就像开车上路，可能这一段路两辆车并行，但其实来的地方不同，去的地方也不同，各自都走着自己的路。有时候你自己憋着劲要去比快慢，别人可能毫无意识，而下一个拐弯大家就各走各的路了，这样比较有什么意义呢？更用心走自己的路，更豁达地对待身边的人。

86. 如果跟别人比较的目的是提升自己的能力，那遇到比自己更强的人就会高兴，因为可以向他学习。所求不同，心态就不同。

87. 与人沟通不是要去说服别人，而是要去了解别人。

88. 为什么懂得很多道理，却依然过不好一生？因为道理是道理，自己是自己。所谓“懂得”道理，是别人总结出来的，自己听懂的跟自己思考得到的、生活中落实运用的，是两回事。

89. 生命是一个成长的过程，对人对己都不要着急，给成长留出时间和空间。

90. 有一句话是：“哀怨自己没有鞋子，却忘了还有人没有脚。”不要把注意力都集中在自己失去的和没有的东西上，要珍惜当下，接受现状，做好自己该做的。

91. 要特别注意自己的起心动念、言谈举止，多起善念、多说好话、多做好事。

92. 积极的语言可以把你带向美好的人生。

93. 学会说爱语，说柔软的话，说利他的话。

94. 内心刻薄，才会嘲笑别人的短处。

95. 说话不知轻重，这实际上是内心糊涂的一种表现。

96. 对于外在的物质，我们真正需要的并不多，只是想要的太多。

97. 记住别人的好，对他们的缺点宽容一些，时间长了，我们会满眼都是别人的好。我们心里记住别人的好，那么这个世界就会美好。

98. 人们总是喜欢要求别人如何对自己，却很少要求自己如何对别人。

99. 别把自己看得过于重要，人际关系就会变好。

100. 愤怒的时候，克制自己的妙招是去想对方的好处。

以上语句摘录于以下文献：

1. 周国平 . 人生不较劲［M］. 南宁：广西师范大学出版社，2015.

2. 周国平 . 觉醒的力量［M］. 南宁：广西师范大学出版社，2015.

3. 周国平 . 人生哲思录［M］. 上海：上海辞书出版社，2011.

4. 周国平 . 愿生命从容［M］. 北京：北京十月文艺出版社，2015.

5. 朱光潜 . 朱光潜谈修养［M］. 上海：华东师范大学出版社，2017.

6. 星云大师，刘长乐 . 包容的智慧Ⅱ：修好这颗心［M］. 南京：江苏文艺出版社，2010.

7. 学诚法师 . 家家有本难念的经［M］. 天津：天津人民出版社，2018.

8. 学诚法师 . 好好说话［M］. 广州：广东人民出版社，2018.

附录 3　“心智与行为模式提升”学习心得

学习心得 1：

大一第一学期为期两周的“心智与行为模式提升”课程已经结束，与其说这是一门课程，不如说这是一场救赎，至少对我来说，阚老师就像是一位愿意倾听我内心的医生，她会渴望了解我，她会想知道我内心最真实的想法，她温暖、治愈着我。

我是一名分裂型抑郁症患者，白天的我活泼爱笑、积极向上，可是，一旦黑夜降临，我内心便孤独而压抑。我渴望被倾听，我总觉得我是不讨人喜欢的人，我想我是一直都在努力逃离同别人的对照的，我总是一面自卑一面自信地矛盾着。阚老师轻声细语娓娓道来的时候，她看着我说话，我总觉得全世界只剩我和她了。

带给我莫大帮助的并不是4D让我了解了自己的天生个性，也不是AMBR或HAPPS工具，更不是如何4D谋事。而是在周二那天阚老师抱着我转了一个圈，虽然老师也打趣说我太重了，但我的第一反应并不是为什么老师这么瘦弱居然抱得起我，而是受宠若惊，难以言喻当时的心情，便匆忙逃离。因为，我已经很久、很久没有被拥抱过了。我记得我看过一部电影，讲述一个小女孩和妈妈的故事。女孩对妈妈说：“你从来没有抱过我。”可她妈妈却说：“你从来都没有这样跟我要求过。”

今天阚老师说找伙伴给出对自己的评价的时候，我第一个就想到了她，我的目光一直放在阚老师身上，期待得到回应，我鼓起勇气走过去，说：“老师，我觉得你是一个很温柔、很温暖、很治愈的人。”老师说我是那种放在人群中一眼就能被关注到的人。我是个情绪一激动便会崩溃哭泣的人，不论是悲是喜。所以当时我的眼泪就夺眶而出了，我真的感动。我一直渴望被认可、被发现、被了解。我至今不明白我当时为什么会急切地想要走过去同她讲这些，我猜，我可能是太想和阚老师交流了吧，她是那么温柔，只静静地站在那里不说话，就十分美好了。虽然只是一时一地如此短暂的相处，但已足够我花费一生去怀念、去感激。

课程结束准备离开的时候，我再次和阚老师拥抱，我小小的心灵再次受到抚慰。我是如此期待能再一次上她的课。

感恩阚老师，感恩遇见阚老师。

学习心得 2：

关于这次课堂总结，我想说，首先感谢老师，老师有很多话都说到我心坎上了，让我很有感触，特别是对爸爸妈妈说感谢。

我觉得我人生中很少对爸爸妈妈说感谢，甚至曾经怨恨他们，他们给我童年造成了很大的影响，若非我姐姐，可能我早已经在初中时就不再读书。所以我曾经觉得不管后来他们怎么对我好，都是理所当然，那是他们欠我的。只是到后来，我经历了他们的工作，我才知道他们是多么不容易，所以我特别感谢老师教我的换位思考，看待事物不能只看表面。

可能你不知道我小时候经历了什么，我给你说说：我从小是在外婆家长大的，6 岁时才被父母接回家。在我有记忆以来，父母几乎每天吵架。爸爸酗酒，每天醉得像泥一样，回来就跟妈妈吵架。那时候家里并不富有，大部分钱都被父亲拿去喝酒了。后来妈妈晚上在厂里面睡，剩下我一个人在家，我当时特别怕，总是一个人躲在房间里不敢出来。有一天晚上我去警察局接我爸，原因是他醉酒后砸了别人的店，我去接他差点还被他打了。那是我第一次恨这个家，我恨我妈妈丢下我一个人，我恨我有一个这样的爸爸。身边的朋友的家庭都很幸福，而我从小就只能自己照顾自己。我比很多人都会隐藏自己的内心，我不想让人知道我的过去、我的家庭。直到初二那年，爸爸可能也知道自己曾经做了很多错事，对不起妈妈，他不想妈妈出去工作那么辛苦，借钱开了一个奶茶店给妈妈打理，于是我就开始在家里帮忙。可能那时候不是很懂事吧，觉得家里在剥削我的时间，我从初二到高三，每当放假都在家里帮忙。我特别羡慕能在外面玩的人，因为我只能在家里工作。我出去玩时总是刚玩一会儿，家里就打电话叫我回去工作。打篮球打到一半，突然父亲开车来接我回去。慢慢地，我也放弃了我的爱好，只在店里工作。朋友们因为知道我不能出来，所以后来有什么活动都不再叫我了。后来我慢慢长大，开始体会父母的不容易，我也知道爸爸为什么那么爱喝酒，是因为生活不顺，借酒消愁。姐姐曾经跟我说，妈妈跟她说很后悔当初把我一个人丢在家里。在那一刻，我释然了。他们还是爱我的，可能只是曾经做错了。所以我特别谢谢老师：在你课堂发呆，是因为有时候你说到我心里，我在想曾经的事；在你课堂爱笑，是因为我找到我想要的答案了。我也感谢我的组员，相遇便是缘分，我觉得他们都特别好，特别有想法。真的谢谢老师，谢谢同学。

学习心得 3：

在这两周的课程学习过程中，我的感触很多，以前很多没有想开的事和心结都逐渐改变和打开了。心智模式影响了我的思想和对周围事物的看法，也影响了我的学习和生活方式。

老师教给我们的 4D 天性，让我知道了自己在天性上的优点与不足，知道自己擅长的方面和扬长避短，慢慢地往自己不足的蓝色和橙色这两个方面“修圆”，完善自己，让自己往全能靠拢。

老师教给我们的心智工具箱，让我茅塞顿开，让我学会了从另一个角度和出发点、关注点看问题。学习“负转正”，让我学会了换位思考，不是所有事物都只有坏的一面，换个角度来看问题，就会发现它好的一面，把不好的情绪想成是对自己的磨炼，让自己变得更好。很多以前的校园生活、家庭生活中没想开的事物，我也想开了，以一个全新的角度看待它们，使我能够以一个全新的自己接纳自我和生活。

在课程活动中，我们团队从一开始的不融洽到后来的敞开心扉一起交流，达成共识，一起完成老师布置的任务。在这个过程中我们学会了沟通，沟通是人与人之间相互交流、取长补短、实现双赢所必需的，一个沟通能力强的人必定不断注意改善自己的心智模式，这是今天成功人士的特征和重要的基本条件，因为只有沟通才能消除各种误解，把竞争对手变为合作伙伴，才能达到双赢的成就。

感谢老师，教会了我换一个关注点看问题，我以前都没想过换一个关注点去看一件事，只要换一种角度去看就会发现它们好的一面。谢谢老师能让我学会这么多东西，我会在今后的生活中学以致用的。

学习心得 4：

通过对“心智与行为模式提升”这门课的学习，我感觉自己最大的收获就是终于可以正视自己，打开心扉，表达自己最真实的情感了。

我是学生，同时也是一位入行十一年的京剧演员。我刚上小学的时候，父母就南下创业了，将我留给祖父母照顾。但祖父母年纪大了，且祖母的身体一向不好，无奈我被送进了京剧班和寄宿学校，每个月只回家两天。我可以说是个懂事的孩子，我理解我的父母要为生活打拼的苦楚，我只能压抑自己的情感、对家的思念、对父母的爱。

我的师傅对我很好，他不仅对我有再造之恩，还在我迷茫的时刻给我指引，我们师徒之间更是忘年交。但其实我很对不住我的师傅，因为我对于京剧说不上是热爱，只能说是习惯，习惯了每天的练功吊嗓和排练演出。作为京剧演员，特别是男旦演员，最大的痛就是不被理解，甚至被人说是“妖里妖气的伪娘”。这些都是我无法忍受的，我一边拼命去改变别人的看法，一边极力在师傅面前表现自己对京剧的喜爱。

在不断地压抑与伪装中，我成了一个不真实的自己，一个连自己都看不清楚自己的人。

在经过两周的“心智与行为模式提升”课程学习后，我第一次重新认识了自己，我开始反思：为什么要压抑和伪装？为什么不把自己最真实的情感表达出来？为什么要一味在意别人的眼光而不是做好自己呢？

我卸下了脸上的油彩，脱下所有的伪装，不再逃避，我决定活成最真实的自己，向我爱的人表达我最真实的情感，做好自己，过好每一天。

学习心得 5：

不知不觉，两周的“心智与行为模式提升”课程就要结束了，这也意味着我们这个学期也快要结束了。在这两周的课上，我学到了很多很多，老师讲的每一节课都是“鸡汤”，但老师的这些“鸡汤”比我看的那些“鸡汤”书更加充满力量，更加贴近我们的生活，也让我感触良多。

在“心智与行为模式提升”课上，最让我记忆深刻的是恋爱和感恩。在恋爱上，我困惑了很久，一到晚上，我的脑海里就会情不自禁地想起往事，每想起一次，感觉自己的内心就像被刀刺一样，那种扎心的感觉真的很痛。听到老师课堂上讲的那些，我真的深有体会，每当老师一讲到这个话题，我都是强忍着，不能将内心感情表露出来，因为我怕自己会忍不住哭出来。老师讲的很多东西都讲到了我心上，上了老师的课后，我感觉自己的那种难受有了一点缓解。在感恩这方面，我是愧对于我的父母的，在初二到高二这几年里，我跟我的父母基本上每个月都会吵架，上了大学之后，才有了好转。听完老师讲的关于感恩的课，我下定决心要好好报答父母。这就是两周课程学习带给我的收获。

学习心得 6：

我学习了这门课后，收获最深的便是换位思考。我的天生个性是橙色，喜欢有一说一，不拐弯抹角，从小我对父亲一有空就去打牌很反感，甚至是在外面看到他在打牌就直接上前去质问他，为什么破坏了我们之间的约定。我一度把他越推越远，拒绝他靠近，自己也不去靠近他，父女关系一度僵化。我拒绝接受亲人的劝告，因为那种想法早已根深蒂固了，轻易是改变不了的。我在听老师讲课的时候，也在反思自己：这样做我能得到什么？破碎的亲情吗？我的行为是真的好吗？因为已经影响到妹妹，让她也变得和我一样。虽然母亲也跟我们讲不能这样对待父亲，可是还是会在不经意的时候伤害到父亲。“换位思考”这个词触动了我，让我意识到父亲总是在我需要帮助的时候出现，默默无闻地做着为我好的事，他那么辛苦地工作着，就为了我能生活得更好，可是我却只记得他不好的地方，好的地方都不记得了。人要学会感恩，我有做到感恩吗？我不过是在一直埋怨罢了。在这节课里，我想到怎么和父亲修复关系了，修复与这个家的关系。我应怀感恩之心，没有父亲的付出就没有今天的我，更没有这么好的生活。我想修复这段关系，这是最直观的想法。记得上个周末跟父亲聊天，从他的话语中，我听到了原来父亲也是需要爱的。我想我应该经常跟父亲聊天，也打开他的心结，告诉他我知道自己之前做错了，我会好好地爱他的。

学习心得 7：

首先很感谢阚老师给我们 19 工商企业管理（徒）1 班上了“心智与行为模式提升”这门课。刚开始知道这门课是阚院长教的，心里莫名有一种敬畏感。后来阚老师给我的印象是慈爱、温暖的，感觉阚老师真的很有影响力和感染力。

通过这门课，我对人、事、物都有了一个全新的认识，对事物也会从多方面去看待了，也明白了这个社会需要充满正能量，多跟正能量的人在一起，久而久之，自己也会变成一个正能量满满的人，从而也会影响到身边的其他比较消极的朋友。

我对个人在情绪上的控制、看待事物的角度都比以前上了更高的一个境界。与朋友相互包容、相互理解。毕竟相识相聚不易，能够聚在一起便是缘分。要珍惜与大家来之不易的缘分，这也需要靠自己的智慧、情商去维持、去凝聚。从前更多的可能是想要先让别人付出，自己才会去回报他人。但是自从上了这一门课，才意识到如果想要达到自己想要的结果，就不要去计较付出，有舍才有得，当自己付出了，自然收获的会比付出的更多。

对于家人，可能会埋怨父母对自己的关心不够，父母离婚也给我和妹妹的童年造成了一定的伤害。在上这门课之前，我对于父母的怨恨还是有的。但自从阚老师在课堂上一次又一次教我们要如何去包容、去理解，我才慢慢地意识到父母有父母的不容易，他们的艰辛往往要比我们想象的多得多。父母给予我们生命，这就是无以回报的。虽然在精神上从小没有得到很大的满足，但是父母从来没有让我和妹妹饿过冷过。有时候想想，比我惨的人还多得多，从多方面去考虑、去对比就会觉得自己也不是那么不幸。

从小爷爷奶奶给我的关心多过父母，我在初中时叛逆期有时候会对爷爷奶奶的态度不好，但随着年纪的增长，我逐渐能够理解爷爷奶奶的这种爱。现在的我，只想有空的时候多陪陪爷爷奶奶，毕竟爷爷奶奶年纪大了，能够陪伴他们的时间越来越少了。我不想因为总是忙自己的事情，而忽略了最亲的人，而让自己遗憾终生。

两周的课程说长不长，却使我终身受益。希望下学期还能有幸上阚老师的课，继续弥补自己身上的不足。最后还是那句，谢谢阚老师这两周的教导。

学习心得 8：

我是一名工商企业管理学徒班的学生，很高兴也很感谢阚老师用了两个星期来为我们诠释了什么叫心智与行为模式提升，让我从对它的懵懂无知到现在对它有一定的了解。在这期间，你不仅给我们诠释理论知识，还让我们用实际行动来检验理论知识。“实践是检验真理的唯一标准”，你把这句话应用到了你的教学方面，让我感到了惊喜，因为一直以来都是理论知识的灌输，很少有实践的机会，我不得不为你的别具一格的教学模式而点赞，也要真挚地在这里向你道一声“谢谢”。

在没有学习这门课程的时候，我就是得过且过的那种人，不会认真思考自己接下来要干什么，也不会认真思考平时的所作所为是否正确，就是很喜欢享受当下的生活，没有梦想与远方，更不会去探索自己是个什么样的人。但是通过你的课程，我明白了自己是个什么样的人，与其说是通过你认识到我自己，不如说是我听了你的课，悟出了自己之前的所作所为是不对的。因为这门课程，我知道了自己是个什么样的人；因为这门课程，我明白了很多消极的语言换另外一个说法，就可以变成积极的；因为这门课程，我懂得了站在其他人的角度来去看待问题；也正是因为这门课程，我开始对自己的生活态度有了改观，自己的生活状态有了转变，我不再得过且过。我在这之前，是没有任何欲望去参加学校活动的，我觉得每天最大的乐趣无非是下课了窝在宿舍听听歌、看看剧、聊聊天，但是我上完这门课程的一个星期后，就主动去参加活动，也从中收获了我在宿舍体验不到的快乐。我会一直保持的，让自己体验多一点其他的生活乐趣……因此我要感谢你，阚老师，如若不是你的这门课，可能我会一直在这个舒适状态中，什么也学不到，我会利用好你所教的知识去探索。

最后，我要再次真诚地谢谢你，让我勇敢地走出了“舒适圈”。

学习心得9：

短短的两周时间，说长不长，说短不短。在还未上“心智与行为模式提升”这门课程的时候，单看课程的名字，就能知道是教个人心理和行为的一门课程，我就已经很期待了。因为我本身挺喜欢心理学，喜欢通过观察个人的肢体语言了解他的性格，所以对这门课程充满了期待。

初见雅玲老师，感觉她是很有气质又温柔的一位老师，满满的书香气息，听老师讲个人经历的时候，觉得老师好厉害，也许老师的付出与收获是成正比的，老师有一种积极向上的心态，也有一个很好的脾气。当上老师的课的时候，我仿佛都不像自己了，平常觉得自己听课没有那么认真，听老师的课不想睡觉也不想玩手机。也许是因为老师反复强调不能睡觉和玩手机，我觉得这对老师是最起码的尊重，因此我遵守了。

上课期间，我感觉每天都有不一样的收获。老师让我们每人都参加一个团队，我也挺感谢我小组的成员，我的性格并非那么外向，甚至可能会有些内向，但小组成员都挺鼓励我的。我愿意在台下讨论关于我的事情，但我对台上确实有着恐惧感。老师让每个小组成员都上去介绍自己的小组，来到台上的那一刻，我知道自己脸很红，但有小组成员的陪伴，我不再那么紧张了。老师还经常让我们在组里讨论故事，并与全班同学分享，这是很不错的经历。

我还学习了“负转正”模式，事物都是有两面性的，我应该往好的方向去想。还有AMBR、情绪管理等模式，都让我受益了。上了这门课程，我的情绪不会那么容易波动起伏，会将老师教的这些行为模式学以致用。我记得老师在第一节课说过一句话：“学以致用，用以致学。”我觉得这句话很受用，让我也想对身边的人讲，分享给他们。

雅玲老师，很感谢您让我接触了这门课程，对我以后要走的道路也有帮助，我开始慢慢地转变了，勇敢面对我内心害怕的东西，运用老师教的知识去学以致用，感谢相遇。

学习心得10：

本学期我们进行了为期两周的“心智与行为模式提升”课程的学习，我学到了非常多的知识，不仅对人对事有了新的认识，也对自己有了一个全新的认识。

在学习对生命全然觉知这一单元时，里面的问题都让我认真思考了一番，这使我更加地了解自己。在探索天性时，我认识了自己的天生个性，并且在老师的指导下知道了要如何在此基础上发展修圆，成为更好的自己。心智与行为模式的学习有助于我以后选择自己天生擅长的工作，也了解到如何建立高效团队。接着又学习了语言管理，老师教了如何将语言进行“负转正”，我觉得这非常有用，能让我脱离一直抱怨的状态。开学以来在生活和学习上有不少让我抱怨的地方，但是在学习了“负转正”以后，我发现事情并没有想象的那么糟糕，也有很多小美好。也听到很多同学的“负转正”，感觉到了满满的正能量。然后学习情绪管理，虽然我们很难改变事实，但在大多数情况下我们能改变观念，而改变观念就能够改变情绪。在这里我对许多以前耿耿于怀的事情释然了，不单单删除了我对父母的一些不满，更让我感觉到父母对我的爱。学会了如何改善自己的情绪，在情绪低落时应该怎么做，保证了自我心理健康。最后一天我们学习了如何感激与欣赏，如何持有感恩的心态去学习和生活，让我发现了身边被忽略的但应该要感谢的人；还学习了欣赏自己与他人，让我发现了自己原本没发现的一些优点，这让我喜出望外，想要扩大自己的优点，为家人朋友带来幸福，为班级团体做出贡献。

学习心得 11：

上“心智与行为模式提升”课程之前，我还质疑这会不会又是什么“鸡汤”课程。但为时两个星期的课程，让我从一开始的排斥到最后一节的享受甚至是依依不舍。阚雅玲老师讲的课颠覆了我之前的看法，原来心智课也能上成心灵实践课。

在这个课程中让我了解到很多关于自己的天性、自我提升、提升心智的具体方法，让我知道了自己的性格颜色，合作要找哪种人最舒服，并且让我找到了人生的方向。在上完心智课程之后，我明显发现自己有很多的改变。例如在我想抱怨时，或者出现负面情绪时，我可以换位思考了，也学会首先把镜子转向自己，看看自己有哪些不妥的地方，不能把责任推给别人。一个人就是要不断地照镜子，才能更清晰地认知自己，认清自己的优缺长短，更能让自己扬长避短，让自己的潜能发挥得更为出色、更为淋漓尽致。

上完心智课，我知道了自己有很多不足之处。我总是把最好的脾气给了别人，把在外面积攒的怒气发泄在家人身上，一遍遍伤害最爱自己的家人，最宝贵的亲情被自己随意地消耗着。现在我渐渐懂得了换位思考，发现父母的不易，他们在我最叛逆的时候都没有放弃我，我又有什么资格要求他们太多？何必让外面污浊的气息来蒙蔽自己原本爱他们的心呢？行动起来，就像阚雅玲老师说的一样，珍惜当下，现在我有这么爱我的父母，我应该放下心中的扭捏，好好爱他们。

学完心智课，我也知道了虽然改变别人很难，但是改变自己就在一念之间。高调做事，低调做人，用平和的心态面对自己所处的环境，能改变的就尽力去改变，不能改变的就去接受，用阳光的心态对待工作，心中就永远充满了快乐。心无杂念，会让人生活得轻松而坦然。

从此以后，我会爱自己，爱我想爱的人，爱这个世上所有美好的一切。

学习心得 12：

经过了这两周“心智与行为模式提升”课程的学习，我收获很多，用天生个性来说，我的性格是橙色的，对于事是比较看重的，对人的态度不会那么好，只注重事情的完成程度。我不怎么在乎别人的感受，属于比较冷漠的那种性格，在乎的人很少，执行力比较强。

学习了天生个性后，我了解了自己的优点，同时也知道了自己的不足之处，可能我之前也很清楚自己在什么地方有缺陷，可我并未在意，学习了这个课程之后，我也学会了人与人之间的相处方式。

老师教的AMBR、HAPPS、天生个性、悦己修圆、觉察与觉知、负转正、学会欣赏和感激别人等，我都有所收获。

阚老师教我们要学会欣赏和感激别人，说实话，可能对于别人，我会有感谢之心，也会谢谢别人，可我却很少对父母说一声“谢谢”。阚老师在课堂上让我们当场给父母发一句感谢的话，我当时就发了一句“爸爸妈妈我爱你们，谢谢你们”。可能是我不经常表达感谢之情，父亲回复我的消息是“怎么了？”我突然发这样的消息给他，他有点惊讶，以为我出了什么事情。我妈妈回复“妈妈永远爱你”，看到这个消息时，我心里微微一痛，差点哭了出来。那一瞬间，我突然发现，我亏欠了父母很多很多，对于他们给我的一切，我从未说过“谢谢”，可能我心里有，却从未表达出来，他们需要这样的感谢。

经过这两周的课程学习，我感觉我改变了很多，或许表现不怎么明显，但我确实开始慢慢改变了，慢慢打开自己的心门，去和别人分享自己的事情，也学会去倾听别人的故事。在这里我想感谢一下这两周和我一起学习的组员，他们把各自的故事分享给我，倾听了我的故事，给予我很好的评价，在这里我想和他们说一声“谢谢”。同时也谢谢阚老师把这门课程教给我们，谢谢您，希望下学期还能有幸继续上您的课，您辛苦了，爱您。

学习心得13：

在上“心智与行为模式提升”课之前，我对这门课并不感兴趣。从课程名称来看，我觉得这只是一门心理课，甚至是“鸡汤”课。但是经过两个星期的学习，才发现自己之前的想法错了。

我从小被灌输的是“幸福是自己创造的”的思想，直到高考过后我依然这么认为，所以我并不擅长与人交流和团队协作。“心智与行为模式提升”这门课程与阚老师独特的教学方式，让我打开自己的内心，敞开心扉地与组员交流与合作，这不仅锻炼了我的表达能力和团队协作能力，而且还让我收获了友谊，第一次感觉到团队合作的喜悦。

大道理谁都懂，但是很少有人能真正做到，毕竟我们的心智与行为还没有达到那种境界，以前我习惯性地试图去改变别人，而无视自己的不足，而上完这门课后，我才发现我是改变不了别人的，只能改变自己。我能做的就是每天警醒自己，让自己少犯错误甚至不犯错误，对自己的情绪状态有所觉察，不被不良情绪左右。曾子曰：“吾日三省吾身，为人谋而不忠乎？与朋友交而不信乎？传不习乎？”我们要像曾子那样，把自省当成习惯，用良好的习惯改变自己。

我承认，在以前我是那种忽略别人优点、抓着别人缺点不放的人，甚至出现“对人不对事”的情况，将自己的好恶强加在别人身上。但是，在阚老师一次又一次的灵魂发问下，我才发现自己是如此公私不分。在学习天生个性时，我了解了每一种个性的优缺点，学会了欣赏他人的优点，包容他人的缺点，并且依据不同的个性寻找互补的搭档。

具有良好的心理素质是成功的关键，只有学会感知自己、接纳他人、懂得欣赏他人和常怀感恩之心的人，才能成为人生的赢家。最后，感谢阚老师，您开发的这门课程让我的心智与行为更加成熟。阚老师，谢谢您！

学习心得 14：

两个星期的课程学习让我获益良多，首先要谢谢老师的教导，同时也谢谢老师跟我们分享管理学院的历史，让我们知道管理学院的今天来之不易，这中间老师付出了很多，真的很谢谢老师。

“心智与行为模式提升”课程是老师开创的，我个人觉得这门课程的本质是让我们更好地认识自己，知道自己是什么颜色的性格，并且要不断去提升自己、“修圆”自己。学完这门课程，我知道了在面对问题的时候有多达十几种处理方式和思维模式，也明白了处理问题的方式不是单一的，在看待问题时，不同的思维模式会导致不同的结论。听君一席话，胜读十年书，谢谢老师。

学习心得 15：

本学期第十三周和第十四周我们学习了“心智与行为模式提升”课程，在这门课程中，老师生动的授课以及小组同学们的团结友爱，让我学到了很多东西。

一开始老师提出了三个问题，对于上大学的“ why、how、what”，我们都知道要上大学，但这三个问题提出来之后，却发现大家对这些问题都有点答不上来。对呀，我们为什么要上大学？上大学的意义是什么？我们在上大学，却没有想过这些问题。我个人认为，上大学很有必要，大学会让你的心智与行为更加成熟。

接着又讲了觉察和觉知的概念及作用，我们每个人都有感知别人情绪的能力，只是我们愿不愿意去接受它而已。每个人的性格是不同的，在相处的过程中多多少少会有摩擦，这时候我们就应该站在对方的角度思考问题，并互相包容和理解。课堂上我们做了个小测试，了解自己及别人的天生个性是什么颜色，从中很直观地知道对方是个什么样的人，对方心里在想什么，从而在以后的相处过程中减少矛盾的发生，更好地处理我们与别人的关系。

最令我印象深刻的是语言“负转正”。人生的道路不是一帆风顺的，总会有磕磕碰碰，在之前我可能会经常抱怨，但学完这门课程后，我的心态改变了。曾经最令我伤心的是在初中的时候，班上有一个男同学站在讲台上，当着全班同学的面说我长得丑，当时班里的同学都在嘲笑我，我就一直纠结这个男同学为什么要这么说我，有什么资格说我。学了语言“负转正”后，对这件事我释怀了很多，每个人的审美不一样，只要自己足够自信，自己就是最美的，无须在意别人说什么。

我是一个不善于表达的人，很少对父母表达爱和感谢。课堂上阚老师给了我一个向爱的人表达感谢的机会，我第一时间就向父母表达了我对他们的爱。要是在以前，我可能做不到，感谢这堂课，感谢阚老师，给了我一个表达爱的机会！

虽然这门课已经结束了，但我的心智与行为模式提升一直在路上，我会一直带着“工具箱”，面对我以后的学习、工作和生活，让自己变得更好。

附录 4 学习成果——学生成长记录

学习成果——学生成长记录

第____周　　　　本周学习内容：________________

班级：________　　姓名：____________　　学号：____________

经过一周的学习，请以具体事例从“认知”、“情感”和“行为”三个方面，反思总结个人心智与行为的变化，让成长看得见！

时间	认知	情感	行为
学习之前			
学习之后			

学习成果——学生成长记录

第____周　　　　本周学习内容：______________________________

班级：____________　　姓名：__________________　　学号：________________

经过一周的学习，请以具体事例从“认知”、“情感”和“行为”三个方面，反思总结个人心智与行为的变化，让成长看得见！

时间	认知	情感	行为
学习之前			
学习之后			

学习成果——学生成长记录

第____周　　　本周学习内容：________________________________

班级：__________　　姓名：________________　　学号：______________

经过一周的学习，请以具体事例从“认知”、“情感”和“行为”三个方面，反思总结个人心智与行为的变化，让成长看得见！

时间	认知	情感	行为
学习之前			
学习之后			

学习成果——学生成长记录

第____周　　　　本周学习内容：________________________

班级：__________　　姓名：______________　　学号：______________

经过一周的学习，请以具体事例从“认知”、“情感”和“行为”三个方面，反思总结个人心智与行为的变化，让成长看得见！

时间	认知	情感	行为
学习之前			
学习之后			

学习成果——学生成长记录

第____周　　　　　　本周学习内容：________________________________

班级：__________　　　姓名：________________　　学号：______________

经过一周的学习，请以具体事例从“认知”、“情感”和“行为”三个方面，反思总结个人心智与行为的变化，让成长看得见！

时间	认知	情感	行为
学习之前			
学习之后			

学习成果——学生成长记录

第____周　　　　本周学习内容：________________________________

班级：____________　　姓名：__________________　　学号：__________________

经过一周的学习，请以具体事例从“认知”、“情感”和“行为”三个方面，反思总结个人心智与行为的变化，让成长看得见！

时间	认知	情感	行为
学习之前			
学习之后			

学习成果——学生成长记录

第____周　　　　　本周学习内容：________________________________

班级：__________　　姓名：________________　　学号：______________

经过一周的学习，请以具体事例从“认知”、“情感”和“行为”三个方面，反思总结个人心智与行为的变化，让成长看得见！

时间	认知	情感	行为
学习之前			
学习之后			

学习成果——学生成长记录

第____周　　　　本周学习内容：________________________________

班级：__________　　姓名：________________　　学号：______________

经过一周的学习，请以具体事例从“认知”、“情感”和“行为”三个方面，反思总结个人心智与行为的变化，让成长看得见！

时间	认知	情感	行为
学习之前			
学习之后			

学习成果——学生成长记录

第____周　　　　本周学习内容：________________________

班级：__________　　姓名：______________　　学号：______________

经过一周的学习，请以具体事例从“认知”、“情感”和“行为”三个方面，反思总结个人心智与行为的变化，让成长看得见！

时间	认知	情感	行为
学习之前			
学习之后			

学习成果——学生成长记录

第____周　　　　本周学习内容：________________________

班级：__________　　姓名：______________　　学号：______________

经过一周的学习，请以具体事例从“认知”、“情感”和“行为”三个方面，反思总结个人心智与行为的变化，让成长看得见！

时间	认知	情感	行为
学习之前			
学习之后			

学习成果——学生成长记录

第____周　　　　　　本周学习内容:______________________________

班级:__________　　　姓名:_______________　　　学号:______________

经过一周的学习，请以具体事例从“认知”、“情感”和“行为”三个方面，反思总结个人心智与行为的变化，让成长看得见！

时间	认知	情感	行为
学习之前			
学习之后			

学习成果——学生成长记录

第____周　　　　本周学习内容：________________________________

班级：__________　　姓名：______________　　学号：______________

经过一周的学习，请以具体事例从“认知”、“情感”和“行为”三个方面，反思总结个人心智与行为的变化，让成长看得见！

时间	认知	情感	行为
学习之前			
学习之后			

学习成果——学生成长记录

第____周　　　　本周学习内容：________________________________

班级：____________　　姓名：________________　　学号：________________

经过一周的学习，请以具体事例从“认知”、“情感”和“行为”三个方面，反思总结个人心智与行为的变化，让成长看得见！

时间	认知	情感	行为
学习之前			
学习之后			

学习成果——学生成长记录

第____周　　　　　　本周学习内容：________________________________

班级：___________　　姓名：________________　　学号：________________

经过一周的学习，请以具体事例从“认知”、“情感”和“行为”三个方面，反思总结个人心智与行为的变化，让成长看得见！

时间	认知	情感	行为
学习之前			
学习之后			

学习成果——学生成长记录

第____周　　　　本周学习内容：________________________________

班级：____________　　姓名：__________________　　学号：________________

经过一周的学习，请以具体事例从“认知”、“情感”和“行为”三个方面，反思总结个人心智与行为的变化，让成长看得见！

时间	认知	情感	行为
学习之前			
学习之后			

学习成果——学生成长记录

第____周　　　　　本周学习内容：________________________

班级：__________　　姓名：________________　　学号：______________

经过一周的学习，请以具体事例从“认知”、“情感”和“行为”三个方面，反思总结个人心智与行为的变化，让成长看得见！

时间	认知	情感	行为
学习之前			
学习之后			

学习成果——学生成长记录

第____周　　　　　本周学习内容：________________________

班级：__________　　姓名：______________　　学号：______________

经过一周的学习，请以具体事例从“认知”、“情感”和“行为”三个方面，反思总结个人心智与行为的变化，让成长看得见！

时间	认知	情感	行为
学习之前			
学习之后			

学习成果——学生成长记录

第____周　　　　本周学习内容：______________________________

班级：__________　　姓名：________________　　学号：______________

经过一周的学习，请以具体事例从“认知”、“情感”和“行为”三个方面，反思总结个人心智与行为的变化，让成长看得见！

时间	认知	情感	行为
学习之前			
学习之后			

学习成果——学生成长记录

第____周　　　　　　本周学习内容：______________________________

班级：__________　　姓名：________________　　学号：_______________

经过一周的学习，请以具体事例从“认知”、“情感”和“行为”三个方面，反思总结个人心智与行为的变化，让成长看得见！

时间	认知	情感	行为
学习之前			
学习之后			

学习成果——学生成长记录

第____周　　　　　　本周学习内容：________________________

班级：__________　　姓名：______________　　学号：____________

经过一周的学习，请以具体事例从“认知”、“情感”和“行为”三个方面，反思总结个人心智与行为的变化，让成长看得见！

时间	认知	情感	行为
学习之前			
学习之后			

学习成果——学生成长记录

第____周　　　　本周学习内容：________________________________

班级：__________　　姓名：________________　　学号：________________

经过一周的学习，请以具体事例从“认知”、“情感”和“行为”三个方面，反思总结个人心智与行为的变化，让成长看得见！

时间	认知	情感	行为
学习之前			
学习之后			

参考文献

[1] 中共中央宣传部. 习近平新时代中国特色社会主义思想学习纲要[M]. 北京：学习出版社，2019.

[2] 陈先达，杨耕. 马克思主义哲学原理[M]. 5版. 北京：中国人民大学出版社，2019.

[3] 李锦鸣. 知行至善：社会主义核心价值观读本[M]. 北京：光明日报出版社，2019.

[4] 查理·佩勒林. 4D卓越团队[M]. 李雪柏，译. 2版. 北京：中华工商联合出版社，2014.

[5] 约翰·惠特默. 高绩效教练[M]. 徐中，译. 北京：机械工业出版社，2019.

[6] 玛丽莲·阿特金森，蕾·切尔斯. 唤醒沉睡的天才：教练的内在动力[M]. 古典，王岑卉，译. 北京：科学技术文献出版社，2013.

[7] 玛丽莲·阿特金森，蕾·切尔斯. 被赋能的高效对话：教练对话流程实操[M]. 杨兰，译. 北京：华夏出版社，2015.

[8] 莫琳·希凯. 深度思考：不断逼近问题的本质[M]. 孔锐才，译. 南京：江苏凤凰文艺出版社，2018.

[9] 马克·威廉姆斯. 津戴尔·塞戈尔，乔·卡巴金. 改善情绪的正念疗法[M]. 谭洁清，译. 北京：中国人民大学出版社，2009.

[10] 吉泽准特. 解决问题的三大思考工具[M]. 张祎诺，译. 南昌：江西人民出版社，2018.

[11] 戴维·巴斯. 进化心理学[M]. 张勇，蒋柯，译. 北京：商务印书馆，2015.

[12] 王阳明. 传习录[M]. 西安：三秦出版社，2018.

[13] 亨利·吉姆斯 - 霍斯，菲利普·桑达尔，劳拉·惠特沃思. 共创式教练：转变思维，蜕变人生[M]. 王宇，译. 2版. 北京：电子工业出版社，2018.

[14] 托尼·斯托茨福斯. 提问的威力[M]. 赵学敏，译. 北京：华夏出版社，2014.

[15] 俞敏洪. 我曾走在崩溃的边缘[M]. 北京：中信出版社，2019.

[16] 彼得·圣吉. 第五项修炼：学习型组织的艺术与实践. 北京：中信出版社，2018.

[17] 刘润. 人与人之间最大的差距不是情商和智商，而是“思维模型”. 洞见（公众号），2019-08-17.

［18］唐若．一个人心智成熟的五个迹象，你有吗？．真心约工作室（公众号），2018-10-07.

［19］艾菲．优秀的人，往往都具备这5种视角．管理的常识（公众号），2018-12-15.

［20］Enzo S．心智模式运行原理和改变方法总结推荐．魔言大通工作室（公众号），2018-09-12.

［21］博见．4D卓越领导力之“天性探索1”．博见微课堂（公众号），2017-07-14.

［22］吉利汽车销售公司．远航三期案例之4D领导力．博见微课堂（公众号），2016-10-10.

［23］佚名．吸引力法则：你的人生由你的语言和思想决定．大任海洋成长俱乐部（公众号），2016-11-10.

［24］佚名．那些一眼看透本质的人，逻辑都是这样练就的．一秒刘（公众号），2018-04-07.

［25］谢春霖．一秒钟，看透问题的本质．富研社（公众号），2018-08-29.

［26］罗静之．情绪没有好坏，但不可执着．静之兄（公众号），2019-11-10.

［27］童太太．0—1 000，测测你的情绪能量级是多少．慢主妇（公众号），2018-11-06.

［28］胡鸿杏．理所当然阻碍感恩之路．胡鸿杏名师工作室（公众号），2019-11-07.

［29］刘良钰．4D那些事（上）．领导力专业教练（公众号），2017-06-08.

［30］刘润．你们公司是利益共同体，还是事业共同体？．刘润（个人公众号），2016-07-14.

［31］陈哲．逻辑层次图：让每件事情都有价值．有邻书舍（公众号），2017-04-25.

［32］王玉珂．刻度尺提问——让问题真正看见．华住大学（公众号），2019-06-13.

［33］佚名．什么是人生平衡轮？．江山教练（公众号），2019-03-14.

［34］佚名．4D卓越领导力——行为模式．4D领导力项目研究院（公众号），2017-05-05.

［35］高正坤．教练视角：接纳无常，活出自在．迈士顿国际教练社（公众号），2019-07-17.

［36］佚名．每个人都是OK的——教练的五大原则之一．云鹏教练（公众号），2018-01-18.

［37］张良计．如何培养高薪人士的逻辑思维力．张良计（个人公众号），2019-10-14.

［38］木舟．细节决定成败，教养决定生命层次．北大纵横（公众号），2018-11-23.

[39] 官微君．生活中100种实用的优雅小动作．西安外国语大学（公众号），2015-03-06.

[40] 佚名．工匠精神——让工作成为一种修行．道德经智慧（公众号），2018-01-13.

[41] 单霁翔．故宫人的“工匠精神”．微故宫（公众号），2016-05-17.

[42] Susan Kuang．为何“工匠精神”如此重要．Susan Kuang（个人公众号），2017-01-07.

[43] 杜德春．工匠精神的精髓是什么．食品工匠杜德春（公众号），2019-11-01.

[44] 静读君．看透10幅逻辑思维图：提升你思考的层次．静读空间（公众号），2019-10-05.

[45] 佚名．帮你解决问题的三大思考工具．文都共享智库（公众号），2019-12-12.